中国特色小镇
从存活到夺目

特色小镇全新价值链
构造及价值创造过程

（上册）

刘海斌◎著

全新视角探寻"特色小镇"的"死亡"基因
国际化视角发掘"特色小镇"的"成长""成功"之谜

四川大学出版社

责任编辑:王　冰
责任校对:喻　震　宋　颖　高庆梅
封面设计:眼界中国
责任印制:王　炜

图书在版编目(CIP)数据

中国特色小镇从存活到夺目：特色小镇全新价值链
构造及价值创造过程：全2册 / 刘海斌著. —成都：
四川大学出版社，2018.5
　ISBN 978-7-5690-1811-0

　Ⅰ.①中… Ⅱ.①刘… Ⅲ.①小城镇-城市建设-研
究-中国 Ⅳ.①F299.21

中国版本图书馆 CIP 数据核字（2018）第 087138 号

书名　**中国特色小镇从存活到夺目**
　　　——特色小镇全新价值链构造及价值创造过程(上、下册)
ZHONGGUO TESE XIAOZHEN CONG CUNHUO DAO DUOMU

著　　者　刘海斌
出　　版　四川大学出版社
地　　址　成都市一环路南一段24号 (610065)
发　　行　四川大学出版社
书　　号　ISBN 978-7-5690-1811-0
印　　刷　四川盛图彩色印刷有限公司
成品尺寸　170 mm×240 mm
印　　张　37.25
字　　数　597 千字
版　　次　2018 年 8 月第 1 版
印　　次　2018 年 8 月第 1 次印刷
定　　价　138.00 元(上、下册)

◆读者邮购本书,请与本社发行科联系。
　电话:(028)85408408/(028)85401670/
　(028)85408023　邮政编码:610065
◆本社图书如有印装质量问题,请
　寄回出版社调换。
◆网址:http://www.scupress.net

版权所有◆侵权必究

推荐序一

特色小镇需要全新的思维与长远的构想

刘秉镰

南开大学经济与社会发展研究院院长

教授，博士生导师

对于特色小镇的探究，必须建立在全新的思维与长远的构想上。首先是全新的思维，其中包括对特色小镇的深度思考。特色小镇囊括政治、经济、成长机理等多方面的因素，全新的思维是建设特色小镇的重要手段，它可以搭建起特色小镇成长与发展的理论分析框架。其次，就是要有长远的构想，包括产业、投资、城镇建设等方面，这些是需要时间不断证实的。

读完刘海斌博士这部《中国特色小镇从存活到夺目——特色小镇全新价值链构造及价值创造过程》，我感到很兴奋。因为在我眼里，他正是通过全新的思维与视角，从特色小镇形成的机理出发，以价值增长为出发点，运用价值链将与特色小镇相关的问题贯穿起来，构筑了一套理论体系。这套理论体系的构想，澄清了许多对特色小镇原本大而化之甚至似是而非的认识。

目前对特色小镇的众多研究成果中，重点集中于规划与产业概念构想两个视角，而对政府与企业两个基本视角的冲突与合作的研究则相对缺乏，即鲜有通过分析国家政策体系、政府运营体系同公司之间建立互动关系，来研判特色小镇的发展动力与合作因素的研究。而通过价值链的两个维度——产业价值链与空间价值链，构想特色小镇核心参与者之间的利益构成，并明确通过"国家—市场—社会"多维度、多角色互动框架，对特色小镇进行详尽分析，刘海斌博士是思考者，更是开拓者。

只有像本书这样，对特色小镇的形成机理做深入研究，将特色小镇的组成要素——国家、政府、企业作为重点研究对象，才能找到宏观研究与微观研究的结合点，对特色小镇建设中的诸多难题做出合理的解读。

除了政策体系，特色小镇研究还需要从价值构成出发，让其成为新型城镇化发展的重要推手，更成为经济发展的重要引擎与动力。但由于发展思路、发展重点以及发展视角的问题，特色小镇在推进过程中很容易遇到产业动力不足等成长瓶颈。本书论述的核心与重点，就是从价值链的两个视角出发：首先，发展产业价值链的价值体系，形成产业集群，是特色小镇发展的产业基础。其次，这本书通过对城镇化发展的重点研究，立足城市经济学、产能转化与传递，通过区域城市网络价值体系构造空间价值链，为特色小镇的基础建设、产业升级以及整体协同发展与竞合发展提供了深度的思考方向。

这本书立足特色小镇形成的整体流程。通过"产业—资本—信息"三大价值流，创造了特色小镇的基本价值链体系。特色小镇的建设是价值链互动融合的过程。比如，产业流构造了特色小镇的整体发展基础，有效地带动了资本流的资金流向，而信息流构造了市场体系与人才体系，形成了特色小镇深度发展的基础与动力。这是一个互动、多赢的过程。在这个过程中，企业、银行以及政府都可以通过特色小镇获得不同的价值发展。做得好，多方都是赢家。而实际上，众多特色小镇的建设者并没有将注意力放在这个方面。

实际上，一方获益、另一方受损的"零和博弈"，甚至"双输""多输"的状态在特色小镇建设中随处可见。比如，政府投入大量资金搞基础建设，但是相关产业企业不愿意离开原有区域，进入特色小镇；地产公司希望通过特色小镇概念低价拿地开发，而地方政府又担心地产化，不敢释放土地，但又希望大量资本投入，拉动区域 GDP；资本方对特色小镇有投资意愿，但感觉特色小镇风险太大，不敢投入。这些现象都造成了特色小镇推进中的问题，而且几乎每个特色小镇都会或多或少地遇到这些问题。如果没有一套有效的建设机制，没有体系化的思考，这些问题很难被解决。

本书有一个亮点，就是通过价值链的价值产生过程，通过不同视角所产生的冲突，寻找问题解决的路径。尤其从"国家—地方政府—企业"三个不同视角挖掘特色小镇相关角色的关注要素，并分析了冲突因素及解决要点。这里论述的不仅是特色小镇的建设与发展，更多是将价值链作为核心构成因素，构造特色小镇竞合关系的处理办法。对于同类问题的研究与处理具有积极的参考价值，即如何通过自身发展要素，利用核心优势，发展自身，趋利避害。

本书对特色小镇的未来抱有积极乐观的态度，尤其对特色小镇现有的问题给予了思考，并且站在政府的角度引入了创新、创业与企业家精神等新的应用观点。这些都是全新的思考，不仅有针对特色小镇的政策、资本等因素的思考，针对产业集群、产业空间的形成与空间构成提出的实现路径，更对特色小镇建设发展的创新及企业家精神等内动力因素进行了建构，为特色小镇的成长与发展提供了综合发展动力。

在本书的最后一章，刘海斌博士引入了大数据等概念，对特色小镇的管理以及未来的方向提出了许多很好的思路与中肯的建议。尤其是本书着重强调了价值链构造的价值流，以及以价值链为基础构造的特色小镇价值链体系，在给政府出谋划策的同时，也给公司和个人提出了更多的操作建议，帮助他们规避风险，解读政策，应该说这是锦上添花的深度思考。

最后，刘海斌博士的这本书所采取的研究方法与视角、思路，具有极强的创新性，是理论与实践的结合，有很高的参考价值。在此，我通过作序的方式，向他表示祝贺。

2017 年 12 月于南开大学

Recommendation Preface 2

Conceptualizing and modeling the characteristic towns development to win the 2020 challenge

Anne Mione, University Full Professor,

University of Montpelier, France

In the past 30 years, China has undergone great changes, especially in the economic aspect, which has attracted the attention from all over the world. Nowadays, China faces new challenges related to environmental issues and we observe how it engages into new models to manage demography, economy and sustainable development. In this context, it's my great pleasure to see Dr. Liu Haibin from University of Montpelier tackling such ambitious issue. He provides a conceptual approach on the territory planning and makes recommendations on organizing the development process of characteristics towns. His book proposes a profound study on the policy of characteristic towns in China and offers to identify different perspectives and thoughts on the policy research of characteristic towns in China. It is unique: not only its objective is ambitious but also it is anchored in different economic and strategic theories, such as value chain, value net, competitiveness, cooperation and

中国特色小镇 The Chinese Characteristic Town

coopetition that he implements on global territory management. It is original because he addresses to different targets such as government planners, company directors, urbanists, financial experts, citizens and all type stakeholders that are concerned by a town development. It is personal because it is equilibrated between conceptualization and practice and bases on Liu Haibin's experience of an expert in this field for fifteen years. Finally, it constitutes a determinant contribution for the very soon future.

Indeed, the development of urbanization in China is an important part of China's economic development; especially the population migration to cities has accelerated the development of urbanization. In the past historical process, China's urbanization rate has been increasing rapidly, which greatly narrowed its gap with the development with the United States, the United Kingdom and Germany. However, in the process of development, problems such as sustainable development arose.

As China's economic growth slows down, China's reform has entered a new stage. To transform the industrial structure and strengthen the domestic economic power through the economic power of urbanization have become an important road for China's economic development. Characteristic town, as an important policy of China's development, is an important research goal as well as a complex research issue. The research on characteristic town involves many factors including industrial structure, financial capital, and ecological environment. Due to the heavy capital advance, as Dr. Liu Haibin put it, the possibility of "gray rhinoceros" and "red swan" events will be greatly enhanced.

Facing the problems that might occur, he suggests to start from the formation of the characteristic town and its growth factors. I am delighted to see Dr. Liu starts from the basic economic issues and takes the four basic elements, namely natural resources, labor, land, and capital system as the basis for the research on characteristic town. His value generation and the constructed value chain system effectively connect political economics, urban economics, industrial economics and other disciplines. Seeking the growth path of characteristic towns through the perspective of interest conflict is both innovative and inclusive.

From preface, introduction to the five chapters, we can see clearly that the value generation and growth are the core of this book, and with value chain as a tool, the factors of the characteristic town are connected effectively. This is creative. His creation does not lie in the simple construction of value chains, but rather the connection through the internal and external factors of value generation. The first is the connection of the value chain of the characteristic town. Although the value chain extension will deepen the global value chain and national value chain, according to the core mechanism of the formation of cities and towns, Dr. Liu highlights the two interrelated and interdependent value factors, namely industrial value chain and value chain. He tries to find the breakthrough point of the characteristic town through such value factors. Most importantly, he deeply explores the internal factors of characteristic towns through innovation and entrepreneurship. This is the study on the internal factors of characteristic towns, which is an innovation of methodology for characteristic towns. In fact, the characteristic town itself is an innovative product of the era and an important path of China's urbanization development.

The great feature of this book is its practicability. It can serve as a reference for the government policy making and implementation of the characteristic towns, and can also act as a behavioral guide for the construction of characteristic towns by enterprises. The focus of the book is the formation and application of the core elements of the characteristic town formed by the value chain. It is not a simple policy analysis and application. The construction and operation of characteristic towns show the interdisciplinary feature. The research on characteristic towns in China involves many in — depth issues in the Chinese policy making, such as

中国特色小镇 The Chinese Characteristic Town

"issues concerning agriculture, countryside and farmers" and "population migration". Of course, the deepening in the policies for these issues also provides a follow－up policy reserve and driving force for the development of urbanization in China. Focusing on characteristic towns through value chain means to optimize the value growth through policy level, regional economic level, and enterprise level so as to find the effective path to increase the value. Undoubtedly, this book has made in－depth thinking innovation and bold exploration for the deep industrial problems and urbanization development of the characteristic towns.

Characteristic towns should be paid close attention to by scholars across the globe who study urban economy and structural economy, especially those who make in－depth study on the economic development and industrial development of developing countries. Many countries in the world, especially some Asian and African countries are still relatively backward in economy. In addition to the "Keynesian" economic stimulus, the value chain conflict should also be studied to find the drivers and factors of economic development, and to effectively prevent the impact of inflation on the economy. In fact, this is similar to the author's method of studying characteristic towns in China. Especially in the face of the value conflict between government and enterprise, it is necessary to find the breakthrough to the common development through effective value coopetition. One of the contributions of this book is through the study of characteristic towns, to mine the characteristics of regional economy in depth, so that people can know, master and use the coordinated development of industrial structure and urban structure. This is the real value of the book.

When I talked with the author about this book, he also expressed some regret. After all, due to time constrains, there are some limitations in the study on characteristic towns in China. For example, problems like the saturation of the core industries in characteristic towns, as well as the transformation factors and ways of the characteristic towns all need deep thinking in both theory and practice. Meanwhile, the study on internal drivers like innovation and entrepreneurship in characteristic towns stay too much on theoretical thinking, and the analysis on risk control of characteristic towns is insufficient, all of which may be the author's regret. However, I believe in the future more theorists and practitioners will make more efforts in these areas. I hope this book can be reprinted so that its problems can be improved, understanding errors can be corrected, the use of books can be optimized. I sincerely hope that the author as well as the readers can find the value in the development trend of the characteristic towns, enjoy happiness and obtain wealth.

December 2017

中国特色小镇 The Chinese Characteristic Town

推荐序二

面向 2020 挑战，特色小镇的发展建模及概念化成长

（中文译文）

Anne Mione

法国蒙彼利埃大学管理学院副院长

教授，博士生导师

在过去的 30 年间，中国发生了翻天覆地的变化，尤其在经济方面的表现，让世界关注。研究中国经济和中国发展模式，实际上对于世界经济的发展有着重要的意义。当前，中国面临环境问题的挑战，我们注意到中国开始引入地域、经济和可持续发展的新模式。在这个背景下，我非常高兴看到蒙彼利埃大学的刘海斌博士研究这个复杂的问题。他对于国土规划提出了概念和方法，并对特色小镇的开发过程提出了建议。他对中国的特色小镇体系有着深入的研究，也看到了对于中国特色小镇战略研究的不同视角与思维。这是非常独特的：不仅因为本书的目标宏大，还因为本书使用了多个经济及战略理论，包括价值链、价值网络、竞争力、合作和竞合等，并对全球价值治理问题进行了研究。本书具有创新性，因为本书具有广泛的读者对象，包括政府规划师、公司高管、城市规划师、金融专家以及所有和城镇建设相关的利益相关者。同时，本书也是有特色的，因为刘海斌博士以其 15 年的专家经历，在概念化和实践之间寻求平衡。最后，

本书必然对未来的发展做出重要贡献。

的确，中国的城镇化发展是中国经济发展重要的组成部分，尤其是城市的人口迁移，更加快了城镇化的发展步伐。在过去的历史进程中，中国的城镇化率增长十分迅速，缩小了与美国、英国及德国等国家城镇化发展的差距。但同时在发展过程中，也出现了可持续发展乏力等问题。

随着中国经济增长放缓，中国的改革也进入全新的阶段。转化产业结构，通过深入城镇化发展的经济推进，强化国内经济动力，是中国经济发展的重要路径。特色小镇作为中国发展的重要政策，既是重要的研究目标，也是复杂的研究课题。特色小镇的研究涉及产业结构、金融资本、生态环境等众多因素，由于重资本的推进，刘海斌博士曾谈到出现"灰犀牛"以及"红天鹅"事件的可能性会大大增加。

面对这些可能发生的问题，确实需要从特色小镇的形成因素以及成长因素着手研究。我很高兴地看到本书能从基础的经济问题入手，以资源禀赋、劳动力、土地、制度资本这四个基本要素作为特色小镇的研究基础，以此构造价值生成，并构造价值链体系，能够有效地将政治经济学、城市经济学、产业经济学等学科贯穿起来。通过利益冲突的视角，寻找特色小镇的成长路径，这一点是具有创新性的，也是具有包容性的。

从序言、引言到五个章节的论述，可以清晰地看到作者以价值形成与增长作为这本书的核心主线，通过价值链这一工具将特色小镇的各个因素连接在一起。这是具有创造性的。这种创造不是简单的价值链构造，而是通过价值生成的内外因素进行贯连。虽然价值链的延展会深化到全球价值链与国家价值链，但作者根据城镇形成的核心机理，突出了产业价值链与空间价值链两条相互关联又相互影响的价值因素，尝试通过这样的价值因素找到特色小镇的突破口。最主要的是作者通过创新精神与企业家精神，深度挖掘特色小镇的内部因素。这是对特色小镇内部因素的研究，是对特色小镇方法论的创新。实际上，特色小镇本身就是创新的时代产物，是中国城镇化发展的重要路径。

这本书的一大特点就是它的时效性。它可以作为特色小镇政府制定、实施政策的参考，更可以作为企业建设特色小镇的行为指导。本书的侧重点是价值链形成的特色小镇核心要素的形成与应用。这并不是简单的政策分析与运用，特色小镇在建设与运营方面具有多学科的特征，中国特色小镇的研究，牵扯"三农""人口转移"等深层的中国政策制定问题。当然，对这些政策的研究，也为中国城镇化发展提供了后续的政策储备与推动动力。通过价值链聚焦特色小镇，就是通过政策面、区域经济面、企业面等多层面优化价值增长，找到价值提升的有效路径。毫无疑问，本书的撰写，就是对特色小镇的深层产业、城镇化发展问题，进行了深度的思维创新和大胆的探索。

特色小镇应该得到国际众多城市经济以及结构经济研究学者的共同关注，尤其应针对发展中国家经济发展与产业生成做深化研究。在世界众多国家，尤其亚非部分区域，经济还相对落后，除了构想应用"凯恩斯主义"的经济刺激外，还需要通过研究价值链的冲突找到经济发展的动力与因素，防止通货膨胀对经济的影响。其实这与作者研究中国特色小镇的方法具有相通性，尤其面对政府与企业的价值冲突时，需要通过有效的价值竞合关系，找到通往共同发展的突破口。这本书的一个贡献就是通过对特色小镇的研究，深度进行区域经济的"特色"挖掘，让产业结构与城市结构协同发展。希望这种方式被人们所了解、掌握和运用，这是这本书真正的价值所在。

当然，我与作者就这本书进行沟通的时候，他也表示了一些遗憾，毕竟由于时间问题，对中国特色小镇的研究还存在一些不足：特色小镇核心产业达到饱和的问题，特色小镇的转化因素及转化方式等问题，都需要实践与理论的深度再思考；而对于创新、创业以及企业家精神所构成的特色小镇内在动力因素的分析，也过于理论化；对于特色小镇的风险控制等方面研究不足。这些可能都是作者的遗憾，但是相信在未来的实践过程中，有更多的理论与实践者会在这些方面做出更多的努力。希望这本书能有再版的机会，可以解决其中的问题，纠正理解的错误，优化书籍的使用。衷心祝愿作者以及读者能在特色小镇的发展潮流中找到价值所在，享受快乐，获取财富。

2017 年 12 月

目录

　　理性地思考特色小镇，不能仅仅对政策、产业或者建立的方式方法进行研究，更不能盲目投入特色小镇的建设。面对巨额的资本投入，收获的可能不是发展，而是能否存活的核心问题。

　　构造新城镇的全新经济生态，摸索特色小镇从形成到发展的成长方法，形成一套有效的范式，帮助政府及企业找到特色小镇成长的密码；并根据区域特色，构造特色小镇的量化管理指标、降低投资风险等的范式，形成一门有关城镇发展的新经济学说。

引言

　　●特色小镇的概念形成，城镇化的形成过程；中国城镇化面临的几个核心矛盾；建设特色小镇的几点基本认识

　　特色小镇的形成建立在有效人口所形成的特色动态产业集群的基础上，通过不同的视角构造有效的空间价值链，并且能形成价值链的再生与升级的区域基础。

　　特色小镇的发展可以视为一个多变量函数，解决特色小镇的经济增长及经济产出问题至少需要四个基本要素：劳动力、资源禀赋、土地、制度资本。

　　"红天鹅"，主要指那些由于整体的预见缺失而造成的灾难性事件。"灰犀牛"则指那些大概率且影响巨大的潜在危机。"灰犀牛"不是突发的，而是在一系列警示信号和迹象之后发生的大概率事件。所反映的现实问题就是：危机近在咫尺，你却视而不见。对于特色小镇的相关政策与现象，存在"红天鹅"风险与"灰犀牛"风险并存的状态。

　　●特色小镇的国际化视野；政府及企业的三个思考方向：国际化思维，产业集群与城市发展的构思，创新与创业思维

　　基于市场、服务及机会寻找的全新创业型思维，可以改变地方政府在推进特色小镇中的角色作用，更有效地为特色小镇提供组织服务及机制优化；以机会发现与价值提升为主导的创新型思维，可以发现特色小镇更为广阔的成长空间与内在的核心竞争力，是有别于一般小城镇的内在型发展动力。这两种思维方式将从全新的视角激活政府角色中的"企业家思维"，使其通过其特殊的地位，决定组织核心价值观，对于组织创新、管理创新、价值创新等特色小镇活动有着积极的主导作用。

　　●特色小镇产业价值链与空间价值链的三个层面：企业、产业、区域；特色小镇建设的四条发展路径等

　　特色小镇建设的直接力量，表面上看是由政府权力意志等决策性力量主导的，实际上是产业价值链体系在区域空间所形成的空间价值链倒逼城镇的各功能区进行的重组与整合，并且形成了开放的、动态的、一体化的空间系统。

第一章

　　研究全球价值链主要有两个目的：一个是要有全球化视角，另一个是需要通过全球价值链的价值分解，找到特色小镇更为广阔的价值发展空间。

　　特色小镇的战略核心，就是建立特色价值所在，这里需要通过两个方面突出特色小镇的战略体系：一个是从产业价值链出发，建立差异化；一个是从空间价值链出发，建立市场空间范围的聚焦。从产业价值链出发的差异化战略，要突出设计差异化、质量差异化、支持服务差异化、形象差异化、价格差异化、比较差异化战略六种模式。从空间价值链出发的市场空间战略则存在无市场细分战略、市场细分战略、利基市场战略、定制化战略四种形态。

　　在共享经济以及互联网不断发展的今天，非常容易造成差异化战略的价值转移，"羊毛出在猪身上，狗来买单"的新价值获取，会形成差异化战略的竞争优势转化。通过延长以及传导的方式使产业价值链更具竞争性，这将是未来特色小镇研究的一个重点方向。

实际上特色小镇的高速发展，不是单一产业发展，而是主导产业结合多种配套产业协调发展；它不是单一的产业价值链模式，而是与空间价值链融合的生态体系。

特色小镇的核心工作就是做价值链整合，这里需要对三个主要价值流进行贯连，分别为产品流（产业流）、资本流（资金体系）、信息流（资源与发展数据），三者构成了特色小镇价值链的主要价值表现。三大价值流相互推进，互为价值，管理特色小镇价值链，就是管理三大核心价值流。

特色小镇建设的前期阶段，建议开发融资以股权融资为主，债权模式为辅，以产业及基础建设资本为主要资本来源，可以针对证券等资本中介市场引入资本证券化等模式。针对中期以及后期的发展，可考虑资本多样化，用以优化资本来源。这个时候要注重对资本的吸引作用，强化特色小镇的发展兴奋点，形成良性的资本生态链条。

特色小镇融资的目的并不是简单地解决资本缺口，而是运用资本本来的价值属性，通过财务战略对特色小镇进行管理与控制调节，以达到整体价值提升的目的。

第二章

特色小镇是中国新型城镇化的一个重要载体，其本质就是城镇化。特色小镇在进一步推进过程中，首先面临中国社会资源的争取问题。

没有一个特色小镇是完全规划出来的，将来也不可能出现。特色小镇的成功，绝大多数是原生型成功，而不是政策性成功。政策的作用仅仅是促进特色小镇价值成长。

特色小镇必须改变原有思维模式，核心是通过开放式创新激发地区原生型动力因素实现价值升级与价值转化。依托产业价值链与空间价值链的治理路径，优化解决现有城镇化发展所面临的多重挑战。

城镇群是未来中国新型城镇化布局和区域发展的主体空间形态。城镇群的关键是建立有效的结构，即"中心城市—中小城市—小城镇—较大乡镇"之间形成网络型的分工与合作关系。

特色小镇需要抓住周期性因素，从新型城镇化趋势、人口转化趋势、特色发展格局以及周期化的理念要点入手，找到持续性发展的思维与模式。

特色小镇的价值链塑造，是随着特色小镇的不同发展阶段，不断调整价值链体系。如果想构造长期发展的核心动力因素，就需要在产业价值链层面构造、发展城镇集群，促进区域经济一体化，这种发展模式才是特色小镇价值链构造的主流形式。

根据聚合要素、产业体系、增长动因、劳动力因素、产业结构、空间要素、诱发动因、产业化形态、产业边界等因素的不同，可以将特色小镇演化周期分为五个基本的成长阶段：特色小镇初期阶段、特色小镇形成阶段、特色小镇规模扩大阶段、城镇区域空间集聚阶段、城镇经济带阶段。

特色小镇价值链沿着良性、可持续发展的轨迹动态演化，必须从三个方面着手，并形成价值耦合关系。分别为：特色小镇产业价值链的产业特色效应、空间价值链的区域效应、产业价值链与空间价值链构造特色小镇价值链的价值融合。

根据特色小镇空间与产业价值链的特质，可以大胆构想：特色小镇空间价值链治理可以使用"渐进"式升级模式，产业价值链治理可以考虑使用"跨越"式升级模式，依托创新发展的思维，针对集群价值目标，构造有效的价值链升级路径。

第三章

地方政府视角：特色小镇价值链竞争力构造与政府角色转换　317

"共享利益"是特色小镇双方，甚至是多方合作与发展的基础，在

特色小镇建设与发展中起到积极的推动作用。

特色小镇的发展创建过程，其实就是一个动态的创业过程，只有那些认识到风险的特色小镇管理者才能更好地把握特色小镇的发展并获得成长的回报。这种思维方式，才是特色小镇内在的发展动力。

特色小镇经济是一个开放系统，而不是一个封闭系统。系统的开放性以及中心城镇经济的溢出效应，一方面可以使特色小镇与域外空间发生广泛的经济贸易联系，并不断加强产业的空间集聚；另一方面，可以使劳动力流动、资源流动、技术扩散和信息传播自由交流，有利于各种要素向特色小镇及周边导入，减少了产业集群的障碍，这种状况会随着特色小镇价值链竞争力提高而不断强化。

特色小镇价值链竞争力实质上表现为产业价值链竞争力，而产业价值链竞争力则是通过企业价值链竞争力来加以支撑和维持，并与综合因素构建空间价值链体系。因此，产业竞争力和企业竞争力是特色小镇价值链竞争力的核心。

第四章

企业视角：企业价值链在特色小镇中的价值获取与提升　395

企业进驻特色小镇存在被动进驻与主动进驻两种状况，无论何种进驻状况，都需要以价值链理论（包括价值链升级、转换）、对外直接投资理论两个主要理论为基础，涉及企业进驻特色小镇的动机、行为、绩效等。核心是资源禀赋、土地、劳动力与制度资本这四个构造价值的基本要素所形成的价值链体系（突出产业流、信息流、资本流），即突出产业、资源、制度三大价值观念，构造企业进驻特色小镇的战略构思。

企业在推进特色小镇融资渠道与政府合作模式的时候，要深入了解合作对象。这里要注意三个要点：第一，要清楚政府的作用与合作关系。第二，注意相关投融资方的资本来源以及资本投入需求。第三，注意关联企业的资本使用与深度合作。

特色小镇投融资问题解决的关键在于特色小镇自身的产业设计及发展回报机制的设计。也就是说，特色小镇融资模式及融资结构是表象，特色小镇价值链的价值内涵才是根本。

在融资过程中，投资方一般需要对特色小镇的三个方面进行考量：资本平衡结构、资本要素效益以及资本安全。还需充分考量资本短期投入与长期回报的矛盾，资本的社会效益与经济效益问题，资本针对特色小镇开发中的安全问题以及不确定问题。这些问题将一直伴随特色小镇融资的全过程。

第五章

特色小镇的深化变革：特色小镇价值链升级的未来成长构想　475

与产业价值链不同，品牌价值链是以特色小镇顾客的需求定位为起点，以城镇顾客体验价值为要点，以城镇功能性价值、标志性价值与情感性价值为载体，通过品牌价值创造、价值交换与价值实现环节，实现城镇品牌价值增值与城镇品牌溢价的目的，并最终实现城镇品牌

的吸引力、辐射力、凝聚力、竞争力与特色品牌力。

在特色小镇项目的推进中尤其需要注意品牌优化路径的生命周期，包括禀赋资源构筑的生存基础，比较优势构造的发展动力，竞争优势确认的市场拉动的核心力量，以及以创新构造的可持续发展的推动力，通过比较优势、竞争优势、创新动力构造特色小镇内在连续性的核心竞争力。

特色小镇文化创新，本质是构造软实力，它的发展核心会让特色小镇从深度的产业聚集向可持续成长的文化聚集方向发展，以得到特色小镇独一无二的核心竞争力。

特色小镇一体化创新体系的框架是以要素、空间、环境以及相关的子系统所形成的关联矩阵，是产业、空间、科技、文化、品牌、资本、信息等众多因素的创新集成，是价值链网络构造的根本推进要素。

互联网是一种工具要素，更多是起到产业或产品的辅助功能，使用中多以开放式创新为思维基础，挖掘广泛的市场功能及科学化的管理功能，是基于平台战略构想的核心辅助系统。

掌握特色小镇在大数据中的角色定位，首先需要理解大数据思维。大数据思维是一种意识，认为公开的数据一旦处理得当就能为千百万人急需解决的问题提供答案。也因为大数据可以通过数据量化价值链，因此，大数据中间商可以依托大数据成为相关产业链的获益者，以及跨界行业的重要参与者。

特色小镇及新型城镇化的智慧化改造，需要突出两个主要视角：其一是着眼于特色小镇的"智慧成长"（Smart Growth），其主要内容包括发展"可持续城市""生态城市"及"宜居城市"等；其二则着眼于特色小镇创造与创新能力的建设，其核心理念是"知识城镇"与"创造力城镇"。对应智慧城镇的建设要求，二者形成相互作用的驱动力。

绪　言

特色小镇的新城镇经济学构想

本书整理了关于特色小镇的部分书籍及文件资料，突破了特色小镇现有重规划设计、重流程申报的窠臼，通过全新视角，以价值链的深度构造为基础，以特色小镇的形成机理为背景，形成有效操作特色小镇的指导手册，并深度搭建理论体系，帮助企业以及政府形成特色小镇有效建设与风险规避的方法论。

在众多人看来，特色小镇是企业发展的重大机遇，也是地方政府新的经济增长点。我们也相信这是一个"**美好的预测**"。事实上，**特色小镇的创建与发展**，对于政府、企业而言，实际是"**在刀刃上游走**"。尤其在中国目前的政策推动下，蜂拥而至必然导致特色小镇的阶段性市场冲击。

作者观点

理性地思考特色小镇，不能仅仅对政策、产业或者建立的方式方法进行研究，更不能盲目投入特色小镇的建设。面对巨额的资本投入，收获的可能不是发展，而是能否存活的核心问题。

"特色小镇"在中国的区域经济发展中已成为一项重要国策，它影响着区域的产业体系以及未来的发展方向。国家构想到 2020 年在全国范围内支持培育 1000 个国家级特色小镇，并带动 2000 个省市县特色小城镇开发，在未来 10 年形成 30 万亿元以上的产城乡一体化开发投资规模。

这是中国深化改革的一次尝试，更是中国未来社会经济发展中重要的经济带动模式，是县域经济发展的核心引擎！

作者观点

如果政府与企业不能对特色小镇进行科学管理，不能形成有针对性的解决方案，就极容易形成特色小镇盲目投资、无产业特色的现象，同时也容易造成政企双方的利益冲突。巨大的金融资金风险以及特色小镇地产化等众多问题也会相继出现。实际上特色小镇的政策实施到现在，以上问题已初现端倪，"千镇一面"现象越来越明显。未来的特色小镇发展，将面临巨大的困惑与质疑。

本书以迈克尔·波特的价值链理论为基础，纵深融合产业经济、发展经济、中国农村市场研究以及金融市场等综合问题，通过深度研究特色小镇的形成机制，打破城镇行政级别构成，突破人为将特色小镇分解为旅游与产业两种小镇的方法。

推动核心点：

构造新城镇的全新经济生态，摸索特色小镇从形成到发展的成长方法，形成一套有效的范式，帮助政府及企业找到特色小镇成长的密码；并根据区域特色，构造特色小镇的量化管理指标、降低投资风险等的范式，形成一门有关城镇发展的新经济学说。

作者参考了国家政策、学术期刊以及大量相关文献，寻找特色小镇作为国家经济发展的核心动力，区域经济发展的推进途径以及企业发展的机会要素。事实上，本书认为通过对国家价值、城市价值以及企业价值的冲突及其融合研究，可以构建起多维一体的巨大推动力。这种推动力包括整体性创新与产业创新所形成的特色小镇成功的基本动力，而"创新、创业"动力价值的形成，即"企业家精神"以及"城市创业精神"将是特色小镇走向成功的关键。事实上，以创造价值为核心的创新，是建立有别于

一般小城镇的特色小镇的核心因素。

这是一本实用性很强的书，但它不是告诉人们"做怎样的特色小镇的书"，而是通过深度分析政策与决策、机会与风险、产业与战略、经济体与新城市生态形成机制，来讨论"要通过什么途径才可以建成具有区域特色以及国际产业特色的特色小镇""从何处入手进行特色小镇的创新""如何通过特色小镇的开发与建设形成城镇以及企业整体吸引力，形成特有的新城镇经济体系""如何形成特色小镇的生态链和周期链"等内容。

本书从三个视角讨论特色小镇从存活到发展的问题，即国家视角、地方政府视角、企业视角。每一个视角都是特色小镇从存活到发展的一个"层面"，而非一个过程。笔者希望能通过挖掘深层机理，发现特色小镇存活与发展的根源。

本书在论述框架上为减少论述的复杂程度，特别将书中涉及的核心理论单独抽出，加以论述，给读者一个明确的概念和印象。同时本书第五部分增加了对特色小镇关于品牌、文化以及互联网、大数据、创新智能化等概念的一些思考，希望对地方政府针对特色小镇的区域政策的制定以及企业关于特色小镇的优势竞争力的建立起到一定的帮助。

本书第一章论述了特色小镇应用于实践的三个基本理论要点，以构成本书的理论基础：（1）价值链形成；（2）内动力因素；（3）资金及操作。笔者突出论述三个要点：（1）价值链及相关体系；（2）创新、创业与企业家精神；（3）融资构成与 PPP 等相关理论。

本书第二章体现第一个核心视角，国家视角：特色小镇价值链的国家推动研究。该章重点讨论特色小镇的内生性机理，国家视角下的核心解决要点——"三农"问题与新型城镇化。整理了林毅夫等学者的观点，从国家的视角，重新梳理特色小镇出现的根源，包括特色小镇政策的历史渊源以及推动走向，也论述了其政策性推动核心风险形成的根源，以及特色小镇的特色价值寻求办法、特色小镇价值升级的思考路径，从而站在国家视角回答：国家为什么会大力推动特色小镇？政策的推动为什么会形成巨大的产业风险？特色小镇的机会在哪里？如何借力特色小镇形成地方政府以及企业成长的新的增长点？这些问题还将在后续章节进一步论述。

本书第三章体现第二个核心视角，地方政府视角：特色小镇价值链竞争力的形成过程。该章重点讲述了区域新产业价值链与空间价值链的创造与竞争力的形成思路，除了论述地方政府如何申报特色小镇，如何挖掘区域价值建立特色小镇的方式、方法外，还针对国内的实际情况，大胆尝试从创业学的角度重新构建地方政府的创新竞争力，通过创新思维优化特色小镇的产业定位和政府的项目资本运作体系。

本书第四章体现第三个核心视角，企业视角：特色小镇中企业价值链的构成与融合。该章主要讨论特色小镇市场的企业影响因素，企业如何在特色小镇价值链构造中寻找发展机会，并论述了企业的融资模式及项目操作思维等问题，从而帮助企业形成不断增长的价值链体系。

第五章以全新的价值链创造及延展思维，深度挖掘特色小镇的品牌思维、文化思维，并通过对特色小镇治理的构想，论述特色小镇的可持续发展与价值链体系化扩展等问题。该章基于价值创新体系，借助互联网、大数据、智能化的思维，建立智慧型特色小镇，以形成特色小镇以价值链为基础的五大发展方向。

以上五章与引言一起形成了本书的一个有机整体。引言与特色小镇新经济构想相关联，五个章节则是构造特色小镇不同视角的思考方式及操作范式。通过价值链体系的构造，形成特色小镇从形成到发展，再到夺目的治理路径，并以创新价值链为思考路径，寻求特色小镇未来的发展方向。

特色小镇不仅面临国家政策下的发展机遇，也是集聚科学融合与智慧创造的一种实践。当然，它有自身的综合知识基础。本书就是想通过理论系统的构造，展示给读者有效的实践思路。如同其他学科的实践一样（比如工程学、金融学），通过价值链创造特色小镇价值，只是达到目的的一种手段。事实上，实践本身并没有一个绝对的答案，就如同中国的新农村建设，虽然取得了举世瞩目的成绩，但依然还在探索成长的动力。所以，本书只是融合相关专业对特色小镇进行了深度思考。

笔者在工作实践中，接触了众多尝试和正在操作特色小镇项目的政府与企业，其在特色小镇的建设中投入了大笔资金与大量精力，但成功者少，出现问题者多。在现实中，开发商对特色小镇的关注远远大于实体企业，而政府在实际操作中往往无法确定特色小镇各类项目推进的深度与风险，发展产业的模式与方向。

在过去的两年中，众多关于特色小镇的研讨会将讨论重点放在了特色小镇的级别界定与整体规划上，在整体的产业形成与有效连续性开发方面却有点力不从心。在实际操作中，虽然前期的基础建设极大地拉动了城镇GDP，但企业的债务问题以及项目推进过程中出现的各种风险越来越明显。

笔者撰写本书正是基于以上的观察。所以，有关本书的构想与思考多采用国外的一些产业形成的城镇案例，希望填补国内特色小镇研究的一些空白；也希望笔者的研究能够补充说明：**不要盲目进行特色小镇的大面积开发，而应科学、有创造力地建设特色小镇。**

希望以上的设想不要成为空想，也希望特色小镇的建设不要成为一阵风，成为资本短期追逐的对象。**特色小镇如果不能得到有效的开发及发展，或将面临存亡问题，而且这可能不是小概率问题，而是大概率问题。甚至在未来的两到三年内，50％以上的特色小镇都可能会面临资金、产业等存亡问题。**真心希望昙花一现的情况不会出现。

本书关于中国特色小镇的价值链的思考，是关于中国新型城镇化建设和政府与企业进行特色小镇建设的方法论。衷心希望本书能为广大读者提供有效的参考，真正让特色小镇成为中国经济发展的新引擎！

刘海斌

2017 年 10 月于上海

引　言

特色小镇·新经济

"时代浪潮，浩浩荡荡，顺之者昌，逆之者亡！"在国家的发展潮流中，要想抓住特色小镇的发展机遇，不能简单而盲目地追随政策，而要把握住特色小镇的问题实质。

理解特色小镇的问题本质，需要从历史的角度纵观特色小镇的政策来源和发展目标，需要对比国内外特色小镇的形成机理以及核心因素，并寻找决定其发展、成长的动因，打破常规的概念构想，通过有效的角色进入，构造有效的综合范式，构造特色小镇经济成长的核心因素，建造有中国特色的可持续发展的全新经济引擎。

Ⅰ　60多年城镇化问题是特色小镇兴起的政策来源

当今中国，正处于改革发展的重要节点，面临着前所未有的发展问题与历史机遇。最近几年，国内掀起了一股建设特色小镇的热潮，尤其是浙江的特色小镇建设已经取得了良好的成效。但由于中国区域经济发展差距较大，中西部地区特色小镇建设仍面临前所未有的挑战。

特色小镇实质上是城镇化进程中的有益探索，而以中国特有的区域经济结构形态来看，未来中国城镇化建设的主要方向仍将以大城市为中心，小城镇限于自身条件，难以吸纳大量的农村人口就地城镇化，也很难吸引外地人口进入区域进行城镇化改造。

推动核心点：

　　特色小镇的核心问题并不是简单的地产问题，更不是仅仅依托产业就可以走出特色小镇发展陷阱的问题。实质上，特色小镇的发展建设，需要国家宏观政策、区域政府作用，需要企业集群的有效关联参与，更需要形成区域吸引力、产业集群体系、文化软环境等。特色小镇的整体由多类人口聚集、功能结构配套齐全、产业结构合理、产业特色清晰等元素形成的特色小镇多重价值链所构成，并逐渐形成"特色小镇的价值生态链"，如此才可以长期科学有效地发展特色小镇。

　　现阶段在理论与操作层面，有两套不同的观念，政府与企业在特色小镇的发展问题上也有不同的理解。需要说明的是这种现象的存在是因为视角与价值利益的错位，也因为发展方向与发展路径的不明晰，尤其是对特色小镇的发展目标理解不深入，对特色小镇内生性因素及产业链构造严重缺乏体系化思维。

　　在理论层面，学界目前集中了两种观点：

　　首先，绝大多数从事特色小镇研究的人员认为："**特色小镇起于概念，发展于产业。**"这种界定有一定道理，但是过于以偏概全。事实上，特色小镇的形成具有区域的历史文化以及产业渊源，其发展受到城市价值链、产业价值链以及空间价值链的多价值结构影响，并不是从概念与产业两个维度就可以解决特色小镇的存活与发展问题。

　　其次，国家及区域政府的理论研究者认为："特色小镇不可以地产化。"这个观点笔者是赞同的，但并不完全同意。这里涉及一个特色小镇的深层问题，就是特色小镇的存在基础——**有效人口聚集**。有效人口聚集必然会面临基础设施建设、区域资本结构化以及产业集群等众多问题，地产化是区域人口聚集最直接有效的方法之一。事实上，对特色小镇建设最为关注的并不是实体企业，更多的是地产商。有效利用资产进行区域发展，实际上是要借助部分地产化的模式来拉动区域整体的经济与产业结构。这个问题牵扯更深层的产业结构与空间结构问题，笔者认为切不可一概而论。但是有效防范是必要的，特别需要防范地产集团以产业概念低价拿地，同时因缺乏整体价值链体系构造，形成特色小镇产业空心化以及大规模地产化问题。事实上，在特色小镇的建设中，这个问题已经非常明显。

在实践层面，目前有两种行为非常突出：

首先，**过于注重规划设计**。这种现象在政府相关部门、规划设计院以及各种研讨会层面尤其突出。部分原因可能是政府人员及相关学者希望能够快速有效地建设特色小镇，虽然很多人士也谈到了策划问题，但是基本都停留于概念层面。政府及部分企业的重心，更多的是通过基础建设拉动地方 GDP，而对特色小镇的构成标准、入手要素、建设结构、产业形态、区域政策、企业构成等多种因素并未深入考虑。

作者观点

> 必须警惕，未来如果为"建设"特色小镇而发展特色小镇，却不注意风险的控制，则会形成巨大的资金风险，犹如曾经的鄂尔多斯"鬼城"一般，毕竟不是所有的区域都能够形成特色小镇。而为了拉动区域经济在基础建设上下"猛药"，其实是一剂"毒药"。

其次，**过于注重特色小镇的申报**。现在很多地区有这样一个趋势，就是企业与地方政府共同希望通过国家级以及省市级特色小镇的申报获取更多资源，尤其地产企业，热衷于特色小镇的申报，多申报为旅游特色小镇以及"新创"概念性小镇，比如"机器人小镇""南瓜小镇"等。但事实上，并没有构造有利于区域发展的"价值链体系"，不具备长期的竞争力与发展力。很多特色小镇虽然存在所谓的产业，但是产业空间并不能支持区域经济的长期发展，并且极容易出现"千镇一面"的现象，导致大量的盲目投资，形成恶性竞争环境。**仅通过概念构造特色小镇，过分侧重旅游等第三产业，不仅容易出现"千镇一面"的不良现象，同样具有巨大的资本与存活风险。**

对于特色小镇的研究与实践，社会与企业都需要重新冷静地面对可能出现的各种问题，有效地辨识特色小镇的建设基础，不盲目跟风。特色小镇研究其实是一个复杂的社会发展问题，仅从经济层面就涉及众多学科：人口学、城市经济学、产业经济学、区域经济学、发展经济学、创业学等。笔者认为，针对特色小镇的建设与发展，可以通过价值链的有效构造与延展，找到特色小镇有效发展的突破口。

要寻找特色小镇有效发展的突破口，以及解决深层的生态、软文化等问题，就需要找到中国特色小镇形成的历史渊源，即特色小镇的形成机理，这里涉及大城市产业转移、新型城镇化，更涉及"三农""供给侧改革"。特色小镇的建设不能一蹴而就，更不应"一窝蜂"地上马。事实上，不是所有的区域都适合发展特色小镇，众多因素也仅仅是特色小镇的一个侧面，特色小镇的形成机理包括两个方面：一是特色小镇的政策提出背景，二是城镇化发展与特色小镇的关联。实际上，这两个问题可以合并成一个核心问题，就是自中华人民共和国成立以来面临的核心问题：**具有中国特色的城镇化问题。**

找到城镇化与特色小镇共同的突破要素，不仅能加快中国的城镇化进程，更可以构造新的经济机遇，具有深远的国家战略意义。这需要构造新型城镇化的整体思维，需要对城镇化历程以及发展机理进行深入研究。这是特色小镇研究的基础，是构造未来中国产业转型、文化软环境，以及新经济、新机遇发展的关键。为此，笔者将从两个角度展开论述：一是特色小镇的概念形成，二是城镇化的形成过程。同时，中国城镇化发展受到众多因素的影响，呈现出几个核心矛盾，这将极大地影响特色小镇的定位、发展甚至存活，本部分也将对此进行要点论述。

1. 特色小镇的概念形成

2014年，浙江省提出特色小镇的概念，并迅速将其打造成为产业转型升级的新载体，其发展特色引起了全国关注。

特色小镇是未来经济发展的重要引擎之一，是推进供给侧结构性改革的重要方向，是实现新型城镇化的重要方法，是促进城乡统筹发展的重要手段，是推动经济和产业转型升级的主要动力。

2016年7月，住房城乡建设部、国家发展改革委、财政部联合下发

《关于开展特色小镇培育工作的通知》，决定在全国范围开展特色小镇培育工作，并明确提出，到 2020 年培育 1000 个左右各具特色、富有活力的休闲旅游、商贸物流、现代制造、教育科技、传统文化、美丽宜居的特色小镇，引领带动全国小城镇建设。1000 余个特色小镇，约占全国建制镇总数的 5%。2016 年 10 月 13 日，住建部公布了首批 127 个特色小镇名单，涉及 32 个省区。2017 年 7 月 27 日，住建部公布了第二批 276 个特色小镇，从分布来看，东部地区、华中地区和西南地区的特色小镇数量较多。东部沿海地区经济发展水平较高，在产业基础、科技、人才资源集聚等方面具有优势；而西南地区旅游资源丰富，文化旅游产业发展条件得天独厚。但是，在缺少产业基础和文化旅游资源的广大中西部地区，特色小镇的发展仍然非常困难。

同时，各省相继出台了特色小镇的建设要求和目标。通过建设省级特色小镇，带动大产业连锁性反应。未来数年，中国将掀起特色小镇的建设热潮。1000 余个国家级特色小镇开发，将带动 2000 余个省市县特色小城镇的开发，在未来 10 年，将形成 30 万亿元以上产城乡一体化开发投资。正处于城镇化过程中的 6 亿～8 亿人口，预计其中的 15%～30%，即 1 亿～2 亿农村人口，将在特色小镇建设中受益。国家希望通过特色小镇实现就地城镇化的就业与居住，并带动 2 亿～3 亿特色小镇居民实现收入的大幅提升。在城镇化进程中，大力推进特色小镇建设似乎是解决农村人口就地城镇化的优选方案，但是，特色小镇建设需要充分考虑中国城镇化的趋势以及区域的产业基础和资源禀赋，合理规划，量力而行。

2. 中国城镇化的形成过程

城镇化就是乡村人口转变为城镇人口的过程，现阶段有迁移转变和就地转变两种形式。迁移转变的动力来源于城乡收入差距，就地转变的机制则是新农村建设、小城镇建设和原有城市的发展对周围乡村的吸纳融合。"城镇化"既关系到经济结构调整和经济增长方式的转变，同时又与解决"三农"问题、建设小城镇、建设社会主义新农村息息相关。这个过程既包括实体的变化，也包含文化、生活方式、价值观念等软文化上的变化。

自改革开放以来，中国城镇化的政策经历了由限制城镇化、引导城镇化再到鼓励城镇化的演变过程，城镇化的深化发展对促进就业、产业结构升级和经济增长发挥了重要作用。

中华人民共和国成立以来，其城镇化经历了不同时期的发展变化，从新中国成立初期的正常发展，到"大跃进""文化大革命"时期的大起大落，再到改革开放之后的稳步增长，虽然中国城镇化过程中受到强烈的政治因素影响，但依然保持了不断增长的趋势（见图0-1）。

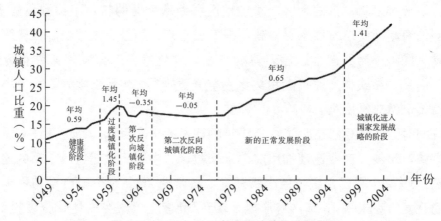

图0-1　1949—2004年中国城镇化进程曲线

改革开放以来，中国的城镇化水平持续快速地提升，从1978年的17.9%提高到2011年的51.27%，平均每年提高1.01%，城镇人口从1.72亿增长到6.91亿，平均每年增加1573万城镇居民。

积极的政策因素是导致城镇化进程加快的主要原因之一。1984年颁布的新户籍管理制度，允许农民自带口粮进城务工经商和进城落户。同年，建制镇标准也得到了调整，全国城镇数量因而迅速增加。

中国的城镇化具有自身独有的特点，显现出不同于国际城镇化的一般趋势，表现出六大特点：①城镇化发展波浪起伏；②城镇化发展落后于世界平均水平；③城镇化发展滞后于工业化；④城镇化发展早期以中小城市为主；⑤城镇化发展以政府推动为动力；⑥城镇化区域发展不平衡。

但同时，中国的城镇化又具有三大变化趋势，分别为：①动力机制多元化；②沿海区域得到重视；③城镇化的战略地位逐步提升。这使城镇化进程不仅得到了量的提高，在质上也有了深层次的改变。

第一，城镇化的推动主体逐步由一元向多元转变。改革开放前后城镇

化的组织主体与投资主体发生了结构性的转化，从政府投资主导变为乡镇企业集体投资与个人投资等多种形式，形成了自上型和自下型两种二元城镇化机制。后来又引入外资及内资形成"外联型"与"内联型"城镇化结构模式，政府投资在城镇化投资中所占比例已经不到 10%，以至于近期兴起了"PPP""PE""BT"等模式结构，城镇化投融资结构发生了翻天覆地的变化。多元的城镇化动力机制为城镇的发展提供了多种机遇，突破了以往全靠国家投资项目推动地方城镇化发展的旧模式。特色小镇正是在这样的结构转化中，突出展现了新型城镇化的发展变化。

第二，国家区域发展战略重点向沿海转移，出现了中国城镇化发展"东部快于中西部，南方快于北方"的趋势。虽然，中西部地区是国家经济建设和城市发展的重点地区，并且培育了一批中心城市，一定程度上带动了内地的经济发展，但整体经济效率很低，制约了国家综合实力的增长。为了平衡中西部与东部地区的经济发展差异，国家在"西部大开发"战略、"一带一路"倡议中加大了对中西部地区的建设投入，但在经济全球化推动下，限于中国的地理、经济等条件，中西部地区依然发展乏力，东部地区作为开发、开放的重点地区，则得到了迅速发展。其中，珠三角、长三角、京津冀等几个沿海城镇密集经济带，以不足 3% 的国土面积，聚集了全国 14% 的人口，实际利用外资率占全国的 79%，创造了全国 42% 的 GDP，极大地加速了国家现代化进程，缩小了中国与发达国家经济技术水平的差距，促进了中国经济持续快速增长。未来这三大中心城市经济带的经济规模和辐射能力还将进一步增强。

第三，改革开放后，城镇化一直是国家的长期发展战略。自 20 世纪90 年代中期以来，国家制定了一系列推进城镇化的政策，将城镇化发展作为解决"三农"问题的重要途径；在"十五计划"中首次把"积极稳妥地推进城镇化"作为国家重点发展战略；党的十六大又进一步提出"全面繁荣农村经济，加快城镇化进程""坚持大中小城市和小城镇协调发展，走中国特色的城镇化道路"；2006 年，中共中央政府采取减免农业税、普及农村免费义务教育、建设社会主义新农村等一系列"工业反哺农业、城市支持农村"的实际措施。中国的城镇化问题已然决定了中国未来的重要发展方向，城镇化已经成为国家解决经济增长、"三农"问题的交汇点。

认识特色小镇的存活与发展问题，就是深度认识中国城镇化发展规律与发展精髓的问题。有效利用特色小镇的发展，实质上是高效利用与发展中国城镇化进程，利用时代发展方向，创造特有价值。

3. 中国城镇化面临的几个核心矛盾

2001 年诺贝尔经济学奖得主、美国哥伦比亚大学约瑟夫·斯蒂格利茨（Joseph E. Stiglitz）教授指出："21 世纪对世界影响最大的有两件事：一是美国的高科技产业，二是中国的城市化。"

这不仅说明了中国的城镇化具有巨大的经济推动作用，更说明了中国城镇化发展的艰难程度。尤其以下几个问题，在很大程度上影响到中国的城镇化进程，当然也影响到特色小镇的存活基础。

（1）城镇、小城镇、特色小镇的概念关联

根据 21 世纪宏观研究院的研究，截至 2012 年年底，全国建制镇总数量为 20113 个，是以政府级别为层面的管理编制。很多时候，城镇很容易与小城镇的概念相混淆。早在 20 世纪 80 年代初，中国著名社会学家费孝通先生就系统论述了小城镇发展理论，提出以农村工业化和乡镇企业的发展为动力，推动作为"城市之尾、农村之首"的小城镇发展，在大城市和农村之间形成缓冲空间，促进城乡一体化，缓解大城市的压力。1998 年中共中央《关于农业和农村中若干重大问题的决定》提出"发展小城镇是带动农村经济和社会发展的一个大战略"，小城镇发展模式得以制度化并在全国推广实施。虽然，小城镇符合中国发展需要，但是实际发展得并不好。小城镇普遍存在基础设施不全、公共服务落后、人居环境差、人口外流等现象。同时，许多小城镇正在逐渐失去特色，失去传统文化和美丽风貌。

而特色小镇是小城镇的一种价值表现，是指依赖某一种或几种特色产业和特色环境因素（如地域特色、生态特色、文化特色、产业特色等），打造的具有明确产业定位、文化内涵、旅游特征和一定社区功能的综合开发小城镇，是集旅游景区、消费产业聚集区、新型城镇化发展区多种功能于一体，产城乡一体化的新型城镇化模式。特色小镇具有新价值承载能力，是国家未来经济发展的核心动力引擎之一，拥有广阔的发展空间。

（2）人口仍将向大城市集聚，小城镇人口流失不可逆转

世界城市发展的历史表明，人口向大城市集聚是城镇化的必然趋势。因为大城市（尤其超大城市）具有资源禀赋的绝对优势，在经济、文化、医疗、教育、公共设施等各种社会资源方面具有明显的比较优势，通过综合吸引力不断吸引越来越多的人口流入。

在中国，这样的趋势尤其明显，出现了世界所特有的"超大城市病"。2009 年到 2014 年，全国 35 个一、二线城市的人口共增加了 3778 万，其中前 15 个大城市增加了 3010 万人，约占总增加人口的 80%；后 20 个城市，仅增加了 768 万，约占其中的 20%。而且后 20 个城市多数都是省会、副省级城市或者计划单列市。从地级市的情况来看，2009 年到 2014 年，有完整常住人口统计的 232 个地级市中，人口减少的城市有 85 个，占 36.6%，共减少 1314 万人；人口增加的城市有 147 个，占 63.4%，共增加 2217 万人。增长城市人口如图 0-2 所示：

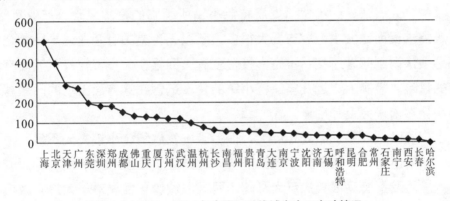

图 0-2　2009—2014 年全国一二线城市人口变动情况

注：数据来自人口普查（单位：万人）

根据 2016 年 10 月 19 日国家卫生计生委发布的《中国流动人口发展报告 2016》，中国流动人口从 1982 年的 1154 万人增长到 2015 年的 2.47 亿人。东部地区是流动人口最集中的地方，2015 年东部地区流动人口占全国流动人口的比例为 74.7%，西部地区仅为 16.6%。据这份报告预测，中国流动人口规模的持续增长态势将不会改变，2020 年、2025 年、2030 年流动人口总量将分别增至 2.82 亿、3.07 亿和 3.27 亿人左右。

由于公共资源配置失衡，人口向超大和特大城市集聚的特征将更加明

显，并且这一趋势短期内不会改变。"十三五"期间中国流动人口将继续向沿江、沿海、沿主要交通线地区聚集，超大城市和特大城市的人口将继续增长。

随着人口向特大城市以及大城市不断流动，很多中小城市人口正在不断流失。小城镇人口流失的趋势在未来较长一段时间内仍然不可逆转。

推动核心点：

中国城镇化问题的解决，不是简单的概念性问题以及产业推进问题，这里牵扯到深层的人口流动以及空间价值链与产业价值链融合等问题。

特色小镇的建设、开发与发展，必须建立在特色基础上，必须形成巨大的整体吸引力，这不只是概念、规划、产业等单方面的问题。因为在人口缺失、人气缺乏的小城镇发展特色小镇所面临的资本风险、产业风险、资源需求反而比大中型城市要大很多，所以无论是国有企业还是民营企业都必须认识到问题所在：不是大投资就有大回报，大投资很有可能面临更大的风险。事实上，近几年特色小镇的建设运营在这方面出现的问题越来越明显，未来会更加明显。

（3）区域经济发展差距巨大，很多区域发展特色小镇先天不足

如前所述，中国东部区域经济与中西部经济发展严重不平衡，因城镇收入差距及配套等因素的巨大影响，两区域城镇化发展对于人口、城镇吸引力的影响非常明显，差距巨大，在小城镇层面表现得尤为突出。发展情况好的小城镇基本集中在东部沿海地区。

首先，人口聚集程度较高的建制镇主要集中在东部沿海。据统计，2012年全国建制镇总数量为20113个，镇区常住人口在10万以上的建制镇有206个，主要集中在长三角和珠三角地区。其中，江苏和广东10万以上人口建制镇的数量居于第一和第二位，分别为46个和26个；中西部仅四川、安徽两地10万以上人口建制镇的数量达到两位数，而陕西、甘肃、宁夏、新疆和西藏等西部省份、自治区无一建制镇人口在10万以上。

其次，经济实力较强的建制镇主要集中在东部沿海。根据《中国中小

城市绿皮书 2015》公布的中国建制镇综合实力百强排名，广东有 30 个镇、江苏有 27 个镇、浙江有 20 个镇、福建有 9 个镇、上海有 4 个镇上榜；西部仅有贵州茅台镇上榜，排在第 95 位。在广东及上海周边有数个建制镇经济总量已经超过百亿元。

与东部经济发达的小城镇相比，中西部小城镇普遍面临规模小、产业基础差、基础设施不全、公共服务落后、建设资金不足等问题的困扰。

（4）产业基础薄弱，城市配套不足，根本不具备就地城镇化基础

随着近几年经济的高速发展以及国家相关政策支持力度的不断强化，人口的有效分流进程加快。尤其近期国家围绕落实"三个一亿人"的城镇化目标出台了很多政策，提出"引导约 1 亿人在中西部地区就近城镇化"，这为城镇化发展，尤其是特色小镇的建设发展提供了外部优势。

但是，这并不意味着众多区域就可以在特色小镇的发展浪潮中，做到特色小镇的有效推进与发展。这里面临几个城镇发展中的要点问题：

首先，城镇化需要重点解决的问题是就业，尤其是吸引本地人口及外出打工人员回乡就业，对此的关键是形成有效的产业价值的吸引力。而我国大多数小城镇产业基础薄弱，难以提供充足的就业岗位。

其次，小城镇的教育、医疗、养老、保障性住房等公共服务欠缺，难以满足大量人口就地城镇化的需求。

最后，大量的小城镇缺乏"造血"功能，财政依赖转移支付，难以快速实现基础设施的改造升级。

因此，即便是农村人口的就近城镇化也应围绕以天津、济南、重庆、成都、西安、武汉、长沙、合肥和郑州等城市为核心的城市网或者说区域价值链展开。如果寄希望于通过孤立的特色小镇基础建设，来实现大规模的区域经济增长，这将面对巨大的发展风险，尤其是盲目开展大规模的特色小镇建设，会造成大量资源浪费，给企业带来严重的资金安全风险。

在城镇化发展的道路上，尤其在特色小镇的发展道路上，我们需要接受历史的教训：不可盲目开发。由于标准化地产开发，中国许多小城镇正在逐渐失去特色，失去传统文化和美丽风貌。尤其在现有阶段，更要注重将中短期利益与长期利益有效融合，突出深化小城镇的配套基础与产业基础，逐步在未来很长一段时间内完成特色小镇的建设并实现文化突破。

4. 建设特色小镇的几点基本认识

通过数年的特色小镇发展，梦想小镇、玉皇山南基金小镇、云栖小镇等特色小镇脱颖而出，并在国内形成了较大的影响。而我们仔细分析这几个特色小镇的形成过程，就不难发现，特色小镇的成功是众多因素形成合力的结果。**几个特色小镇不仅在当地享受有效的政策扶持，具有一定发展潜质的产业基础，更主要的是，其成功是区域需求、核心企业雄厚的资金支持与专业人员推动等因素综合导致的，**而并不是简单意义上的地产推动或者政府推动。

如何找到适合本地特色小镇建设的有效突破口？

作者观点

特色小镇的形成建立在有效人口所形成的特色动态产业集群的基础上，通过不同的视角构造有效的空间价值链，并且能形成价值链的再生与升级的区域基础。

而通过哪几个视角，如何建立有效的价值链，以及产业集群的生成机理、升级构造，将在后续的章节进行论述。对于特色小镇，首先需要有几点基础性的认识。

（1）特色小镇是城镇化发展的"卷土重来"，但又具有新型城镇化的全新视角

研究特色小镇是研究中国城镇化的有效突破口，即需要在有效的空间范围内，形成特有的城镇化产业集群。

作者观点

特色小镇的发展可以视为一个多变量函数，解决特色小镇的经济增长及经济产出问题至少需要四个基本要素：劳动力、资源禀赋、土地、制度资本。

劳动力，即人口要素问题，这是特色小镇的基础。它构筑、形成了特色小镇的多产业机构基础，包括数量、成本、素质等。

中国特色小镇 The Chinese Characteristic Town

劳动力在单一区域内形成生态的价值链，构筑消费链与功能转化链条。

资源禀赋，可以视为特色小镇的特色基础，可以是石油、矿产、水等资源的储藏，也可以是文化历史及建筑风情的传承，同样包括江河湖海中的特有资源以及交通道路等资源。

土地，这里包括土地的使用功能，以及政策对土地使用的指导价值，尤其土地政策的优化与改良，在很大程度上影响着城镇化改革，这是国家需要重点推进特色小镇的核心与关键。

制度资本，包括政策、民主、法制、知识产权，甚至结构资本以及产业资本。

这四个基本要素构成了特色小镇的价值基础。事实上，四个要素中的任何一项越丰厚，该特色小镇的经济增长速度至少在短期内就可能越快，价值增长就越多。同时，这四大要素之间具有转化性，只要一个或几个要素非常突出，即使其他要素差一些，经济照样可以有很大的发展，人们的收入照样可以提高。

所以在构筑特色小镇时，需要注意几点：

一是特色小镇并非行政上的建制镇，应构造"精而特，特而美"的特色小镇形态。

特色小镇不是行政区划单元上的镇，更不是产业园区或者经济开发区，而是具有明确产业特色、文化内涵、区域价值构造和一定社区功能的"产、城、人、文"四位一体有机结合的发展空间。特色小镇不贪大，但是追求"精而特，特而美"。有专家建议设定特色小镇的规划面积与建筑面积的控制标准，他们认为：规划面积一般控制在3平方千米左右，建设面积一般控制在1平方千米左右，在该有效区域内实现土地、资金、人才等资源的优化配置和集约利用。

二是特色小镇应以特色价值链的科学构筑为基础，构造合理、可持续发展的产业集群，并以创新发展为根本，构造特色小镇的生态价值系统。

浙江、广东等省在改革开放几十年来，尤其在全球化浪潮中，构筑了大而全的产业基础。根据工信部的统计，2011年，在世界500种主要工业品类中，我国有220种产品的产量居全球第一位。例如：粗钢产量世界第一，占全球总产量的 44.7%；电解铝产量世界第一，占全球总产量的 40%；造船完工量世界第一，占全球总量的 42%；彩电出货量占全球总量的 48.8%；冰箱出货量占全球总量的 70%；手机出货量占全球总量的 70.6%；计算机出货量占全球总量的 90.6%，纽扣、衬衣、玩具、鞋子、箱包等产量都居世界第一。

全球化、科技化浪潮以及国际贸易竞争，对中低端产品产生了非常强的冲击，但同时也培育了大量区域特色产业，形成了一批块状的经济强镇。这些块状经济强镇需要产业结构升级及转型，它们拥有资金基础和产业支撑，具有极强的发展动力。特色小镇正是依托原有的特色产业基础，围绕信息经济、环保、健康、旅游、时尚、金融、高端装备制造等方面重点培育产业，通过创业创新平台、科技研发集群、人才战略资源等产业发展的高端要素，激发传统特色产业的活力，形成产业、文化、旅游的聚合发展，推动特色小镇的转型成长。

而产业发展的重点，并不仅仅在于产业规模，而是应该站在国内乃至国际的视野上，横向构造空间价值链，纵向构造产业价值链，形成具有产业竞争力、可持续发展的产业集群与结构化的发展空间。更重要的是，应该通过不断构造创新平台，打造特色小镇可持续发展的价值系统。

三是政府需要以全新的角色与视角引导和审视特色小镇，充分利用社会资源，构造特色小镇的市场化运营体系。

首先，特色小镇的建设需要坚持政府引导、企业主体、市场化运作的模式。政府要从政策上给予大力支持，并且形成特色小镇的构造体系与考核体系：如对于发展情况良好的特色小镇，应给予用地指标奖励和财政收入返还予以鼓励，优先考虑将其申报国家和省里的改革试点；对于验收不合格的特色小镇，可以加倍倒扣省里奖励的用地指标。

其次，严抓土地结构的属性需求，注意企业及行业的进入背景，但要放宽市场主体核定条件，简化审批流程，做好服务工作。充分发挥市场的主导作用，同时充分引入社会资本及社会资源，引入投资建设主体和第三方机构，提高特色小镇建设和运营的专业化水平。

推动核心点：

在管理体系方面，地方政府可以大胆引入创业与创新学构想，通过全新的视角，为特色小镇建立并提供良好的制度保障与新型市场化运作模式。这里的创造力与创新力是构造特色小镇的价值链内动力。特色小镇通过其特殊的区位、产业、环境等因素，构造特色产业的生成形态，尤其以特色优势产业，包括高新科技产业为基础，结合人才等优质资源，形成较强的吸引力，构造出特色小镇独有而其他区域所不具备的特色优势。

所以，成功的特色小镇的经验是不可能被完全复制的，一窝蜂地建设文旅特色、健康养生等类型的小镇，如果不能因地制宜地形成自身的价值链与有效的产业集群体系，很有可能面临的不是发展问题，而是存亡问题。

（2）发展特色小镇尚不能成为中国城镇化的主流

从中国城镇化发展的未来趋势来看，未来城镇化的主战场仍然是城市，尤其是东部沿海的超大、特大和大城市，以及北京、上海、天津等直辖市。由于产业集群成熟，人口聚集，基础配套设施及教育资源成熟等众多因素，各主要大城市在未来依然会出现人口增长等发展趋势。虽然需要深入治理大城市病，调整城市价值链，构筑全新的产业结构，但是大城市的溢出效应也越来越明显，其周边城市及乡镇起到了产业承接以及产业升级的重要作用。

特色小镇在现阶段，只能作为中国城镇化建设的有机组成部分，其进步发展需要数年，甚至数十年的孕育。现阶段应该在基础较好的地区开展特色小镇建设，其关键是为小城镇的发展提供一种新的思路和模式，为传统产业升级、传统文化发扬注入活力。但是，特色小镇尚不能成为城镇化的主流。尤其是在基础条件较差的中西部地区以及边缘地区，特色小镇建设面对较多困难。如果不考虑区域发展差异和广大城镇的实际条件，大规模推进特色小镇建设，盲目开展造镇运动，不但不能通过创新形成特色，反而会导致同质化现象，造成千镇一面、恶性竞争的局面，浪费大量社会资源，面临特色小镇规模化建设的巨大风险。

对于中国城镇化建设，现阶段国家应该将主要精力放在基础建设、区域文化、区域生态环境的保护上；同时，将重心放在解决城市人口以及农村人口向小城镇转化的流动障碍上，特色小镇在这种经济结构发展中应该是试点探索成长要素，而不是蜂拥建设。

（3）特色小镇的建设具有产业发展与融合的国际战略意义

中国城镇化建设相比国际城镇化建设仍然比较落后，突出表现在两个方面：一是城镇化率，二是城镇化的产业价值链的构成与影响。

首先，中国的城镇化率远远低于发达国家水平。国家统计局多项数据显示：2016 年中国城镇化率达到 57.35%，从城乡结构看，城镇常住人口 79298 万人，比 2015 年年末增加 2182 万人，乡村常住人口 58973 万人，比 2015 年年末减少 1373 万人，城镇人口占总人口比重（城镇化率）为 57.35%。笔者与国内外一些学者观点相似，认为中国城镇化率被严重高估，与发达国家 80% 的城镇化率仍然具有较大差距。

其次，中国城镇化建设与国际城镇化建设的最关键的区别：**国外很多小镇是国家乃至发达国家产业竞争力的一种重要载体，而且已经形成巨大的产业经济带。**

比如，德国的汽车制造业水平领先全球，著名的高端汽车品牌奥迪的全球总部和欧洲工厂都集中在一个叫英戈尔斯塔特的小镇上，距离慕尼黑 60 千米，这个小镇也因此被称为"奥迪之城"。该地区总人口仅有 12 万，其中奥迪总部所在的英戈尔斯塔特的传统镇区人口则只有两三万人。

在高科技方面，美国的硅谷其实就是一连串小镇聚集而成——是由 35 个创新小城镇群组成的。斯坦福大学附近的帕罗奥图，除去大学校区面积，其占地面积仅仅几平方千米，是硅谷的孵化中心；苹果公司所在的库比蒂诺人口五万多；英特尔总部所在的山景城仅有七万多人口。

在金融方面，美国的格林尼治对冲基金小镇，聚集了五百多家对冲基金公司，对冲基金规模占全美国对冲基金总量的三分之一左右；加州的门罗帕克小镇是美国风险投资基金公司聚集地，纳斯达克一半以上的高科技公司都有这个镇上的风险投资基金公司参与投资。

这类案例不胜枚举，比如笔者所就读的博士院校的国家，就有普罗旺斯、依云、安纳西、格拉斯、维特雷等特色小镇，这些小镇都具有独有的产业特色和极强的国际影响力。

推动核心点：

　　中国的特色小镇已经具有两个要点的承载功能：一个是成为中国新时期产业升级的主要载体之一；另一个是部分小镇已经具备发达国家特色小镇的潜质，具有国际产业竞争力的产业基础以及资金基础，此类小镇有条件成为国际知名小镇，是中国特色小镇的发展关键。

　　第一，特色小镇是新时期的产业升级载体之一，由于主要核心城市产业结构的调整，中低端产业的挤出效应以及"一带一路"倡议等因素的影响，产业集群必然受到"雁阵模型"影响，向周边乡镇及具有特色优势的小城镇转移。这些小城镇经过几十年的发展，生活设施和交通便利程度有了极大改善和提高，特别是网络通信和购物体系的完善，使得居住在小城镇的居民完全可以享受到跟大城市差不多的生活便利性。虽然小城镇的生活确实还有一些劣势，但其房价便宜、环境舒适、空气宜人等优势，都为中低端产业的集群迁移，甚至整体产业迁移提供了基础条件。如果能有效利用这些资源禀赋因素，形成产业迁移，进一步形成竞争优势，构筑具有竞争优势的特色产业小镇的目标，将非常容易实现。

　　第二，东部地区及上海等城市周边已经具备大型城市经济带及产业经济带的特质，周边的小城镇在资金、技术等方面已经具有国际高端及新兴产业的竞争力。如果能有效地建立高级人才和高端产业体系与机制，如同发达国家的众多知名小镇一样，就会形成区域空间价值的集聚效应。通过交通互动与人才流动，让更多人选择在安逸宁静、风光宜人同时生活足够便利的特色小镇工作与生活，这是经济水平和城镇化发展到一定程度之后的必然结果。

　　高端产业及新兴产业在大中城市和特色小镇协同发展，是中国未来发展的趋势所在。这不仅是中国参与国际竞争的新方向，也是调整城市产业结构，协调城乡发展的必然之路！

　　中国的众多特色小镇，已经具备了两个要点的承载功能，具备了国际特色小镇的发展基础，表现在产业价值链或者资源价值关联的核心特质上。比如，在产业价值链关联方面，浙江省杭州市西湖区的云栖小镇，是阿里云开发以及云栖大会在此召开而形成的以云计算为核心、云计算大数据和智能硬件产业为特点的产业聚集中心；浙江省湖州市吴兴区的美妆小镇，是化妆品生产基地，构造围绕化妆品的全产业价值链体系，包括设计、研发、生产、包装等环节的核心聚集区。在资源价值关联方面，四川省西部甘孜藏族自治州的康定、稻城、亚丁、色达、香格里拉等地区，均位于青藏高原西部，景色宜人，藏寨风格独特，可以形成旅游型的多核特色小镇群。

关键问题是，这条必然之路，该怎样走出来？

作者观点

> 未来特色小镇的主流方向，必然是以东部及沿海城市周边产业集群集中的中高端产业特色小镇为主，在高等教育、科研、金融、智能制造、生物医药、新能源、新材料等方面都有有效的战略构造。同时，可以通过关联特色小镇，如中西部特色小镇与东部特色小镇之间，形成产业价值链及供应链的深度融合，形成跨区域、跨省乃至跨国的城镇价值网络。当然，这仅仅是一个构想，需要在未来众多年才可以慢慢融合。

（4）既要预防"红天鹅"风险，又要预防"灰犀牛"风险

2013年达沃斯论坛上，日本危机理论家威廉·斋藤提出了"红天鹅"事件，古根海姆学者奖获得者米歇尔·渥克则提出了"灰犀牛"事件，这是两个相似但又截然不同的概念。在中国特色小镇的建设发展中，这两种明显的风险都已存在。

与难以预测且不寻常并通常会引起市场连锁负面反应甚至颠覆的"黑天鹅"事件（Black swan event）不同，"红天鹅"事件与"灰犀牛"事件都是灾难发生前预警信号早已清楚显现，但却因为疏忽大意和应对措施不力所导致的灾难，只是偏重点有所不同。

价值要点：

"红天鹅"，主要指那些由于整体的预见缺失而造成的灾难性事件。"灰犀牛"则指那些大概率且影响巨大的潜在危机。"灰犀牛"不是突发的，而是在一系列警示信号和迹象出现之后发生的大概率事件，所反映的现实问题就是：危机近在咫尺，你却视而不见。

作者观点

对于特色小镇的相关政策与现象，存在着"红天鹅"风险与"灰犀牛"风险并存的状态。

其风险集中表现在：对特色小镇发展因素未做深度挖掘，对核心问题未做深度解读，对农村及城镇土地问题未做深度思考，对特色小镇的管理过于行政化，对特色小镇的理解概念性太强，对产业扶持太弱，对特色小镇的地产化管控存在偏向，实施角色错位导致特色小镇无法推进等方面。这些问题的核心就是没有抓住特色小镇存在及发展的实质，没有找准特色小镇在各区域的突破口。从现阶段特色小镇的建设发展情况来看，因为研究思路及操作手段等因素，"红天鹅"事件将会在未来连续出现。

如果说"红天鹅"事件是由技术操作及战略构想偏差所导致的预见缺失，那么"灰犀牛"事件，则是在发展模式及发展方向存在偏差时，专家、学者及特色小镇推动者并未采取措施，或者采取措施不当所导致的大概率事件。

在特色小镇实施阶段，需要做好两点预防：

（1）"一股风"与"一起冲"

中国企业有一个通病，表现在政策执行后"一股风"与"一起冲"。有很多企业喜欢跟随国家政策，一窝蜂地向前冲，并没有考虑产业的市场需求与发展要素。比如中国光伏产业。最终，市场产能严重过剩，企业又一窝蜂地逃离过剩产业。当然，这是市场作用与企业推进的相互结果，也有资本逐利性的因素影响，更主要是产业指导不科学，企业盲目跟随导致的。

特色小镇的整体开发需要数年，由于产业的集成化等多种因素影响，需要的时间可能更长，参与的企业会更多，而投入的资金相当大。如果没有长期规划发展的基本构思以及有效的发展思路，很可能导致"一起冲"的资本结构风险，以及"一股风"的政策持续性风险。这样最终会导致特色小镇无法推动与运营的大概率风险出现。

（2）发展方向偏差

现有特色小镇的主要参与者，更多地集中在地产集团与金融集团，这些企业希望实现项目资本化，或者项目地产化，并希望快速回笼资金。但由于缺乏产业支撑，这些企业所投入的特色小镇只能以文化旅游、健康养生、风情休闲、主题概念为主体，导致特色小镇同质化现象非常严重，以至于引起国家对特色小镇地产化的担忧。事实上，特色小镇的有效开发与发展，并不是"大杂烩"，并非将旅游与产业、文化简单地全部融合。特色小镇的良性发展应该是以优质产业价值链构造或者优质空间价值链构造为基础的系统性、可持续开发。如果不能将小城镇的特色充分发挥出来，宁可放缓开发进程，否则易将地产化问题从城市引向城镇，同时容易出现以特色小镇为主题的金融及金融衍生品。如果不能对此进行科学引导，将产生巨大的产业结构与资本结构风险。

Ⅱ 特色小镇与国际化视野

随着中国经济的高速发展，中国开始在国际经济与贸易活动中占据举足轻重的地位，中国在未来的城镇化建设中不应只是简单地解决"三农"问题，更需要具有国际化视野。在特色小镇的建设中，尤其是东部及沿海地区具有一定产业及资产基础的特色小镇的建设中，我们应该具有国际化视野，需要从定位及规划建设入手，建立有效的产业体系，主导国内外产业价值链体系，形成特色小镇特有的吸引力，积极参与国际化竞争。

特色小镇建设集综合开发与运营于一体，涵盖了特色产业项目开发、旅游项目开发、土地开发、房产开发、产业链整合开发以及城镇建设开发，涉及城市、旅游、产业、投融资、开发建设、招商、运营管理等各个领域，其开发过程是一个相当复杂的系统工程。

如果想在整体开发及运作中和在特色小镇的发展潮流中，找到立身之本，找到持续的发展动力，就必须要有国际化视野。事实上，政府及企业不仅要有眼光，更要转化思维，了解及学习全球价值链的价值分工，同时要转化视角与角色，构造独有的核心竞争力。

要构建特色小镇的国际化视野，政府及企业需要建立三种思维模式：①国际化思维；②产业集群与城镇发展的构思；③创新与创业思维。

首先，要建立国际化思维，就要打破原有建制镇的概念，打破地域限制，以宏观视角从区域特质出发，找到有效的发展突破口。这里有两个关键：第一，要参考国际知名小镇的形成原理，结合所属特色小镇的地理、历史、产业、文化、人群、资金等内生性因素和发展难题，需要结合国内产业竞争力甚至国际产业竞争力的核心发展动力，创造区域的空间价值链，并找到可持续发展的价值链增值及转化部分。第二，需要找到国际分工及国内分工的关键角色。尤其是江浙、广东一带的企业，本身就具有自下而上的民间产业基础，这就需要它们有效参与到全球价值链的价值提升及产业提升当中，找到特色小镇的产业集群突破口。只有这样，才能找到特色小镇的存活空间与发展空间。

其次，就是在价值链的基础上，要有合理的产业集群与城市发展的构思。虽然在实际操作中可能会存在产业结构不全面或者城镇发展失衡的情况，但是，在建立特色小镇的过程中一定要有产业集群与城镇发展的构思。这两个构思，其实就是特色小镇的发展精神所在。

推动核心点：

产业集群可以是单一产业集群，也可以是集成产业集群或者说是多元结合的产业集群，即建造特色小镇的产业价值链体系。这种集群可以是由区域自身的企业自发、自下而上形成的特色产业，但是这种集群一定要具备先发的基础推进力以及后发的产业增长力。产业集群可以是产品产业链，也可以是金融产业链，同样可以是农业产业链、旅游产业链或者文化产业链，但必须存在产业价值基础，而不是捏造或者无中生有的产业形态，否则将产生巨大的特色小镇产业风险。

江浙一带特色小镇的崛起，绝大部分是源于主要核心城市周边产业的崛起及发展，具有明显的市场需求及产业承接与升级需求，绝不是凭空生成的。城市发展构思，需要针对特色小镇的发展进行构想，形成有效的空间价值链。

推动核心点：

特色小镇的本质问题是城镇化问题，其实质就是特色小镇的建造与发展问题，需要政府与企业共同构造政策空间、资本空间、产业空间等。其空间构成的关键是要形成有效的空间布局与空间价值利用。这里面临的不仅是规划的问题，更主要是城镇发展突破口的问题。

城镇发展构思需要有效的城镇发展思路，需要大面积工程建设，更需要基础建设与人才建设，也需要思考建设的先后问题与跨区域问题。

最后，特色小镇需要创新与创业思维，这是从根本上解决特色小镇发展问题的办法，是特色小镇生存与发展的内生性动力，其核心就是打破原有思考路径，以市场、服务为核心，推动特色小镇发展。

推动核心点：

基于市场、服务及机会寻找的全新创业型思维，可以改变地方政府在推进特色小镇中的角色作用，更有效地为特色小镇提供组织服务及机制优化；以机会发现与价值提升为主导的创新型思维，可以发现特色小镇更为广阔的成长空间与内在的核心竞争力，是有别于一般小城镇的内在型发展动力。这两种思维方式将从全新的视角激活政府角色中的"企业家思维"，使其通过其特殊的地位，决定组织核心价值观，对于组织创新、管理创新、价值创新等特色小镇活动有着积极的主导作用。

彼得·德鲁克曾指出："所谓核心竞争力，就是指能做别人根本不能做的事，能在逆境中求得生存和发展，能将市场、客户的价值与制造商、供应商融为一体的特殊能力。"这种特殊的能力就是基于"创业""创新"

"企业家精神"的巨大作用所形成的远见卓识和非凡魄力。以色列就是依托强大的"创新力""创业力"以及坚韧不屈的"企业家精神"，在贫瘠的土地上，创造出影响世界的科技与经济奇迹。

为了构建特色小镇的国际化视野，在建立特色小镇价值链的过程中要做到三个必须、三个反对。

价值链构筑特色小镇的三个必须：

（1）必须立足区域特质，注重特色小镇的文化核心

建设特色小镇，不是强制性注入特色小镇的发展基因，而应该立足区域特质，寻找特色小镇可以发展的资源禀赋。这种特质可以是交通资源，也可以是历史建筑、特色产业，甚至可以是周边城市的产能配套，但是一定要梳理其发展的核心动力基础，而且要注意形成特色小镇的文化形态。这种文化是特色小镇的内在价值链，是吸引人口，甚至吸引人才的核心要素，是能够打动社会、融入社会的特有属性，也是特色小镇的软实力。它与产业、人文、历史、精神相互交融。

（2）必须有开放的思维，注重特色小镇的产业关联

建设特色小镇，一定要学会走出去，将特色小镇的特色转化为有价值的经济效益。在全球化的浪潮中，我们需要两只眼睛看世界，既要看到国内市场以及区域的关联，也要看到国际的先进技术与经验，同时更要看到国际市场的需求。因此，在特色小镇建设中，一定要有开放性思维，要能够有效地创新特色小镇的发展因素，形成核心竞争力。同时，在开放的思维中，我们需要将有效的社会资源引进来，这就需要做大做强特色小镇的产业体系，形成产业集群的强大吸引力，尤其是空间价值链与产业价值链共同形成的特色小镇价值链体系，将成为有利于特色小镇在市场建设中快速发展的核心动力。

（3）必须统筹协调发展，形成特色小镇的核心竞争力

现代社会是一个互相协助的社会，是通过竞合关系协同发展的社会。对于特色小镇的建设，不能仅仅局限于特色小镇自身区域的发展，还需要在产业价值链体系以及城市经济带中找到自身的发展空间，找准产业的体系结构，找准所处的空间结构，充分利用特色小镇的载体作用，有效形成特色小镇的核心竞争力，从而扩大特色小镇的产业空间与生存空间。

特色小镇价值链构筑的三个反对：

第一，反对终极地产化问题，更反对去地产化问题。

特色小镇的生存与发展问题不是地产问题，而是城镇化问题。当然，在特色小镇的发展过程中，有不少地产及相关利益集团想通过特色小镇的政策，转化土地结构及性质，形成终极地产化发展。这种发展的确存在严重的风险，需要进行监督与管理，更需要规范与防范。

但是对于这样的现象不能一概而论。特色小镇的建设，需要抓住城镇化发展的规律。我国的城镇化虽然取得了长足的发展，但是城镇化水平还远远低于发达国家水平。尤其特色小镇建设初期，需要大量的基础建设，需要大量的资本流入，如同城市发展一样，地产企业的推进，大大地促进了城市化进程。在特色小镇的建设方面，需要通过地产企业进行资金流转，更需要地产企业进行社会、医疗、商业配套的建设，这需要政府在空间价值链建设中做好结构调控，通过科学的管理手段，分解土地性质及监督管理模式及方法，做到特色小镇在土地开发上有效、有序、有节的科学使用。

第二，反对过度趋向文旅产业化，更反对"萝卜白菜一锅烩"。

目前的特色小镇建设，在文化旅游方面做的工作比较多，至少在笔者参与过的特色小镇规划建设中，绝大多数是由地产集团主导的文化旅游、健康养生概念的特色小镇。这些企业对产业的关注明显不足。有一些名义上称为产业的，本质上还是旅游地产。比如健康养生、会议培训、婚纱摄影、手工艺品生产和体验之类，从产业分类的角度来看，都属于地产业或者"旅游＋"产业的范围，属于旅游地产业的衍生或配套服务。当然，旅游地产以及与之相关的健康养生、会议培训、民俗工艺品等也都是产业，但它们主要是"富民产业"，老百姓、开发商、乡镇政府都可以从中营利，但是产业发展力并不明显，很容易形成"千镇一面"的现象；同时，大量投入建设也容易导致资源的严重浪费，会影响资本市场的投资结构，是需要特别注意与防范的。

还有另外一种现象，就是很多特色小镇建设者希望特色小镇能够综合发展，想让特色小镇集产业、旅游、文化、社会、生态、休闲、健康、时尚等于一体，甚至包括很多知名的政府研究人员和社会研究人员都有这样的观点。这种"萝卜白菜一锅烩"的做法，笔者是非常反对的。这里有两个核心问题：一个是发展重点问题，一个是发展顺序问题。当然，城镇化过程是需要综合协调发展的，但是一定要有重点，有顺序，更要科学、有效。

首先，需要深度了解特色小镇宜居宜业的基础概念，并有效区分旅游休闲的目标需求。

笔者在一些书籍中看到，要将特色小镇建设得景观宜人、舒适宜居，生产空间和生活空间、生态环境相互融合，至少要达到 AAA 级景区的标准。笔者相信这是一个美好的理想。但 AAA 级景区标准是为了旅游产业而设立的，而特色小镇的宜居宜业则是生活需求，两者不能等同。

特色小镇，尤其是产业小镇要吸引高级人才，一定要舒适宜居，这与宜居和宜游的标准相差很多。宜游主要是针对景观和短期体验，宜居则要求医疗、子女教育、社区文体设施、交际空间等立足于长期生活的基础设施达到一定的标准。在建设特色小镇的过程中，企业及政府人员必须找到有效的突破口，不要有时想做旅游，有时又想做产业，因为产业结构与空间价值构造是完全不同的。

价值要点：

旅游的核心是消费，要尽可能吸引有"财"的人来流动消费，花完钱再回到原有居所；产业发展的核心是生产，是尽可能吸引有"才"的人来创业就业，长期定居。二者发展路径截然不同，所需要的区位条件、基础设施、配套服务、盈利模式也是天差地别。

比如，同样是居住功能，要发展旅游就应该多建酒店、民宿或度假别墅；要发展产业，就应该多建人才公寓。旅游目的地对医疗、教育设施几乎没有要求，即使是发展"旅游＋健康"的目标，旅游景区也是以康复疗养设施为主；而产业聚集区要促进人才聚集，则需要配套幼儿园、小学，以及功能相对齐全的医院。而且，就开发模式来讲，旅游景区修建配套设施是为了盈利，通过住宿、餐饮和各种服务收费把投资在景点建设的费用挣回来；而产业聚集区的配套设施投资则不应该以营利为目的，而是通过配套设施吸引人才和企业，再通过产业税收及地产把建设配套设施的钱挣回来，其投资收益模式正好相反。

其次，旅游与产业发展本身存在众多冲突，需要分阶段、分层次和分重点地解决特色小镇的发展目标。

美国的格林尼治对冲基金小镇，聚集了数百家掌握几十亿乃至上百亿美元的基金公司，咖啡馆里喝咖啡的人大都是年薪百万美元以上的基金交易员。小镇的设施主要就是办公楼和住宅以及一些高端生活配套设施，并无可观光旅游之处。高收入的小镇居民对安全的要求非常苛刻，警察和摄像头很多，物价水平比大城市还要高很多，因此这个小镇并不欢迎游客，游客也不会有兴趣跑到格林尼治去住宿消费。

> **价值要点：**
>
> 特色小镇的产业形态与文化属性、人员结构和产业特色有巨大的关系，尤其涉及金融、高科技电子产业等产业的特色小镇并不适合旅游与产业相互融合。当然，有一些产业也具有融合的可能性，比如生态农牧业及林业等。

法国的依云小镇，就是以水为中心的产业小镇，同时，水的配套产业非常发达，其中就包括旅游产业，但是其重点是在水产业及其衍生产品的生产及销售上，并且发展过程有层次，有重点。

最后，反对先规划后产业，更反对就产业论产业。

在特色小镇建设中有一个普遍现象，就是主导规划先行，希望通过整体规划做出特色小镇的特色。有人还赋予其一个说法，叫顶层设计。事实上，这是对特色小镇发展的曲解，也是对顶层设计概念的误解。特色小镇的建设确实需要顶层设计，但更多的是从政治经济学出发，从国家统筹、区域统筹的层面，通过"供给侧"的合理调节，构筑特色小镇的产业形态。在规划建设中，应该先引入特色小镇顶层设计的概念目标，构造顶层策划形态，搞清楚特色小镇核心特色的发展方向，再进行规划设计。千万不可一叶障目，以偏概全，这样很容易造成规划上的错位。

还需特别注意的是，对于推动特色小镇发展，千万不可就产业论产

业，尤其是辅助制造类型的产业集群，很容易受到产业结构以及关联企业的主导因素的影响。比如东莞市的一些乡镇，在产业蓬勃发展时，多个工厂拥有数万人的巨型规模，出现"东莞堵车，全球缺货"的火热现象。但是，一旦产业出现转移、淘汰、迭代等风险，就会出现严重的产业萎缩与经济萎缩。

当然，产业发展的趋势是不可避免的，需要企业家及政府人员有长远的战略眼光，对产业及其发展有清晰的认识。在建设特色小镇的过程中，应该通过产业价值链与空间价值链的有效融合，依托特色小镇的人才吸引、基础设施的功能建设等模式，构造特色小镇的长效竞争力。

针对产业小镇与旅游小镇，必须分清功能需求。搞产业的必须通过产业进行价值增值，搞旅游就要做好旅游产品的结构与体验。这不是单纯地就产业谈产业，而是在现有产业的基础上，拉伸产业价值链。即使是旅游观光，也需要科学延伸旅游产业链，以旅游为主线带动健康养生、会议会展、民俗工艺品、现代农业等相关产业的发展。在建造产业价值链的同时，需要通过第一、第二以及第三产业的融合，综合发展产业结构形态，建立该区域的空间价值链，抓住城镇化的核心要素，建设宜居宜住、产业分明的特色小镇。

作者观点

这里特别需要说明的是，规划是为特色小镇发展建设服务的，而产业是为特色小镇功能结构以及价值构造与成长服务的，我们需要量化特色小镇的一些指标，但不是固化指标，需要针对特色小镇的实际情况及发展需求进行调整。

一些政府官员及规划设计院要求特色小镇的建设规模在3平方千米左右，建设面积在1平方千米左右，需要一边搞生产、制造、研发、金融，一边发展旅游产业。这种做法本末倒置，既不符合产业价值链的发展规律，也不符合城镇发展的空间价值链的成长规律，需要特别注意与防范。

当然，在宜居宜住方面，我们确实需要标准，尤其是针对产业小镇的建设标准，其关键在于建立有效的公共配套体系。2007年建设部（现住房和城乡建设部）科技司出台的《宜居城市科学评价标准》就是很好的参考。该评价标准对建筑与环境协调、停车位比例、人均商业设施面积、500 米内拥有小学的社区比例、1000 米内拥有体育场馆设施的社区比例、人均住房面积、社区医疗覆盖率、人均绿地、垃圾无害化处理、噪音水平、防震减灾预案、文化遗产保护、古今建筑风格协调、社区治理、行政效率、政务公开、民主监督、贫富差距、刑事案件发案率等方面提出了一套完整的评价标准。这给特色小镇，尤其是产业小镇的"宜居宜住"标准，提供了很好的参考。详细而合理的评价标准有利于特色小镇的长远发展，有利于人才聚集，也有利于产业价值链与空间价值链的形成。

Ⅲ 科学构造特色小镇的全新视角

对于特色小镇的建设与发展，国家、区域政府、企业因为视角的不同，会有不同的利益需求，如果想让特色小镇能够长远地发展，就必须将三者利益有效融合起来。

以全新的思维，将产业价值链与空间价值链作为有效的融合工具，打破原有的关系结构与行动构想，形成了本书三个不同层面论述的重点，也是特色小镇发展的重点。本书后续的三个章节将从不同的视角，分解特色小镇价值链的应用目标，尤其针对区域政府、企业以不同视角提出特色小镇从存活到发展的整体构思，找到特色小镇建立与发展的突破口，找到特色小镇建设的有效途径。

1. 特色小镇产业价值链与空间价值链构成的三个层面

特色小镇的产业价值链与空间价值链由三个基本层面构成。

三个层面分别为产业、企业与区域，三者相互影响，形成了产业价值链与空间价值链相互融合的特色小镇价值链，但由于侧重点与发展要素不同，企业成为特色小镇发展的核心基础。从内部成长要素出发需要注重产业价值链的形成与发展，但就外部要素而言要更注重空间价值链的形成与发展。虽然两种价值链都存在特色小镇的发展推动力，但在实际价值链建设中，必须明确区分其需求功能，通过不同的政策、资金等因素做到特色

中国特色小镇 The Chinese Characteristic Town

小镇全价值链体系的协同发展。特色小镇价值生成体系如图0—3所示：

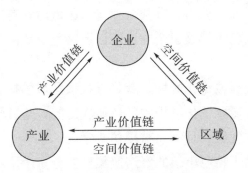

图0—3　特色小镇价值生成体系

（1）企业层面

企业是特色小镇发展的根本因素，可以为特色小镇引入大量的人才与资源，针对企业参与行为因素的研究，其实就是研究特色小镇价值链形成的基本因素。因为企业进入特色小镇是一种艰难的动态过程，尤其对于产业型企业，选择进入特色小镇发展需要克服众多产业转移的困难。

企业离开原有区域及产业生态，进入新的区域与产业生态，是价值要素空间转移的过程，其行为存在进入、退出和迁移三种方式。国内外很多学者对企业的价值空间转移做了不同方向的研究，提出了行为理论、制度理论和演化理论等理论形态。亨德森（Henderson）、藤田（Fujita）、克鲁格曼（Krugrman）等人认为，企业之所以进行空间价值转移，是从市场角度对企业的选址和城镇经济发展做出的利益优化选择，指出企业的区域选择是因为生产的规模经济、产品多样化需求、资源和信息的共享、专业化与资本需求等。

产业的发展受全球化和信息化的影响，企业组织也会转化为扁平化、网络化和虚拟化，从产业价值链环节的竞争到价值网络战略联盟的构建已使企业的边界越来越模糊。企业通过连锁经营、企业集群、集团发展和战略联盟的形式来充分发挥优势互补的效用，这将打破原有区域的空间格局，可以选择成本更低、环境更好、政策更优的区域，如特色小镇这样的区域寻求发展空间。

对于特色小镇，除了研究资源禀赋外，还必须要从企业的角度审视特色小镇核心竞争力的问题。李雪松（2004）、林金忠（2007）、周慧

（2010）、王红霞（2012）、武前波（2011）等众多学者分别针对核心竞争力因素及层次做了深度分析，寻找企业选择区域时，空间价值转移对其的影响因素，这对特色小镇吸引企业进驻以及特色小镇的基础建设都提供了有效的参考依据。

第一，企业选择城镇化区域，就是寻找该区域的核心竞争力，这种核心竞争力是由该区域城镇化进程的特色所决定的，与其他区域或者城市相比具有较大的竞争优势，且不易被模仿或学习。

第二，企业对于特色小镇的经济聚集形态分多个层次，不同层次又存在不同需求，包括企业内部规模经济、产业结构化经济（对企业而言是外部经济，但对产业链而言是内部经济）和城镇化经济（对企业和产业而言都是外部经济，但由于聚集在某个城市而产生的企业空间选择、区位战略选择往往会形成企业垂直一体化的动力）。这些聚集经济会受到信息、价格和交易成本等因素的影响。同时，特色小镇经济聚集形态与特色小镇需求层次的不同，对于企业的吸引力及产业的引导力也不相同。

第三，在特色小镇产业价值链的共生网络中，企业之间存在有形链接和无形链接两种空间关联模式。在分析了企业物质流、能量流、价值流和信息流"四流"相互适应的交互作用机制后，有学者认为企业之间存在产业共生的空间价值互动模式。

第四，特色小镇作为人口和经济活动的综合集聚体，其发展和演变本质上是企业产业价值优化推动的结果，人口和资本发生同向汇集，将有效促进特色小镇的发展，并形成产业集群的经济带与城镇融合的经济带。城镇价值网络和空间价值流动为特色小镇价值链的演化提供了一个新的视角，特色小镇不仅是产业的集聚体，而且是价值流动中的动态价值空间集聚体，其价值集成越充分，价值空间越大。

第五，通过对中国企业向沿海都市圈集聚的研究，可以发现企业组织的空间价值构成是"城市—乡镇—区域"经济带所形成的周期性演化过程，中国城镇网络的构成特点与产业地理集中的特点相一致，中国特大城市是企业总部的主要集聚地，但其辐射力会对周边城乡产生巨大影响。

特色小镇作为中国经济发展的重要载体，其发展的一个关键就是构建与本土和全球企业关联的两种网络体系，促使如上海、北京、深圳、广

州、天津、重庆等特大及大型城市产业功能转移与升级。特色小镇价值链实质就是波特的企业一般价值链模型与核心竞争力战略理论在空间价值上的体现，反映在区域的作用上就是空间价值链，其最终途径是由空间价值链重组战略来实现的。

> **价值要点：**
>
> 实现特色小镇价值链的途径就是要提高与产业价值链有效融合的程度，通过空间要素自生能力，创建和整合模块化特色小镇价值平台，深化、释放以一般价值链为代表的企业及组织的社会需求，创建一个全新的商业生态价值系统，通过合作或者竞争来扩张成长价值空间，形成特色小镇产业体系的集中与扩散，促进特色小镇结构与价值的变化。

（2）产业层面

现在很多国家将城镇化率作为经济是否发达的考量指标，我国的城镇化率在 55% 左右，而发达国家的城镇化率则高达 80%。城镇化成为国家发展水平的考量指标。很多经济学家，尤其是城市经济学家则重点研究了区域人口和各类生产要素的空间集聚。这种空间聚集所形成的区域产业链的融合，形成了区域价值链的基础构成。实际上，城镇的区域价值链的生成与演化并不单纯取决于要素的空间集聚，也不是一个单纯的经济问题，它与城镇产业以及企业的兴衰息息相关。中国东北的经济结构受到了产业结构的影响，导致后续发展乏力，产业结构及城市结构出现严重的发展问题，甚至出现产业群体性衰败现象。未来的城镇化发展将受到以信息化、数字化和智能化等为特征的现代产业体系的冲击，将会对包括特色小镇在内的城镇化形态及功能变迁产生深刻影响。

产业价值链与城镇规模、功能和空间布局深度关联。要想深入弄清特色小镇的成长及发展规律，促进特色小镇经济可持续发展，就不能忽视价值链在城镇发展中的作用。

实际上，城镇构造的价值链就是城镇各种功能和作用以单一或者多个产业为主导的价值体现。尤其是产业价值链的全球整合、重组与城市网络构成的城镇经济带与产业经济带，它们将空间价值链与产业价值链进行了深度的融合，形成了相互的动态作用形态。中国学者李程骆认为建立在全球产业基础上的新产业价值链已经成为区域创新体系的重要推进力量，直接推动了城镇一体化的形成，都市圈空间的重组、重构，并主张城镇通过融入全球产业价值链体系，来实现新型城镇化的转型发展，这些都影响了特色小镇的整体建设思维。

作者观点

特色小镇建设的直接力量，表面上看是由政府权力意志等决策性的力量主导的，实际上是产业价值链体系在区域空间所形成的空间价值链倒逼城镇的各功能区进行的重组与整合，并且形成了开放的、动态的、一体化的空间系统。

产业价值链所构成的价值体系，形成了城镇群的价值关联、相互的产业交错，形成了城镇发展的动力与保障。在产业价值链体系中，各个城镇处于价值链的不同环节。

推动核心点：

尤其在网络科技及智能科技不断发展的今天，更容易形成跨界生产网络。生产网络处于动态的变化当中，随着产业升级及周边产业的系统配套优化，就会促使城镇发展及价值升级。同时，在整体发展中，城市群在价值链上占据高附加值环节，拥有高附加配套环节的城镇即成为产业中心城市，在国内多数表现为特大及大城市。产业结构进行动态调整，就会形成产业转移。产业转移是在产业生命周期下产业区位重置的过程，这个过程具有梯度推进的特征，遵循由高价值空间向低价值空间转移的规律。

我国很多学者对产城融合的模式提出了多种创新型构想。这些构想突出块状结构及中心辐射的产业集群，其中部分观点非常值得关注。

推动核心点：

城镇化发展要重点突出产城融合，产业中心城镇以第三产业为主体，发展高质量的金融、智能、信息、流通等产业；周边城镇以第二产业为主，主要功能是生产；在产业中心城市与周边城镇及其外围空间发展第一产业，形成以产业中心城市为核心的原子式结构。以深圳、广州为核心构造的珠三角城镇群，以上海为核心构造的长三角城市群就形成了这样的发展模式，形成了以服务业为主的核心城市和以制造业为主的外围城市，在扩展的都市区内部，已形成交通线路相连、结构上相互依赖又各具特色的有机整体。

周必建等学者在块状结构的基础研究上，提出了块状经济向现代产业集群转变，是优化空间布局和提高资源配置效率的重要途径，城镇间的分工和职能整合是城镇形成有序结构和网络化的必要途径。对城市发展及贡献而言，产业集群的结构转变对城市化水平的贡献度最高，不同区域的城镇化进程，导致区域间产业交互存在显著差异，他主张通过区域间分工推进跨省城镇化进程协调发展。

作者观点

产业集群在不同城市一般按照产业价值链动态布局。科学技术的高速发展，尤其是互联网化、大数据、智能化等技术的发展，会逐步打破原有的产业价值链体系，通过城镇空间价值链的深化提升，形成新的产业结构布局。整体产业价值链中的提升过程，其实就是各城镇在产业价值链中产业技术创新、价值高端争取以及区域空间价值链转化的过程。这种动态过程的博弈，在未来的产业竞争中，会逐步打破产业结构的分布规律，通过产业价值链与区域价值链的核心竞争力的对比优势，向新产业集群转化。

（3）区域层面

区域经济并不单指一个区域的经济形态，它首先是开放的经济形态，其次是互补的经济形态，这是区域经济的核心与本质。互联网科技不断改变生活形态与工作形态，区域经济已经打破传统的经济结构，向市场高度开放、产业结构互补、信息资源共享、技术创新协作、交通贯连便捷的经济结构共同体的方向发展。

这种具有共联、共享的经济形态，会加大区域经济的溢出效应，从而降低交易成本，提高区域生产资源的使用效率和区域发展的能力。

> **价值要点：**
>
> 区域的发展能力实质就是空间价值链的价值构造与提升能力，这种能力包括资源要素整合能力、产业分工能力、市场协作能力、行政协作能力等。

在区域经济发展过程中，城镇集群式发展和区域经济一体化已然成为区域经济的主流形式。特色小镇的建设与发展就是突破单一城镇空间的局限的一种尝试。

特色小镇价值链的科学构造，是城镇化发展的必然趋势，也是产业价值链在空间上的进一步发展，更是高效城镇化的有效模式。特色小镇价值链通过空间进行整合与重组，将主导产业集群成为新一轮城镇化发展和区域经济增长的力量核心。尤其在解决大城市病的过程中，就是通过空间价值链与产业价值链的协同运用，构造城镇经济带，并与大都市圈形成有利于产业结构优化升级和经济转型的全新经济发展形态。未来的城市群或者经济带都会通过内部与外部空间价值关联的竞合关系，形成具有一定功能区分但又具有一定互补关系的核心竞争力。通过竞争与合作的机制对城镇间的产业进行功能分工，并构筑城镇整体竞争力，创造具有国际化视野的特色小镇与价值链网络。

关于区域价值的形成，众多学者提出了其发展路径，这对特色小镇的入手模式、发展形态等都具有积极的参考价值。有学者认为针对空间价值可以借助地域空间结构、等级规模结构、职能类型结构和网络系统四个方面来进行城镇体系和地域组织的建设。也有学者依托商品的生产过程研究，将空间与产业价值有效融合，并以此形成两种不同的发展模式：一种

中国特色小镇 The Chinese Characteristic Town

是高端的总部控制与管理职能分散式集中模式，另一种是生产制造职能的集中式分散模式。这两种发展模式都与上述的论述内容不谋而合。

价值要点：

特色小镇在新型城镇发展中的关键性与重要性，并非在于面积大小、人口多寡，而在于其在全球城镇区域中的影响和扮演的特殊角色。这就要求特色小镇的发展尽量占据产业价值链的高端，以及要能够有效主导空间价值链。

特色小镇的产业结构与空间结构是多主体参与下的经济社会活动的空间分布和互动的时空体现，是一个不断集聚、扩展和整合的综合过程。空间价值链的优化就是寻求城镇经济社会活动的最佳价值的空间分布。尤其在网络信息技术高速发展的今天，世界的产业形态以及产业格局发生了巨大的变化，形成了规模不同、功能相异的各类城镇。中国乃至世界正在按照全新的空间价值体系，构筑全新的市场竞争格局。这也决定了中国特色小镇，尤其是以产业为主导的特色小镇，具有优化全球价值链的机会和条件。

推动核心点：

特色小镇能够发展的关键就是使其进入有组织的城镇体系以及产业体系当中。空间价值的构造就是与产业核心或者中心城镇形成互动发展的"竞合关系"，通过城镇经济带，在创造价值与共享收益上进行竞争与合作，形成竞争优势与竞争能力，实现特色小镇与区域的高效、互动、综合发展。

特色小镇利用空间价值链的构造，就是有效地利用特色小镇整体的分工合作优势，同时充分利用企业与个体的优势与特色，形成区域发展的中心推动因素。特色小镇对产业竞争力的构造，更多地表现在自身的主导性与合理的产业分工上。通过政府积极主动的政策推进与市场调节，对空间规划统筹、产业定位调整、要素载体整合等价值链的发展要素，起到积极的促进作用。

特色小镇在区域层面，要打破概念与产业束缚，从内外两个层面建造具有特色的价值链体系。特色小镇发展的关键是产业集群与城镇体系构成的价值关联，将单一产业集群发展成为综合的、具有竞合力的产业集群，通过第一、第二产业向第三产业扩散，通过不同产业的聚集与扩散形成特色小镇价值链，形成共享、开放的创新经济形态，形成特色小镇在全国乃至全球产业价值链中的重要位置与关键节点，从而强势占据地区产业纽带，成为全球价值枢纽。

特色小镇在区域层面，还要特别注意内生性的地缘因素，不仅要考虑传统地理学的区位，更要考察城镇产业集成与升级优化是否能与信息化、市场化进程相一致，是否具有产业支撑与空间支撑的价值基础，能否形成集群竞争优势。如果不具备以上因素，特色小镇的建设及发展都会存在巨大的风险因素。

2. 特色小镇建设的四条发展路径

（1）路径形成的结构构想

在构想特色小镇的发展路径中，需要以特色小镇的形成机理与核心矛盾为基础，转化思想，通过全新的角度，通过国际化的视角，通过企业、产业、区域三个核心元素，构造以产业价值链与空间价值链为突破口的特色小镇有效发展路径。

特色小镇的建造，可先从产业价值链入手，找到有效的产业集成突破口，逐步对产业价值链进行深化及升级；也可以从空间价值链的成长体系入手，有效地建立城镇特色需求配套，形成具有竞争优势的空间价值引力，吸引资本及高级人才在特色小镇找到归属感。两者有效融合，形成产业集成、宜居宜业，具有核心竞争力的特色小镇。

具有国际竞争力的特色小镇，就是具有高度产业结构及资本引导结构的科技与金融类主题特色小镇。特色小镇的个性化需求，有别于中心城市的核心吸引力。这种产业形态的形成具有极强的互补力与竞争力。

中国特色小镇的产业发展道路，并不能完全追求高端制造业、科技产业与金融产业，也不能模仿欧美特色小镇发展方式，更不能以为特色农业就没有发展潜力，中低端五金或者服装就缺乏未来市场的竞争力。在中国，每一个小城镇都具有自身的特点与区域特质，但特色小镇需要结合各地区自身独有的特色价值优势，依托产业与空间构造的价值链体系，找到有效的发展方向，并且通过价值深化形成特色小镇所特有的产品、文化以及品牌。现阶段，中国的特色小镇建设明显出现了"一股风""一起冲"等现象，各县镇通过各种手段申报国家级、省市级特色小镇，并没有注意产业、空间等源生性因素能否让特色小镇存活下来。对于特色小镇的建设，千万不可走捷径，随大流，不是什么好做就做什么，也不是什么产业短期提升 GDP 就发展什么。特色小镇是内生性动力与外部动力共同作用的结果，建设特色小镇需要改变思维，需要"创业"与"创新"氛围，需要企业家精神做支持。盲目追逐特色小镇，不但会导致产业雷同，千镇一面，还将出现区域经济发展中的结构性风险。

（2）特色小镇建设的四条发展路径

特色小镇以内生性与外推性动力为基础，从产业和空间两个基本要素入手，依托特色小镇源生性条件，国家及区域政策等因素建立有效的核心突破方式，形成四条基本发展路径，如图 0－4 所示：

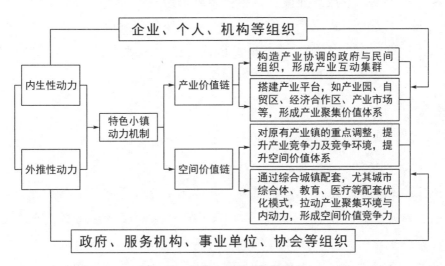

图 0－4 特色小镇形成发展路径

①从产业价值链出发，构造产业协调的政府与民间组织，形成产业互动集群，逐渐形成特色小镇。

针对地区产业发展需求，搭建以产业价值链为基础的产业集群，一旦产业集群有效形成，就会自发形成特色小镇价值链。针对比较零散，但又具有一定规模产业的小城镇，进行产业集群化运作，有非常积极的推动效果。这可以通过两条路径得以完成：一是通过政府协调，二是通过民间组织。两条路径实行的关键在于通过组织协调形成具有竞争力的产业体系，并形成区域的产业协同与产业升级转化能力。组织需要同时推进产业价值链的扩展以及产业组织文化的形成，可以通过具有区域代表性的企业家及与其关联的"企业家精神"拉动产业协同发展。这方面的典型案例是美国硅谷的形成。硅谷最早是中小型企业的创新聚集地，在科技环境、代表型企业与政府的共同作用下，经过多年发展，不断进行产业集群规模化运作与科技创新，形成了具有国际引导力的高科技产业集群，出现了如乔布斯、比尔·盖茨等科技领袖；同时，产业重心牢牢锁住价值链的高端区域。中国特色小镇的建立，可以通过民间主导与政府引导相结合，自发地形成产业集群。其实开放与创新的产业氛围，以及宽松的产业环境，就这种模式的关键。

②从产业价值链出发，搭建产业平台，如产业园、自贸区、经济合作区、专业市场，形成产业聚集，逐步发展形成特色小镇。

很多地方政府采用产业价值链的产业聚集作为突破口，依托搭建区域产业平台进行产业聚集。这种平台形式包括产业园、自贸区、经济合作区、产业市场等，是特色小镇建设与发展的优良模式。

推动核心点：

搭建产业平台必须注意两点：第一，不可以没有根源与依据地凭空生成产业平台，特别是没有产业基础、缺乏培育产业的资源禀赋的地区，绝不可以以产业园等模式发展特色小镇（这种想当然的做法在中国内地十分严重）。第二，不可只注重产业园区、经济区建设，忽视产业平台的打造。产业价值链不是建个工业园，然后通过招商找几家相关企业进驻就可以形成的，需要整体平台的力量，需要综合政府与企业等多方力量，在生活配套、人居环境及产业政策等方面不断优化，逐步形成产业集群。

中国特色小镇 The Chinese Characteristic Town

实际上，传统产业园区主要进行生产上的分工协作，开发模式相对比较单一，主要由政府征地进行基础设施建设后再引入企业，存在规划设计粗放、缺乏系统的功能分区等问题，特别是生活配套和生态空间严重缺乏，容易形成劳动密集型的产业，再往上升级就很困难，难以吸引人才。

要想通过这条路径建设特色小镇，就需要构想集产业、生活、生态一体化的空间价值平台，不仅要具备产业园区的集聚生产功能，还要强调生活空间、生态环境一体协调，既符合产业发展要求，又能够满足人居需求，这样才具有强大的发展潜力。

采用产业园区、经贸园区、专业市场等模式时，可以充分利用特色小镇建设的契机，对园区及市场产业进行梳理，明晰产业发展思路，清退一批低端、散乱、不符合产业发展方向的企业。同时需要形成园区的配套建设，建立第三产业的服务体系，巩固教育配套以及医疗等基础设施建设。通过产业特色小镇的开发与发展构思进行集中规划建设，重建园区生态，对园区生活配套加以完善，实现从产业园区向产业综合特色小城镇的转变。

③从空间价值链出发，通过对原有产业镇的重点调整，提升产业竞争力及竞争环境，提升空间价值体系，逐步发展形成特色小镇。

特色小镇的建设与发展，关键在于针对特色小镇的产业类型做好加法。在产业集群的形成过程中，除了聚集具有竞争力的产业，也可以通过空间价值聚集，打造特色小镇。

空间价值链的打造，要依托区域多产业体系发展的需求，通过产业价值的调整，结构的优化，环境的改造，完成价值的升值。比如，横店就通过区域的资源禀赋及产业结构的调整，完成了三次产业转型，形成了横店价值链的升级与转型。

很多地方都会把乡镇划分为重点镇和非重点镇。重点镇一般都负有产业发展的职能，非重点镇就主要定位成为农村地区提供生产、生活服务，最多赋予其休闲旅游功能，不具有其他产业发展职能。非重点镇一般经济发展条件不太好，不是地理位置太偏就是受地形限制，一般都会选择做文化旅游类特色小镇。而重点镇则位于交通区位比较便利的地方，具有较强的产业基础。这些重点镇就应该抓住特色小镇的建设机遇，大力发展成为产业特色小镇。

特色小镇不应该是建制镇，主要应通过产业统筹，形成产业聚集。中国的产业小镇更多通过源生性因素自发形成具有地域特色的产业集群，但这些集群多以"代加工"为主，比如广东省及江浙一带，很多产业镇具有极强的产业特色，国际贸易对这些产业镇的影响十分严重。其后续发展动力不足，核心原因是产业结构单一，空间价值链的产业互动性不强。

比如东莞的一些城镇，中低端加工型产业规模效应明显，但产业价值链缺乏升级与转型意识，同时该区域配套及生活居住等问题明显，第三产业发展严重缺失。缺乏区域的产业空间价值融合的思维，这对产业小镇影响非常严重，在国际化浪潮的发展中，由于人力低成本战略转移的影响，出现了一大波倒闭潮。

实际上，这些区域一般都具有一定的产业发展基础，但要进一步发展，就必须避免此类专业镇重蹈覆辙。这些区域可以学习发达国家的做法，认真打造宜居宜业的特色小镇，强化就业生活环境及配套环境，发展第三产业，融合区域的空间价值链。本书后文介绍的美国硅谷、德国英戈尔斯塔特小镇等，其发展经验都非常值得借鉴。

④从空间价值链出发，通过综合城镇配套，尤其城市综合体、教育、医疗等配套优化模式，拉动产业聚集环境，形成内动力因素，构造空间价值竞争力，逐步发展形成特色小镇。

要激发空间价值链的推动动力，首先要注重区域经济的协同增长。特色小镇的发展，不仅关涉产业集群，还涉及整体配套等协同因素。这里需要鼓励交通道路、房地产、医疗配套、教育配套以及城市综合体等相关产业发展。空间价值链的发展，还要注重城镇化发展规律，注重产业设计与区域建设相融合。空间价值链是以产城融合为基础的，在一定范围内发展房地产，是促进特色小镇发展的必然之路，但同时要注意避开特色小镇地产化陷阱。

依托产业发展与区域空间的融合，是从另一个视角发展特色小镇的产业集群，构造价值链体系。这里突出的是外在因素的推进作用，比如人才配套机制、环境配套机制。尤其是位于城市周边的区域，这种方式更容易承载大中城市产业转移需求。实际上很多成功的特色小镇都建在中心主城周边，起到了转移产业集群的作用。比如美国纽约周边的格林尼治小镇就是在类似的环境下形成的。国内浙江省的梦想小镇就位于杭州未来科技城内，紧靠杭州师范大学，处于杭州城市副中心的范围，属于城市化周边区域。

对特色小镇与房地产的理解，要有发展的战略思路。在特色小镇的建设上，房地产不应该成为对立面。国家及地区在研究特色小镇政策时，不能回避房地产企业的作用，而要充分利用房地产对城市建设的作用。规避房地产是对地方政府容易过分依赖土地财政的防范，也是因为房地产这种资本密集型行业容易滋生腐败问题。实际上，特色小镇开发的房地产化，是房地产政策因素与地产企业共同导致的结果。有效的地产投资，可以拉动产业集群的形成，国内外有很多这样的案例。只是地产企业更多关注低成本土地的获取、房产的销售和资本的平衡，并不关注区域产业价值链的形成及空间价值链的构造。政府部门对于特色小镇价值链的建造重点应放在对相关实体企业的扶持与有效资源的利用，以及充分做到产城融合、产业突出、体系健全、注重生态的可持续发展模式上。东莞的松山湖片区，上海周边城镇等都在尝试这种建设发展模式。这些区域既有大量的地产开发企业，又突出了生态产业园，特别注重高科技型产业发展，成为产业转型的代表。

东莞松山湖位于大朗、大岭山、寮步三镇之间，地处东莞市的几何中心。坐拥 8 平方千米的淡水湖和 14 平方千米的生态绿地，是一个生态自然环境保持良好的区域。松山湖将进一步整合国内外优势资本，更高层次参与国际产业分工，更好地成为新一轮国际产业技术转移的新载体。松山湖在做大做强 IT 产业的同时，大力发展光电产业、生物技术产业、环保产业、装备制造业等有巨大潜力的新兴产业和高科技产业。

东莞松山湖打造产业支援服务业中心。松山湖以科研产业、教育产业为突破口，大力发展市场中介服务业以及金融、物流、会展、旅游等产业支援服务业。做到保持环境和生态的可持续发展；创造以生态化人居环境为特征，适宜和有效支持产业园区综合发展的城镇环境。做到构造内核式圈层结构：生态核心区是内圈层，生活活动区是中圈层，生产活动区是外圈层。

东莞松山湖建有生产力大厦、图书馆、学术交流中心、文化长廊、主干道路网、商务办公区、东莞理工学院、松山湖酒店、北部科技工业园、锦绣山河商住区等。同时松湖烟雨的唯美生态景观，吸引了大量的企业与人才到此工作及生活。8平方千米水面的松山湖自然环境优美，松山湖花海、桃花谷、岁寒三友、桃源公园等景区，成为休闲、度假的好去处。

松山湖成为中国最具发展潜力的高新科技生活与产业区之一，而它的发展之路，就是产业价值链与空间价值链相融合的特色小镇发展之路。这里突出了四个价值构造要素。

A. 建成了生态优良的城镇化空间价值体系

B. 构造并组织形成了初具规模的产业集群

C. 建立了较为完善的创新与创业生态体系

D. 建设了较为便利完善的城镇服务配套

东莞松山湖重点发展了"4＋1"现代产业体系：高端电子信息产业、生物技术产业、机器人产业、新能源产业，积极培育发展文化创意、电子商务等现代服务业。东莞松山湖先后规划建设了大学创新城、台湾高科技园、两岸生物技术产业合作基地、国际机器人产业基地等产业平台，为现代产业发展提供广阔的发展空间；引进华为机器、华为终端总部、中集集团、新能源、宇龙通讯、生益科技、易事特、普联、东阳光药业总部、大连机床、光启、普门科技、合泰半导体等一批国内外行业龙头企业，并吸引了350家发展潜力大、后劲足的中小型科技企业。

松山湖全面实施创新驱动发展战略，建立起以人才、高新企业、孵化器、加速器为一体的创新生态体系；大力开展高层次人才招募，累计引进博士和硕士共3400多人，其中包括17名国家"千人计划"专家，2名广东省领军人才；实施大孵化器战略，目前共有国家级孵化器4家、国家级众创空间5家、省级众创空间8家、市级孵化器15家、新型研发机构24家，孵化载体面积近100万平方米，在孵企业超过550家；促进科技金融产业融合发展，累计引进金融服务机构近60家，设立了5个政府引导基金。

产城融合的发展理念，为企业和员工提供便利的生活环境。在商住配套方面，松山湖拥有万科生活广场、创意生活城等购物场所，已建成投入使用公租房 3849 套，正在建设公租房约 8000 套，规划台科花园商业街和台湾园两岸生物技术综合楼两个新片区商业配套。在教育配套方面，松山湖拥有东莞理工学院、广东医科大学、东莞职业技术学院、东莞市职教城、东莞中学松山湖学校、东华学校、实验中学、中心小学、实验小学、艺鸣幼儿园等一批学校，形成了从高等教育到幼儿教育的完善的教育链条，打响了"学在松山湖"的教育品牌。在医疗卫生配套方面，松山湖在完善社区卫生服务的基础上，积极引进社会资本和大力支持中医药发展，已开办广州中医药大学国医堂、泓德中医门诊部，推进东莞第二人民医院建设，规划建设生态园医院。

价值要点：

综合协调发展是特色小镇成长的核心，建立路径就是从特色小镇突破重点的不同，产业结构的不同、发展环境的不同，找到有效的战略突破口。这个突破口，可以是以产业为基础的发展，也可以是以空间价值为基础的发展。特色小镇的发展实质是城镇化有效推进的过程。政策只是一种推力，能否形成产业集群构造的价值链体系，才是特色小镇发展的关键。

Ⅳ　本书的核心

1. 本书的意义与价值

本书针对中国学者的研究成果发现：虽然前人对特色小镇做了大量的研究，但多数侧重规划设计、概念构想以及金融工具的使用，对特色小镇的形成机理、特色小镇的产业集群形成原理、结构使用及战略构想研究不足，尤其对特色小镇内在生成动力等因素的重要性缺乏理论研究。本书希望通过深入研究特色小镇价值形成机理，特别针对特色小镇产业价值链与空间价值链的推动作用展开研究，建立有效的战略构想，形成特色小镇的竞合力，这对特色小镇的建设具有现实的政治价值与巨大的经济价值。

特色小镇一般是指由地区内部与外部以及人口等多种因素共同作用，由政府主导，依靠政府建立发展平台，并和市场力量协同合作，形成的一种加快区域经济增长的新型产业组织。特色小镇的竞争力实质上表现为特色小镇价值链构造下的产业集群竞争力，特色小镇的发展有赖于特色小镇中以产业集群为核心的价值链的形成与发展。尤其在全球经济一体化的趋势下，特色小镇需要突破区域局限，构筑产业价值链关联的经济网及空间价值链关联的城镇网，关键就是通过产业聚集，参与国内及国际的产业分工，实现产业链有效整合与产业升级。因此，基于价值集群平台进行特色小镇开发建设，实行特色小镇产业集群发展导向，是特色小镇健康、持续、快速发展的必然战略选择。

以特色小镇产生机理、内部结构与组织特征为基础，研究特色小镇产业集群及价值关联的生成机理与成长条件，提出特色小镇价值链构造战略与实施措施，构筑特色小镇产业集群战略推动力，并建立绩效考核模型，形成特色小镇价值链多结构发展的战略框架，创造具有中国特色的小镇的核心价值，建立具有一定国际竞争力的特色小镇代表，才是特色小镇研究的正确路径。

本书希望对特色小镇的价值形成予以深入探讨，做到从理论到实践再到理论的深度思考，希望有别于目前市场上其他关于特色小镇的书籍，以价值为核心，侧重探讨特色小镇的形成机理，特色小镇价值理论构成，产业集群动态演化，产业价值链与空间价值链、资本的体系化运用，对基于互联网、大数据、品牌、文化以及智能化管理的特色小镇发展思维等问题进行深入研究。

本书同时还将针对特色小镇产业集群价值的形成机制，内部构造演化的模式、路径和动力机制，特色小镇的价值链升级，"三农"问题与特色小镇，创新、创业与企业家精神及特色小镇发展的内在动力等隐藏在特色小镇背后的众多因素进行探索。

为了方便读者更好地运用本书中的相关理论进行思考，并将这些理论有效地运用到工作实践当中，这里将本书的内容分成了几个板块。

第一部分是序言与引言部分。序言是笔者对于特色小镇的现况以及本书的撰写基础要素的说明。引言则是对本书核心内容的概述性思考，更多的是针对现阶段特色小镇的观念与思考路径的论述。第二部分，即第一章，主要针对价值链及相关理论进行系统论述，希望通过特色小镇价值链形成机理的阐释，构造特色小镇存活及发展的范式因素。特色小镇价值链的构造要突出三个要点：价值表现因素——价值链的形成；特色小镇内在价值因素——创新、创业以及企业家精神；特色小镇外部关联支持因素——资本及合作建设模式等。第三部分，基于不同视角下的特色小镇价值链构造、竞合力形成、价值链融合等方面的研究，从国家、政府、企业三个角度，突出论述如何运用价值链的形成以及资本、内动力等影响因素，构造特色小镇价值链。这里突出价值链的两个核心价值链条：产业价值链与空间价值链。第四部分则基于以创新为核心的特色小镇本质发展因素，对未来做了一些深度的思考，比如基于综合成长因素——品牌与软文化管理，基于技术成长因素——互联网、大数据、智能化在特色小镇发展中的运用等，希望在新型城镇化建设中找到更多的思考路径。

本书非常注重产业价值链与空间价值链的融合性思考，以此来发展特色小镇价值链的价值成长要素，包括：①在产业价值链的基础上构建城镇空间演化的基本理论分析框架。突出分析了城镇空间演化的概念、特征和类型、演化路径和过程、发展阶段、演化规律及运行机理，构建了基于价值链的城镇空间演化的一般分析框架。②空间价值链构成研究。在价值链理论的基础上，结合产业价值链，提出了特色小镇价值链构想，构建了特色小镇价值链（包括特色小镇内部价值链和特色小镇间价值链）、全球价值链构造下的城镇价值链以及区域价值链构造思维，针对特色小镇价值链运作机理及创新体系，做了深度思考。③构建基于价值链的城镇空间演化的多个思考模型。以特色小镇内部演化的动因、影响因素和内在机理研究为依据，深化特色小镇价值链理论，与产业价值链相互融合。通过政府、企业的不同视角深入分析了特色小镇的经济效应与治理思维。④从规范研究和实证研究角度，结合国内外各类城镇发展、长三角城镇群及珠三角城镇群的价值演化和国际城镇化价值演化的典型案例，在价值链层面对城镇空间演化的经济增长效应、空间外溢效应、产业升级效应、规模发展效应以及生态环境改进效应等进行了论述，寻找符合理论和实践的一般性结论。⑤在理论探索和实证分析的基础上，提出了基于价值链的城镇发展策略，特别针对国家、政府及企业不同层面的价值链使用模式，对未来城镇空间演化进行了方向性层面的分析，为企业决策者、城镇管理者和政策制定者提供了可借鉴的视角和思路。

2. 本书的创新思考

本书希望跨界利用区域经济学、产业经济学、城镇经济学、创业与创新理论以及金融等方面的理论，以价值链理论研究为基础架构，探析特色小镇的内在成长机理及经济效应，建立针对政府及企业有效推进特色小镇的价值体系思维模型。通过"特色小镇—城镇群—经济带"产业价值发展思维，建立基于价值链以产业价值链与空间价值链融合推进的分析框架，探索新型城镇化发展的各类整体效益，寻求特色小镇可持续发展的理论依据，力求在研究视角、理论框架、思考方法三个方面实现价值创新：

（1）研究视角创新

特色小镇作为国家发展战略的重大命题，需要以全新的思维打造价值体系，而不仅仅是政策分析与规划设计。以产业价值与空间价值的融合作为突破口，通过价值增长视角思考特色小镇，本身就是研究的创新。全球经济已进入价值导向时代，特色小镇价值链融合了企业价值、城镇价值、国家价值，通过产业深度与空间尺度的转化，可以激发新一轮的价值创造。激活低消耗、高产出、持续创新的新型城镇化价值思维，摒弃原有高消耗、低价值、规模化为标志的城镇化价格思维。

本书重点阐述产业与空间的融合而形成价值的转变，以特色小镇为代表的新型城镇化推进过程就是产业体系演进的结果，将价值链体系视作特色小镇的发展要素，并遵循价值发展规律，弥补特色小镇只注重概念与规划设计，忽略空间价值与产业价值协同推进的内在力量的不足。本书深度分析以价值链为动力的特色小镇成长过程，探索企业微观层面、产业中观层面和区域宏观层面全方位的特色小镇动态立体演化框架，从而更能解释特色小镇的存活本质与发展规律，更符合新型城镇化发展需求。

（2）理论框架创新

本书从价值链理论出发解析特色小镇，构建基于特色小镇价值链的理论框架，以特色小镇价值体系的可持续发展，即以产业与空间价值链持续增值为核心增长要素，通过价值链增值测度经济增长。

全球经济一体化趋势模糊了产业与城镇的边界，现已无法通过产业概念解释特色小镇内部功能变迁和外部辐射扩张问题。本书将价值链引入特色小镇演化路径，在产业价值演化的一般规律基础上，寻求特色小镇发展的价值规律，挖掘特色小镇的运行机理、价值成长路径、管理控制、一般演化规律和价值功能实现，并将特色小镇空间价值链的演变与产业价值链的演化相联系，将国家宏观、政府中观与企业微观的运行机理纳入系统分析的框架，揭示了特色小镇发展的动力机制和运行规律。

（3）思考方法创新

本书尝试从理论与实证两方面解释特色小镇价值链发展的一般规律，不但突出了经济结构因素，也突出了管理结构因素。本书对特色小镇的思考范围从单一的特色小镇，延展到城镇群、全球城镇等不同空间尺度；对不同问题注重内生性根源分析，通过选取不同的视角路径与思考方法，以增强特色小镇推进的科学性与有效性。

第一章

特色小镇实践的理论基础

中国特色小镇
The Chinese
Characteristic Town

案例引入：特色小镇形成的两则案例

特色小镇的建设过程是个复杂的结构性过程，涉及产业、城镇化建设、资本、企业、政府、个人等因素。下面介绍高科技产业的代表——美国硅谷，汽车产业的代表——德国英戈尔斯塔特小镇。

关于高科技产业的世界传奇——美国硅谷

硅谷（Silicon Valley），是当今电子工业和计算机业的王国，尽管美国和世界其他高新技术区都在不断发展壮大，但硅谷仍然是高科技技术创新和发展的开创者，该地区的风险投资占全美风险投资总额的三分之一，择址硅谷的计算机公司已经发展到大约1500家。一个世纪之前这里还是一片果园，但是自从英特尔、苹果公司、谷歌、脸书、雅虎等高科技公司的总部在这里落户之后，这里就成了一座繁华的市镇。在短短的几十年间，硅谷走出了无数的科技富翁。硅谷以高新技术的中小公司群为基础，同时拥有谷歌、脸书、惠普、英特尔、苹果、思科、英伟达、甲骨文、特斯拉、雅虎等大公司，融科学、技术、生产为一体。

（一）硅谷的由来

硅谷这个词最早是由加利福尼亚企业家拉尔夫·瓦尔斯特（Ralph Vaerst）创造的，但却是由拉尔夫·瓦尔斯特的朋友唐·霍夫勒（Don Hoefler）在一系列关于电子新闻的标题中第一次使用。1971年1月11日开始被用于《每周商业》报纸电子新闻的一系列文章的题目——美国硅谷。之所以名字当中有一个"硅"字，是因为当地企业多数是从事加工制造高浓度硅的半导体行业和电脑工业。而"谷"则是从圣塔克拉拉山谷中得到的。而当时的硅谷就是旧金山湾南端沿着101公路，从门罗公园、帕拉托经山景城、桑尼维尔到硅谷的中心圣塔克拉拉，再经坎贝尔直达圣何赛的这条狭长地带。

在地理上，硅谷起先仅包含圣塔克拉拉山谷（Santa Clara Valley），主要位于旧金山湾区南部的圣塔克拉拉县（Santa Clara County），包含该县下属的帕罗奥多市（Palo Alto）到县府圣何塞市（San Jose）一段长约25英里的谷地；之后逐渐扩展到包含圣塔克拉拉县（Santa Clara County）、西南旧金山湾区圣马特奥县（San Mateo County）的部分城市（比如门洛帕克）以及东旧金山湾区阿拉米达县（Alameda County）的部分城市（比如费利蒙）等地。硅谷不是一个行政区划地名。

（二）硅谷的历史故事

硅谷原所在地曾经是美国海军的一个工作站点，其航空研究基地也设在此地，后来许多科技公司的商店都围绕着海军的研究基地而建立起来。但当海军把它大部分位于西海岸的工程项目转移到圣迭戈时，美国国家航空航天局（NASA）接手了海军原来的工程项目，不过大部分公司留了下来。当新的公司又搬来之后，这个区域逐渐成为航空航天企业聚集区。

那个时候，本地还没有民用高科技企业，同时这片区域有很多著名的大学。学生们毕业之后，都选择到东海岸去寻找工作机会。斯坦福大学一名才华横溢的教授弗雷德里克·特曼（Frederick Terman）发现了这一点，于是他在学校里选择了一块很大的空地用于不动产的发展，并设立了一些方案来鼓励学生们在当地发展他们的"风险投资"（venture capital）事业。在特曼的指导下，他的两个学生威廉·休利特（William Hewlett）和戴维·帕克特（David Packard）在一间车库里凭着538美元建立了惠普公司（Hewlett-Packard）——一个跟NASA及美国海军没有任何关系的高科技公司。这间车库现在已经成为硅谷发展的一个见证，被加州政府公布为硅谷发源地而成为重要的景点。

1951年，特曼又有了一个更大的构想，那就是成立斯坦福研究园区，这是第一个位于大学附近的高科技工业园区。园区里一些较小的工业建筑以低租金租给一些小的科技公司。今日，这些公司是重要的技术诞生地，可是在当时却并不为人所知。最开始的几年里只有几家公司安家于此，后来公司越来越多，它们不但应用大学最新的科技，同时又租用该校的土地，这些地租成为斯坦福大学的经济来源，使斯坦福大学发展得更好。特曼在19世纪50年代决定新的基础设施应以"谷"为原则而建造。正是在这种氛围下，一个著名的加利福尼亚人威廉·肖克利（William Shockley）搬到了这里。威廉的这次搬家可以称得上是半导体工业的里程碑。1953年，他由于与同事的分歧而离开贝尔实验室，孤身一人回到他获得科学学士学位的加州理工学院。1956年，他又搬到了加利福尼亚山景城去建立肖克利半导体实验室。在这之前，尚未成型的半导体工业主要集中在美国东部的波士顿和纽约长岛地区。

在那儿，他打算设计一种能够替代晶体管的元器件（现在为人熟知的肖克利二极管）来占领市场。但在考虑设计得比"简单的"晶体管还要简单的这个问题时他却被难住了。1957年，其公司的8位优秀的年轻人集体跳槽，并在一位工业家谢尔曼·费尔柴尔德（Sherman Fairchild）的资助下成立了仙童（Fairchild）半导体公司，由于诺宜斯发明了集成电路技术，可以将多个晶体管安放于一片单晶硅片上，使得仙童公司平步青云。1965年摩尔总结了集成电路上面的晶体管数量每18个月翻一番的规律，也就是人们熟知的"摩尔定律"。

后来的几年，脱离控制的工程师不断地建立新的公司。1967年年初，斯波克、雷蒙德等人决定离开仙童公司，自创美国国家半导体（National Semiconductor）公司，总部位于圣塔克拉拉。而1968年仙童公司行销经理桑德斯的出走，又使世界上出现了超微科技（AMD）这家公司。同年7月，诺宜斯、摩尔、葛洛夫又离开仙童成立了英特尔（Intel）公司。今天的英特尔公司是世界上最大的半导体集成电路厂商，占有80%的市场份额。

（三）硅谷的形成原因

1. 硅谷形成的产业基础——早期无线电和军事技术的基础

旧金山湾区很早就是美国海军的研发基地。1909年，美国第一个有固定节目时间的广播电台在圣何塞诞生。1933年，森尼维尔（Sunnyvale）空军基地（后来改名为墨菲飞机场）成为美国海军飞艇的基地。在基地周围开始出现一些为海军服务的技术公司。第二次世界大战后，海军将西海岸的业务移往加州南部的圣迭戈，国家航天委员会（美国航天局NASA

的前身）将墨菲飞机场（Moffett Field）的一部分用于航天方面的研究。为航天服务的公司开始出现，包括后来著名的洛克希德公司（Lockheed）。

2. 技术产业的开发与聚集——斯坦福工业园（Stanford Industrial Park）

第二次世界大战结束后，美国大学回流的学生骤增。为满足财务需求，同时给毕业生提供就业机会，斯坦福大学采纳特曼的建议开辟工业园，允许高技术公司租用其地作为办公用地。最早入驻的公司是20世纪30年代由斯坦福毕业生创办的瓦里安公司（Varian Associates）。特曼同时为民用技术的初创企业提供风险资本。惠普公司是其中最成功的例子之一。在20世纪90年代中期，柯达公司和通用电气公司也在工业园设有研究机构，斯坦福工业园逐步成为技术中心。

3. 产业的核心竞争力产业——硅晶体管

1956年，晶体管的发明人威廉·肖克利在斯坦福大学南边的山景城创立肖克利半导体实验室。1957年，肖克利决定停止对硅晶体管的研究。当时公司的8位工程师离开并成立了仙童半导体公司，称为"八叛逆"。"八叛逆"里的诺宜斯和摩尔后来创办了英特尔公司。在仙童工作过的人中，斯波克后来成为国民半导体公司的CEO，桑德斯则创办了AMD公司。

4. 资本的有力支撑——风险资本（Venture Capital）

从1972年第一家风险资本在紧挨斯坦福的Sand Hill路落户，风险资本极大促进了硅谷的成长。1980年苹果公司的上市吸引了更多风险资本来到硅谷。"Sand Hill"在硅谷成为风险资本的代名词。

5. 主导世界的产业价值链形成——软件产业兴起

除了半导体工业，硅谷同时以软件产业和互联网服务产业著称。施乐公司在Palo Alto的研究中心在OOP（面向对象的编程）、GUI（图形界面）、以太网和激光打印机等领域都有开创性的贡献。现今的许多著名企业都得益于施乐公司的研究，例如苹果公司和微软公司先后将GUI用于各自的操作系统。而思科公司的创立源自将众多网络协议在斯坦福校园网内自由传送的想法。

6. 人才等软环境的创造——大学资源及周边创造的创新创业氛围

硅谷是随着 20 世纪 60 年代中期以来微电子技术的高速发展而逐步形成的，其特点是以附近一些具有雄厚科研力量的美国一流大学斯坦福大学、加州大学伯克利分校等世界知名大学为依托，斯坦福大学（Stanford University）、圣塔克拉拉大学（Santa Clara University）、圣何塞州立大学（San Jose State University）、卡内基梅隆大学西海岸校区（Carnegie Mellon University，West Coast Campus）。同时加州大学伯克利分校（University of California，Berkeley）、加州大学戴维斯分校（University of California，Davis）、圣塔克鲁斯加州大学（University of California，Santa Cruz）、东湾州立大学（California State University，East Bay）等为硅谷提供了大量的研究资源和新毕业生。

硅谷是美国高科技人才的集中地，更是美国信息产业人才的集中地，在硅谷，集结着美国各地和世界各国的科技人员达 100 万人以上，美国科学院院士在硅谷任职的就有近千人，获诺贝尔奖的科学家就达 30 多人。硅谷是美国青年心驰神往的圣地，也是世界各国留学生的竞技场和淘金场。在硅谷，一般公司都实行科学研究、技术开发和生产营销三位一体的经营机制，高学历的专业科技人员往往占公司员工总数的 80% 以上。

在硅谷，集聚了上万家高科技企业，其中有 4000 多家是电子工业公司，电子产品销售每年超过 4000 亿美元，占全美销售总额的 40%。硅谷的核心竞争力不仅在于技术领先，更在于拥有世界一流的创新人才，拥有用最快速度将技术转变成市场的能力。

硅谷的形成是几大要素的强力配合：

人才——创新型企业家、专业技术人才和配套服务人才；

技术——具有前瞻性的科研成果和创意；

资金——大公司出资进行科研，风险资本和天使基金出资培育中小公司；

市场机制——制度和体制，包括纳斯达克等金融机制，但最重要的一点是创新人才的创新精神。

这正如硅谷精神所述：允许失败的创新，崇尚竞争，平等开放！

也正是优质的自然和社会因素，使得硅谷成为创业者的摇篮，高科技创业一片繁荣，科技创业让硅谷创造了全世界最多、最火也是最知名的科技型公司群。

（四）三大机制成就硅谷辉煌

硅谷的成功背后深藏着三大机制和十大要素。

三大机制分别是：

①**创新机制**，包括技术创新、商业模式创新、体制创新、市场创新。

②**创业机制**，创办新企业，催生新产业。

③**创富机制**，用好金融市场，创造财富，运作财富。

硅谷的技术创新、发明和商业模式创新，体现在各类新兴产业领域里：软件业，以甲骨文、Adobe 等颠覆 IBM 公司软硬件捆绑的销售方式为代表；互联网业，以谷歌、雅虎、eBay 等公司颠覆微软公司向最终用户收费的方式为代表；云计算、移动终端又带来商业模式创新。

硅谷的制度和组织创新，体现在以创新人才的知识为资本化的过程中。例如，在科技公司中强调生产关系中人的作用；知识合法转化为财富的机制；股权、期权制使员工持股占比达 10％～15％（一家大公司有几十亿美元资产在员工手中）；LLP、LLC 等创业型企业组织形式出现等。

硅谷的文化创新，主要是指：鼓励冒险、容忍失败的硅谷文化；开放和宽松的创业文化与环境；机会均等、不迷信权威、以结果为导向的精英体制等。

硅谷创新文化和价值体系表现在以下几个方面：

①以人为本，能者为上，英雄不问出处；

②容忍失败，硅谷建立在失败的基础上；

③容忍"背叛"，高跳槽率；

④团队精神；

⑤嗜好冒险；

⑥开放架构、知识共享；

⑦热衷于改变自己；

⑧痴迷于产品而不是金钱；

⑨机会均等，人人有份；

⑩分享利益等。

如何衡量硅谷的创新？硅谷创新能力的经济指标包括：创新点子的数量（专利授权数）；用于创新的风险投资额；由此带来的经济增量。

在全球的124个国家和地区中，专利数日本第一，上海第四，硅谷第六，但是其他指标（用于创新的风险投资额以及由此带来的经济增量）的排名中均是硅谷第一。

硅谷所形成的如此强大的创新机制，也是世界其他各地学不到、模仿不了的机制，其关键的创新要素源自：集聚优秀人才、高端人才、创新人才；打造了世界一流大学；鼓励创新活动；提倡发明创造，保护知识产权；各种鼓励创新的激励机制；资金投入（天使、风投、战略投资）；大学与企业、政府互动等。

从硅谷的经验分析，可以得到这样的观察点，即地区创新能力的三个观察点：风险投资走向，是衡量地区持续发展的能力；M＆A（并购）和IPO（上市）数量，是衡量地区培育高价值企业的能力；新增企业数（创业），是地区吸引企业落户的能力（硅谷每年新增企业近万家）。

硅谷的创业机制包括：吸引企业来创业的政策、法规和制度环境；扶持创业的资金投入；鼓励创业精神；因地制宜，规划打造本地支柱产业；营造为支柱产业服务的专业服务行业；产业政策倾斜、培育龙头企业。

硅谷创业机制的主要观察点包括：新增创业企业数量；高速成长的科技企业数量，企业以年增长100％为单位；亿、十亿、百亿美元企业统计；支柱产业、产业聚集簇群的形成等。

硅谷的创富机制，主要有以下几大要素：

①融资管道，是指天使、风投、PE等融资畅通；

②产权交易平台，以M＆A、OTC、IPO等资本市场交易流的实现为代表；

③对于知识产权创造经济效益的激励机制，知识即财富的认知；

④促使创新创业进入国际金融舞台的机制等。

创富机制是硅谷保持区域竞争力领先于全球任何一个区域的核心关键。分析硅谷的创富机制，主要有以下观察点：本地区引入风险投资数量及其他融资；国内外风投机构进驻情况；境内外上市企业数量；企业员工平均产出水平；本地企业在 500 强排名；企业家富豪榜等。这些方面硅谷都遥遥领先于全球其他任何一个区域。

可以说，硅谷的创新、创业、创富的三大机制，合力驱动并造就了硅谷的今天。

（五）政府在硅谷形成中的作用

硅谷的创新发展得益于美国法规政策的创新，可以归结为十大要素：

①有利于企业创业、创新和发展的政策和体制，高密集的高素质人才（教育水平、领军人物）；

②世界一流大学及其与产业的互动（产学研）；

③高水平的创意、创新活动（人均专利数）；

④浓厚的创业氛围、鼓励冒险容忍失败的文化；

⑤雄厚的创业资金来源和成熟的金融体系；

⑥专业化的中介服务体系（律师、会计师、猎头、咨询等）；

⑦专业化的技术市场服务体系（产业链和配套能力）；

⑧高质量的生活和人居条件；

⑨便于全球化的区位优势；

⑩政府与政策法规的主导作用。

硅谷的创新文化是怎么形成的？创新文化是一个历史的过程，而不是早就准备在那里等着高科技的创新创业，更不是天上降下来的，实际上是得益于美国政府的理论创新。美国政府自 20 世纪 80 年代开始，用了大约 15 年的时间修订制定了多达 15 部法律。这些法律共同营造了知识经济的商业环境，具体包括：①科技成果转移、创新创业的财富效应机制；②风险投资者的财富效应；③风险投资体系建设的交易机制；④法规政策机制等。上述机制促成了金融创新与科技创新创业的有机结合。

风险投资对硅谷的作用，是促进硅谷科技创新和产业化的前提。硅谷具有世界上最完备的风险投资机制，有上千家风险投资公司和 2000 多家中介服务机构，它们加速科技成果向生产力的转化，推动了高科技企业从小到大，从弱到强的长足发展，进而带动了整个经济的蓬勃和兴旺。受风险资本支持的企业在创造工作机会、开发新产品和取得技术突破上，成功率明显高于一般大公司。为什么硅谷能够成为风险投资聚集地？这是硅谷的创新文化和价值观的作用。硅谷的文化是构建硅谷灵活的创新机制，汇聚世界最优秀的人才，提供科技创新的思想火花和基础，为科技创新营造良好的社会生态环境。

可见，政府在创新创业和风险投资发展的过程中，所起的作用是任何市场力量都不可替代的。政府在风险投资发展中的重要角色是从两个方面体现的：直接调动民间资本的机制和调动创业积极性。而创业是一个长期的过程，不可急功近利，风险投资更是一个集中性的金融经济行为。

硅谷的形成是一个漫长的历史进程。自20世纪50年代开始，硅谷以承担国家"阿波罗计划"以及军事高科技的高端研究计划为开端，到了20世纪80年代《拜杜法案》的通过，以及一系列法案的修订，形成了今天全球高端科技创新创业及其产业聚集地。这才造就硅谷的高端科技研发创新：从科技成果研发到科技成果转移，再到风险投资等过程的系统性；现代高科技及其产业发展的创新产业人才全面聚集性。

从深层次原因分析，则是自20世纪80年代以来，美国金融创新与科技创新相结合，构建了针对创新创业的"科技金融支持体系"结出了硅谷这颗经济成果，它解决了工业经济发展范式下创新创业经济发展范式的"五个失灵"的问题，即理论失灵、市场失灵、系统失灵、制度失灵、人才失灵。这"五大失灵"问题的解决，创造了一个极其有利于创新创业的生态环境，形成了创新、创业、创富的机制，激励了人们勇于创新创业，敢于创新创业，从而成就了今天的硅谷。

（六）风险资本的选择——硅谷成为风投中心

20世纪90年代，经济状况的持续景气和企业股票上市的热潮再次推动了美国风险投资的快速发展。在此过程中，以信息产业、生物与新医药等高新技术产业为主的硅谷一直是全美国风险投资的中心。1997年，美国的风险投资家共向1848家公司投放1144亿美元的风险资本，而硅谷的187家公司吸纳的风险资本总额高达366亿美元，占据美国风投比重达到29.4%，占整个旧金山湾资本使用量的90%以上。硅谷之所以成为美国乃至世界风险投资的发展中心，是由其强大的区域科技创新能力、高新技术企业的快速发展来决定的。

1. 硅谷聚集的人才、技术、创新思想为风险投资提供了具有广阔市场前景的项目

一个国家或地区高科技水平的提高和大批高科技成果的出现，以及社会对高科技产品的迫切需要，形成了市场上高技术供需两旺的状况，这在一定程度上降低了高科技创新企业的技术风险和市场风险，成为高科技企业生存和风险投资发展的前提。

硅谷是美国乃至世界的创新中心．强大的科技创新能力，敢于冒险、勇于创新的创业精神，使得大量的高科技产品不断出现，并形成产业价值链，对风险投资的需求日益上升，这为风险投资家选择有前途的创新型中小企业创造了条件，也为提高投资质量创造了机会。

据统计，由于丰富的智力资源、企业家的创新精神等因素的推动，硅谷的专利发明数比 1995 年增加了 15%。硅谷以每天几十项推动世界科技发展的技术成果而确立了其成为世界上最大科技创新中心的地位。大批具有广阔市场前景的高科技项目使风险投资趋之若鹜，吸引了一大批风险投资家到硅谷投资，如阿瑟·罗克、弗兰克·钱伯斯、皮彻·约翰逊、燕克·梅尔科等。

2. 硅谷高新技术产业的高成长性为风险投资带来高回报

由于高新技术产业是建立在最新科学成果的基础之上的，因此具有高度的创新性。高新技术企业的创始人一般是懂技术且有经营头脑的科技人员，他们先有研究成果，然后经过实验、批量生产，建立新企业以开发新产品，实现商业化。高新技术企业的技术一旦开发成功并且获得广泛的市场认可，就会迅速成长，投资收益率大大超过传统产业的收益率。

硅谷在生物技术和生物新药、计算机硬件和存储、国防和航空、信息服务、集成电路、多媒体、半导体及制造设备、软件等领域均居于世界领先地位，高技术与高成长性为硅谷风险投资家带来了巨大收益。在美国，风险投资的回报率平均每年在 35% 以上；在欧洲，风险投资的年平均回报率至少在 20%，而硅谷风险投资公司的收益回报率却远远高出这一水平。苹果公司创业不到 5 年，销售额达 5.85 亿美元，资金利润率超过了原始投资的 200 倍以上。1996 年 4 月 12 日，雅虎公司股票上市发行时获

得了约 85 亿美元的市场价值，超过大约 1 年前 Sequoia 对它投资数目的 200 多倍。在风险投资的扶持下，硅谷每 5 天有 1 家公司上市，每天有 62 人成为百万富翁。

3. 硅谷区域的教育普及程度和教育质量培养了一大批懂技术、会经营的风险投资家

与一般投资者不同，风险投资是一种专业投资。风险投资家不仅要运用金融知识融资，向风险企业提供资金，更为重要的是，他们还要利用技术和管理等方面的经验、知识和广泛的社会关系去帮助创新者创业，改造组织结构，制定业务发展方向，加强财务管理，配备领导成员等。因此，风险投资家是集金融、技术和管理专家于一身的综合型高素质人才，他们的成长必须接受系统的理论教育和实践考验。斯坦福、伯克利等大学群落正是孕育这些风险投资家的摇篮。在硅谷狭小的地区内有一大批高等院校，比较著名的大学就达 48 所。在斯坦福大学，有不少教授是诺贝尔奖获得者，他们的学生中又有不少人创立了硅谷的高科技大公司。这些创业者中许多人在创业成功以后反过来又成为风险投资家，资助和扶持年轻人创业，资助和扶持大学的发展。

4. 风险投资业发达的重要原因

良好的外部环境对于风险投资业的健康顺利发展至关重要。交通便捷、通信设备先进、公共服务完备等因素不仅给人们提供了良好的工作和生活环境，也有利于降低风险投资的交易成本。

硅谷通信设施发达，交通十分便利，拥有高等级公路。4 条湾区主干道 101 国道、州际 280、680 和 880 公路贯穿硅谷，并与区域 17、85、87 和 237 公路形成网状交通枢纽，有 5 座跨海大桥连接旧金山海湾。在旧金山、圣何塞和奥克兰国际机场，平均每分钟就有两架飞机起降。硅谷的区域生态环境和生活质量也相当不错，地中海性气候宜人。各类文化、娱乐、教育设施齐备，犯罪率低。从投资环境来看，在硅谷长期的发展过程中。不仅建立了与风险投资相关的健康的法律制度、高效运作的风险资本市场，以及多样化的中介服务机构，而且还建立了政府与风险投资机构、国内风险投资家和外国金融机构交流机制，并建立了规范同业经营行为的自律组织。

（七）硅谷的发展影响了众多国家建造自己的"硅谷产业集群"

硅谷的发展对世界各国产生了巨大的影响，尤其是希望发展的新兴国家，都努力借鉴硅谷高科技产业集群的成功经验，提升本国高科技产业集群，尤其中国与印度均打造了本国的科技"硅谷"。

1. 中国硅谷——中关村

北京中关村，位于中国科学院、北京大学和清华大学环抱而成的一个区域。1980 年，这里办起了中国第一家 IT 公司。此后，中关村变成了中国高科技行业，特别是 IT 行业的代名词。在这个地区，科技、教育、文化与高新技术产业相互渗透。基础研究、应用研究、高新技术研究相互衔接。国际范畴的学术交流、商务往来以及经济合作日趋频繁。中关村具有发展知识经济的明显优势和巨大潜力，被誉为"中国硅谷"。

在中关村，共有 5000 人拥有博士学位，25000 人拥有硕士学位，18 万人拥有学士学位。这是有超过 8000 家高科技公司，一半以上是 IT 产业公司。2012 年中关村示范区实现总收入 2.5 万亿元，企业实缴税费达到 1500 亿元，企业从业人员达到 156 万人，企业利润总额 1730 亿元，实现出口 230 亿美元，企业科技活动经费支出超过 900 亿元，而且每年呈高速增长发展趋势。

2. 印度硅谷——班加罗尔

班加罗尔是印度南部城市，卡纳塔克邦的首府，印度第 5 大城市。印度在 1947 年独立以后，班加罗尔发展成重工业的中心。高科技公司在班加罗尔的成功建立使其成为印度信息科技的中心，俗称"印度硅谷"。

中国与印度的高科技产业集群发展，与美国硅谷相比，还处于发展初期，存在很多不足：过多地依赖数量增长，企业营利能力普遍偏低；集群创新能力弱，普遍缺乏核心技术；复合型人才和发展资金缺乏；政策法规不健全，创新网络尚未形成，服务滞后等。

（案例根据互联网资料及相关学术文献，经作者调整修改完成）

小城镇，大产业
——英戈尔斯塔特奥迪总部背后的德国小镇产业秘密

奥迪公司总部位于德国巴伐利亚州中心地带，不仅是奥迪集团最大的生产基地，也是奥迪集团总部办公室和技术开发分部所在地。生产基地占地超过 260 万平方米——相当于 290 个足球场。

坐落于多瑙河畔的英戈尔斯塔特（Ingolstadt）是巴伐利亚州第 6 大城镇，拥有 12.5 万人口。奥迪公司是当地最大的企业。

（一）奥迪英戈尔斯塔特总部重要的数据指标

英戈尔斯塔特奥迪总部基础数据：

成立年份：1949 年

面积：2672625 平方米

员工数量：32819人（截止到 2010 年 12 月 31 日）

生产车型：奥迪 A3，A3 Sportback，奥迪 A4 轿车，A4 Avant，A4 Allroad Quattro，奥迪 A5 Sportback，A5 Coupe，RS5 Coupe，奥迪 Q5，奥迪 S3，S3 Sportback，奥迪 S4 轿车，S4 Avant 与 S5 Coupe，A5 Sportback，奥迪 TT Coupe、TT Roadster 和奥迪 A3 Cabriolet 的车身车间/喷漆车间

生产产量（2010）：658351 辆汽车（包括 CKD）

（二）走进英戈尔斯塔特小镇

英戈尔斯塔特小镇是巴伐利亚的中心，一座充满生机的魅力城。这座城市将历史、传统和现代魔法般地融合在一起。小镇有着可爱的三角墙宅第、气势宏伟的大门、高高耸立的塔楼以及令人印象深刻的堡垒，散发着古老小镇的独特魅力。

德国是一个城乡基本无差别的国家，而罗列在德国国土上的则是一个个漂亮且千姿百态的民宅。尤其是夜晚的小镇，弥漫着宁静与祥和，巴伐利亚州洋溢着迷人的芬芳。

在英戈尔斯塔特的小镇上，感受最多的是夜不闭户般的安全和和睦，几乎每个房子都有一个院子，或大或小，但都很精致，很多主人喜欢在院子里摆上精灵或动物的小雕塑，活灵活现，德国人对打理院子是绝对一丝不苟的，甚至有很多德国老人喜欢用吸尘器清扫院子，可见德国人对待生活细节的认真和极致。

英戈尔斯塔特是一座艺术和文化之都。美术馆里许多作品的灵感都来自美丽的多瑙河畔的英戈尔斯塔特风光。城中坐落着阿尔夫·莱希纳等著名博物馆，具有艺术博物馆的独有气质，而且众多的私人画廊也散布在英戈尔斯塔特城市的各个角落。

英戈尔斯塔特是巴伐利亚州中心的一座富有传统和历史意义的城市，它的标志是庄严的后哥特式圣母玛利亚大教堂。另一个建筑珍品是外观朴素的玛利亚·德·维克托利亚巴洛克式教堂。

这里不但是奥迪公司最大的工厂，也是奥迪公司总部和技术开发部的所在地。早在1949年，汽车联盟股份公司已在巴伐利亚州注册成立。现在，该区域也形成了以奥迪工厂为核心，集零配件生产制造、物流以及服务等于一体的配套经济系统。

（三）奥迪——英戈尔斯塔特小镇的骄傲与传奇

走进奥迪总部办公区域，天已经完全黑下来了，这里依旧灯火通明。有不少设计师才开始进入最安静深刻的工作状态，或许这才是一个有着未来梦想的企业真正该有的样子。

奥迪汽车的质量保证，首先来源于奥迪一流的作业工具制造车间。奥迪公司开发研制了压制和焊接工具、车身制造和压弯装置以及用来制造车身仪表盘和配件的装配模具，确保汽车生产的每一个环节的高质量。新的工具生产车间于2000年4月开设，向奥迪以及大众集团内外的其他公司供应生产工具。

1999年5月，奥迪公司工具生产车间成为世界上同类厂家中第一个被认证为符合德国汽车工业联合会（VDA）6.4规程认证的汽车厂商。2002年，奥迪公司工具生产车间同时通过了VDA 6.4和ISO 9001：2000认证。奥迪公司工具制造部（Audi Toolmaking Division）在德国工具制造大奖（German Tooling Award）赛"最佳生产"组评比中荣膺德国最佳工具车间。

英戈尔斯塔特的压制车间每天处理 1350 吨原材料，可以用来生产大约 2100 辆汽车。所有的废料都被循环利用。在英戈尔斯塔特生产的奥迪车身由全镀锌的面板制成，这意味着奥迪公司可以提供 12 年的防锈保证。在内卡苏姆生产的奥迪 A8 则为全铝车身。

英戈尔斯塔特工厂占地大约 1993276 平方米，其中大约 858609 平方米已经修建完毕；工厂可用面积为 1693259 平方米。除了奥迪公司技术开发部，这里还有冲压车间、装配车间、塑料制品车间、喷涂车间等。此外，工厂还设有培训部，提供基础和高级培训。

在这里，人们可以自己来提取奥迪汽车，并作为英戈尔斯塔特奥迪品味车苑的客人度过充满体验的一天，比如在汽车生产日人们可以参观总厂车间，奥迪 A3 和 A4 车就是在这里制造出来的；人们还可以跟随向导参观奥迪博物馆，或在奥迪饭店轻松的氛围中吃上一顿饭。

奥迪集团总部，年产量超过 65 万辆汽车，包括奥迪 A3、奥迪 A4、奥迪 A5 和奥迪 Q5 汽车系列。车身生产车间和喷漆车间还为奥迪 TT Coupé、奥迪 TT Roadster 和奥迪 A3 Cabriolet 提供加工服务。公众旅游胜景——奥迪品味车苑，每年吸引约 45 万名游客。

作为汽车行业最现代化的生产基地之一，英戈尔斯塔特工厂的历史可以追溯至 1949 年。当时，新成立的汽车联盟集团（Auto Union GmbH）在英戈尔斯塔特城堡的旧址上生产摩托车、快速送货车和配件。1969 年，公司与 NSU 合并，成立 NSU 汽车联盟集团（NSU AUTO UNION AG），该集团于 1985 年更名为奥迪集团。集团总部由内卡苏姆迁往英戈尔斯塔特。

（四）奥迪——汽车时代的科技引领

奥迪工厂引领时代，不仅是指奥迪的理念，更包括生产中的每个细节。参观奥迪工厂，你可以看到冲压车间（Press Shop），就有 7.3 万吨的扭转力的压模机器，其力量等同于 10 万英戈尔斯塔特居民都跳起来的力量！而这种带有"黑科技"色彩的科技渗透在奥迪工厂与研发的每一个角落，其引领的环保观念也让美丽的小镇永远充满着独特的魅力。

1. 技术发展——重视电动交通

英戈尔斯塔特技术开发的任务包括从设计、发动机和变速系统到汽车概念、电气/电子、车身和悬挂系统等多个领域。奥迪 e-tron 是奥迪的最新电动汽车品牌。奥迪通过其 e-performance 项目开展此类开发活动。英戈尔斯塔特的其他主要技术开发活动包括：2011 年扩建的 Neustadt an der Donau 试车场，主要用于测试驾驶者辅助系统；风洞中心、奥迪预产车中心（Pre-Series Centre）以及传输和排放中心（Transmissions and Emissions Centre）。

2. 生产——力争完美

曾获得多项大奖的工具制造车间还为奥迪集团之外的汽车生产商供应产品。除拥有自有冲压车间的生产线外，工厂还设有车身车间、喷漆车间和组装线。循环再利用、流畅、动力与完美是奥迪生产系统（APS）的宗旨，该系统是汽车行业最灵活而高效的生产系统之一。工厂的生产与组装线已多次荣膺"汽车精益生产奖"。新的物流理念旨在为未来生产进一步优化供应链。

3. 物流中心——化繁为简

数不胜数的配件供应，遍布全球的生产与采购网络——现代汽车制造商的物流网络可谓纷繁复杂。为简化物流业务，奥迪物流中心（GVZ）将多种不同物料流全部集中于工业园区。自 1995 年以来，奥迪公司就致力于将主要供应商集中于工厂附近，使部件能够及时到达组装线。这种准时化顺序供应（just-in-sequence）原则使生产流程更具经济性，同时也减少了环境负担。统一组装部件的转运点：奥迪公司于 2010 年成立了大型整合中心。

4. 可持续发展与环境保护

在实际运营中的各个级别采取环保措施：奥迪生产系统（APS）将集团的环境政策细分至具体的生产线。英戈尔斯塔特工厂已经根据欧盟《生态管理与审计计划》（EMAS）由 DEKRA Certification GmbH 进行多次重新认证，并通过了 ISO 14001：2004 认证。自 2010 年起，新的欧洲能效标准 DIN EN 16001 也已成为公司环境管理系统的组成部分。这些规定为公司稳定而系统化地降低能耗制定了极为严格的标准。证实奥迪环保承诺的其他证据：环保慈善基金会奥迪 Stiftung für Umwelt，采用区域供暖系统以减少二氧化碳排放，以及使用可再生电力等。自 2010 年 8 月以来，奥迪公司已开始使用可再生电力为自集团总部英戈尔斯塔特至北海装货港口爱登港（Emden）的所有火车货运提供动力。

5. 英戈尔斯塔特奥迪品味车苑

现代化的技术探索与交流平台：英戈尔斯塔特奥迪品味车苑每年吸引约 45 万名游客。品味车苑拥有自己的饭店、音乐厅、电影院和"市场与客户"服务中心，为客户提供丰富多彩而妙趣横生的娱乐设施。奥迪汽车博物馆为参观者展示这家著名汽车制造商的理念与历史。客户中心的巧妙设计分外醒目，在这里客户将获得为其量身定制的建议，还可在惬意的环境下接收新车。层出不穷的发现之旅为参观者带来惊喜不断的幕后信息。

（五）奥迪——特有的产业集成与科技启迪未来

英戈尔斯塔不仅是奥迪集团的总部，还是该集团的研发中心，以及最重要的工厂所在地。

奥迪公司完全有理由在该地区开发其"智能工厂"。奥迪目前正在努力发展英戈尔斯塔特工厂，打造新的生产工艺。

随着数字化的发展以及机器人的增加，新的生产工艺将提高工作效率，并提高员工的舒适度，同时允许在同一生产线生产越来越多的不同车型。

奥迪公司此举旨在跟上全自动化联网"智能工厂"的步伐，该联合项目名为工业 4.0（Industrie 4.0），这种工厂让产品可以直接在车间进行完全的定制化：装配线上的半成品会"告诉机器它需要什么服务"，机器随后按照这些信息自动组装出成品。

从早期的产业集群一体化进程到机器人助手，成为奥迪智能工厂的发展趋势。

奥迪公司管理层休伯特·怀特（Hubert Waltl）解释说："智能工厂还可以使我们在全球的 14 家生产基地互联，例如可以使我们在墨西哥的新工厂尽快启动生产。"

奥迪公司技术研发部门的负责人乌尔里希·哈肯贝格（Ulrich Hackenberg）博士解释说："自设计以来，生产部门的同事就已经参与其中了。"

机器人助手极大地提高了产业效率。这家未来的工厂立足于人与机器人之间的协作。在2号生产线上正在组装紧凑的A3家族系列车型，由操作人员处理的机器人已经可以协助完成预装配。"我们还要继续提高工作场所的人体工程学设计，配备二极管和吸盘的机器人将很快可以完成零件的操作。"A3装配的负责人约尔格·孟杰斯（Jorg Menges）表示。

机器人可以替代一些人工工作，同时传感等新技术应用可以使他们不受到任何伤害。该解决方案避免了人工拎重物或弯腰的行为。长期走在生产技术前沿的德国工业巨头希望通过将其工厂流水线上的所有机器接入网络，以在自动化制造上更进一步。这种联网流水线虽然还处于初期阶段，但将会使产品的定制化变得简单。目前，奥迪工厂的机器人在工作的整个过程中还需要升降梯等工具的协助，公司目前也正在寻求其他方法提高机器人的工作效率。目前正在试验的机器人可以将汽车从生产线搬运到储存区域，相同的机器人按照顺序以及指令就可以把汽车送到指定区域。"机器人的搬运可以节省工人运输时间，大大提高了工作效率。""绿灯指示可以告诉机器人在什么地方可以找到该车辆正确的零配件。"约尔格·孟杰斯解释说。

除此之外，奥迪公司已经涉足3D打印领域进行快速成型。工程师可以快速地为汽车制造零部件。虽然，他们只是制造了小零件如挡泥板和空调出风口，但是，这已经是个良好的开端。奥迪公司期望更多的车上部件可以通过3D打印机打印出来。

（六）英戈尔斯塔特背后体现的德国企业的小镇情怀

德国小镇拥有特有的魅力，它让德国很多中小企业从小区域潜心发展到领导全球市场，从小本创业到隐形冠军，使家族事业延续数百年之久。莱茵河畔的微风俏皮地吹动着五颜六色的树叶，裹着树叶的香气从领口钻到身体里，即使身处工业国家，仍丝毫感觉不到工业制造带来的纷扰。

这里孕育着德国制造的巨大产业价值与产业动力，德国制造隐含着3

个含义：创新、质量和技术。

法兰克福财经管理大学纽尔·施蒂格利茨教授以温特豪德为案例，深度剖析了德国企业通过渐进性创新从小家电起家到商用洗碗机的渐变历程。医院用、餐厅用、企业食堂用洗碗机、清洗剂等，温特豪德的 T 字形路线所展现的产品（技术）创新、市场创新和组织创新，揭示了德国企业界沉稳专注的民族性格，与美国企业界叱咤全球、屡创传奇的突破性创新（跨界创新）交相辉映，成为人类创新发展的两朵奇葩。

持续性虽然不会在短期内获得突破性回报，但创新风险小、可持续性强，德国中小企业的隐形发展现象说明：对于大多数以产品竞争为核心的企业，持续性创新是持久之道。

不管是几万名员工的大企业，还是仅有几人的作坊式小公司，每年用于创新的投入都不低于销售额的 10%，哪怕只有 1% 的成功，严谨的德国人也不会让企业输在创新的起跑线上。

身居小镇的德国企业，看到的是整个世界。很多德国企业建立在远离市区的小镇，比如印刷行业的大佬海德堡印刷公司位于海德堡古城，西门子医疗器械公司位于纽伦堡附近的厄尔兰根州，奥迪集团总部在巴伐利亚州名不见经传的城市英戈尔斯塔特，卡尔倍可在鲁尔区的边缘小镇哈根。

德国企业偏安一隅，与当地小小的社区融为一体，默默地坚持着自己的目标，并关心自身层面以外的事务。对企业来说，更依赖小镇的有限劳动力，只有当地的员工才能支撑企业的长足发展。对于小镇民众，在这里找到另一个工作岗位的可能性较小，爱企业就是爱家乡。这种情况带来了雇员和雇主之间的相互依赖，造就了相互认同，避免了对立关系。对于当地社区来说，企业通常是最大纳税人，所以居民也很关心企业的状况。由于当地一半以上的居民都是企业的员工，社区尽力让这位"纳税人"心情舒畅，而作为回报，企业也向当地市政建设、博物馆和文化活动提供赞助。在经济危机期间，各地政府对企业都给予了很有力的帮助。企业驻扎在小镇的另一个好处是，可以避免干扰和精力分散。大城市对人的干扰实在太多，要创造出高品质的产品，人需要聚精会神，在安静的环境里更容易做到这一点。

管理学大师亨利·明茨伯格指出："人类是群居动物，如果没有一个更广阔的社会系统，我们就无法施展自己的能力。这就是'社区'存在的意义，社区就像是一种社会黏合剂，把我们聚集在一起，共同追求更大的利益。"任何一家实体企业，在地理上都必然存在于某个社区，可能也雇用该社区的居民作为员工，其员工也在该社区消费、生活。既然企业与社区存在着如此紧密的联系，那么企业就不能仅仅关注自身的发展，企业先天地就对整个社区的和谐共处承担着责任。企业这样的一种社会责任感，也不单单缘于财富既得之于社会自然要回馈社会的大道理，它还可以帮助企业赢得更好的口碑，提升企业形象和品牌价值。喜好小镇生活的居民也不想背井离乡，更愿意在自己家门口工作，与企业融为一体，共同追逐未来的梦想。

（七）小城镇，大产业——产业小镇的德国模式

德国小城镇为何迷人，众说纷纭——有的人醉心于小镇风景，那些遍布平原、山地和丘陵的小城镇，如诗如画，让人流连忘返；有的人倾心于小镇的历史氛围，小城镇仍然保留了尘封已久的古堡、教堂、屋舍、桥梁，甚至道路和港口，浓缩着德意志民族历史的和文化的精华，也是德国人追溯历史的胜地；更有人钦佩的是小镇拥有不输于大城市的基础配套，大到银行、商店、邮局、交通、道路、消防队和医疗，小到休闲椅、停车场和公厕的设置，甚至残疾人无障碍通道、马路的自动收费设施等。

德国小城镇最令人称道的，是一个很不起眼的小城镇可能孕育着在全球最有竞争优势的产业。

在德国35万个各类企业中，有相当多数量的企业分布在乡镇，加上大量中小工商企业和服务业，创造了大量就业岗位，实现了超过90%的城镇化率。以德国人最引以为傲的汽车产业为例，大众、奥迪、欧宝公司的总部分别在世人不熟悉的沃尔夫斯堡、英戈尔斯塔特和吕塞尔斯海姆小镇，人口分别是12万、13万、6.3万。德国排名前100的大企业中，只有3个将总部放在首都柏林。更多德国血统的世界巨头，依然扎根在其出生地，耕耘长达数百年之久。

"小城镇有大产业"，这或许才是世人最羡慕德国的地方！

德国的产业中心分布在东南西北各地，每一个小城镇都是一个产业中

心，各有特色支柱经济；小城镇留住了竞争力强的企业，也就具备了留住年轻人的核心竞争力，解决了70%人口的就业问题。德国依靠工业强镇，走出了一条小城镇的胜利之路！

（八）德国小镇发展的几个核心问题

1. 德国为何能够诞生如此多强大的工业小城镇？小城镇何以能有大产业？

（1）德国能形成"小镇大产"，其背后的产业城镇集群起到了至关重要的作用

小城镇受限于城市规模和环境容量，产业门类很难做到大而全，而更容易在细分领域做到专和精。德国工业小城镇从来不做孤胆英雄，而是选择一镇主攻一业、多镇抱团发展，形成区域大产业链的生态圈。太仓之所以能成为全国独一无二的"德企之乡"，与德企喜欢抱团的传统有很大关系。

（2）工业城镇集群不仅适合传统工业，在新兴产业领域也同样适用

德国巴伐利亚州在生物工程、航空航天、卫星导航、信息与通信技术、环保和医疗技术等领域，都纷纷通过政府引导的方式，达成了50多个区域内的合作项目，用十年时间，把一个传统工业州变身为高科技州。仅仅在2007年内巴州就新增就业岗位11.5万个，失业率降到5%，发展成为"欧洲高新技术的'麦加圣地'"。

不只是巴伐利亚州具有这样的高科技产业集群。在德国联邦的大力支持下，形成了很多由产业城镇聚集区为载体的顶尖技术产业集群。截止到2015年，全德国已经评选了15个尖端产业集群。例如，萨克森三角带，包括哈勒、莱比锡、德累斯顿等城镇，依托本地丰富的矿产资源和工业体系，转型成为德国新崛起的"硅谷"；北威州原鲁尔区的东北地区，成为顶尖智能技术系统集群——工业4.0的先行区域。

（3）德国的产业小城镇集群，其内涵不仅在于空间形态的聚集，更在于是否有高效率、低成本的服务网络支撑

上面提到的这些小城镇，互相之间没有隶属关系，它们之所以被称为"产业城镇集群"，不仅因为它们地理上相互靠近、产业上相互关联，更主

要是由于它们共享一个在企业合作、技术转化、人才培训方面提供专业服务的平台。

巴伐利亚州的新兴产业集群，依托的就是"巴伐利亚创新联盟"：联盟将巴州投资促进局（Invest in Bavaria）、新兴创业中心以及金融机构吸纳进来，同已有的产业促进机构联合，如弗劳恩霍夫研究所、马克思—普朗克协会，形成了以中小企业为服务主体的网状集群。

巴伐利亚创新联盟不是一个机构之间的"传声筒"，而是通过行之有效的机制和举措，充分释放这些重要机构的能量，为区域产业集群提供服务。

第一，它实行的是独立的企业化运作，以效益为目标导向。每个产业集群均由专门成立的集群办公室负责，集群办公室按照企业模式进行管理，任命代言人（Cluster sprecher）、总经理等人员。代言人为荣誉职务，由经济界或科学界知名人士担任，负责制定产业集群的宏观发展战略，利用其个人影响和交际网络为集群服务。在巴州注册的企业都可以申请参加，联盟会通过会费分级管理等做法，鼓励中小企业参与进来，目前会员总数已超过 6 万家。

第二，它实行的是"集体创新机制"，依托平台，帮助没有独立研发部门的企业进行技术改进。技术创新模式已经从过去的线性模式向现在的非线性、复合模式转变，单个企业难以在价值链的各个环节保证创新的成功率。弗劳恩霍夫研究所、马普协会由于其极强的分散性和专业性，也难以应对快速膨胀的技术需求。创新联盟最重要的职责，就是通过联盟的平台，促进集群内企业通过相互合作相互学习，集体创新的基础和条件要优越于单个孤立的企业。创新联盟运作仅 1 年半，就累计举办论坛、研讨会、碰头会等活动 700 多场，参加人员超过 4 万人次。许多没有独立研发部门的中小企业，利用这项活动启发创新思路，优化生产与物流工艺，有的甚至依靠碰头会迅速找到当地的供应商、客户和高素质员工。创新联盟已成为巴伐利亚宣传生产与研发基地优势的重要依据，吸引了更多投资，促进了集群的良性发展，并带动了上、下游相关产业的发展。

第三，它鼓励实业导向的教育和科研，甚至通过学院与产业园的场地嫁接，直接服务于园区和企业，让研究人员可以一边做科研，一边搞创

业。产业园可以直接设在大学中，大学的相关院系也可能迁入产业园。雷根斯堡生物园直接设立在大学里，慕尼黑大学生物系迁入了马丁斯瑞德生物园，慕尼黑理工大学的生物和动物学研究所迁入了魏因施蒂凡生物园。这种分散化的教育机构设置为人才提供了多样化的发展机会，引导了择业分流，消除了技术型人才向中心城市和教育机构的集聚，直接为小城镇及其企业的发展创造了人力资源条件。专业的产业城镇集群服务平台为小城镇带来至少三个方面的价值：

第一，集群品牌号召力，细分领域产品的集合共创压倒性的大市场；

第二，成本可控，小城镇之间能够共享专业化的产业配套和稳定的产业人才梯队，就近获得资源，降低采购成本，获得高素质员工；

第三，效率优势，小城镇群之间的企业、高校、研究机构密切合作，能极大地促进技术进步和效率提升。

以小镇群为空间载体、以服务网络为链接纽带的产业集群，是德国小城镇工业强盛的前提条件。于中国而言，建立专业的产业服务网络尤为重要。虽然政府思维已经转型并成为主要推动力，但如何落地，仍然需要第三方专业机构的引导。

2. "工业产城"两张皮的问题如何化解？

工业特色小镇模式的胜利，目标绝不仅仅是产业获利，还要保证城镇受益。"小城镇有大产业"固然是首要标准，但小城镇的环境与风貌，也是衡量小镇特色的重要依据。类似旅游小镇、手工艺小镇、特色农业小镇等，天生丽质，只需稍加修饰。而对于工业特色的小城镇来说，城镇风貌可能不是"化妆"能解决的问题。

德国的工业特色小城镇，是如何在工业的引导之下，打造魅力小城镇的呢？

（1）有知名企业的工业小城镇：打造产业圣地，必须从业内到业外

大型企业、知名企业出于影响力的传播和企业文化传承的需要，往往热衷于建立企业博物馆。但相当数量的企业博物馆还处于"养在深闺无人识"阶段。与德国的沃尔夫斯堡小镇相比，就可以明显看出，开放度不够、专业性不足的博物馆模式是"叫好不叫座"的主要原因。

大众总部的沃尔夫斯堡小镇是业内人士和铁杆粉丝必去朝圣膜拜的地

方。大众汽车在这里建立了"Autostadt"，从名字就可以看出，这是一座不只有企业博物馆、汽车品牌馆的大众文化"汽车城"。

在这里，大众深厚的汽车工业积累，在不经意间呈现在小镇的场景中，而不是封存在工厂博物馆的陈列柜里。

在城市的业态方面，大众集团旗下的银行、房地产中介、物流公司等，在保时捷大街附近随处可见，大众的服务产业早已完完全全渗透到沃尔夫斯堡的方方面面。这种开放式、生活性的展示模式，非常明确地表达了这座城市与汽车的密切关系。对于车迷来说，即使没有看到工厂，内心的热情无疑已经在不断高涨。

沃尔夫斯堡小镇吸引人来的另一个核心就是把产业科技做得引人入胜。

曾经的火力发电厂，改造为通体透明的玻璃停车塔。不仅前来提车的客户能见证车辆如何通过酷炫的方式，穿越高耸的机动王国，从高空优雅地降落到自己身旁的全过程，而且那些非准车主的纯游客，也可以体验到大众精湛的工业传输技术：每个汽车塔坐拥23层，可存放800多辆新车；进入每个车位的汽车，都由一个全自动的360度旋转电梯运送上去，完全不经过人手。

从博物馆到"汽车城"，沃尔夫斯堡"工业小城镇"的概念和形象已经发生了翻天覆地的变化。工业也可以通过与城市文化的交融、通过与科技生活的交融，让小镇焕发出与众不同的魅力。

（2）以重化工为主的小城镇：标本兼治，内外兼修

在众多工业小镇中，重化工与城镇环境建设的矛盾最为突出，它往往是一个地方的经济命脉，却也可能是这个地方污染的源头。

德国也有不少依靠重化工起家的小城镇。尤其是在美丽的莱茵河畔，人们很难想象这里竟然是德国化工产业分布最密集的一条河流。曾经的全球化工巨头巴斯夫公司，其厂区就遍布莱茵河上、下游。路德维希港就是其中一个，人口只有16万，城区面积只有7平方千米，却是巴斯夫公司的总部所在地。这个由小规模移民聚集起来的小城镇，借助化学工业腾飞，虽然也有过爆炸、泄露的惨痛教训，但经过多年的基础设施改造，这里虽然拥有世界上工厂面积最大的化学产品基地，在城市中却已看不到化

工的阴影。

首先，路德维希港以近乎严苛的环保标准，建立了生产一体化基地。

巴斯夫公司在路德维希化工园区推崇"Verbund"（联合体）概念，其核心就是化工界经常提的"一体化"：建设公用工程"岛"，实现水、电、热、气的集中供应，同时通过 2500 千米的管道，实现物质闭路循环。由于不再需要通过公共基础设施运输这些化学物质，所以环境极大受益。通过多年的一体化基础设施建设，路德维希港不但维持了其在化工重镇的地位，还成为一个高度洁净的宜居城市——化学产业几乎做到了零污染。巴斯夫公司在路德维希港向莱茵河排放的水，甚至比河中原来的水更加清澈。

生产一体化基地并非一项只有投入没有产出的公益项目。在巴斯夫公司的生产一体化中，通过上、下游生产工厂的相互连接，增值链也应运而生。生产能耗大幅降低，一家工厂的产品与生产流程中的副产品，可以用作另一家工厂的原材料和能源使用。这种"纳废吐金"的一体化模式，每年可以为巴斯夫公司节省约 8 亿欧元。

在治污之外，路德维希港比其他城市更注重自身的城市魅力建设。

这座小城竭尽所能，用商业氛围、艺术气息装点门面：无论是市政厅、体育场，还是现代艺术博物馆，都以或新颖奇特、或规模宏大的建筑博人眼球；繁华的购物中心是这里的一大特色，人们到莱茵走廊（Rhein-Galerie）购物，可以将莱茵河畔美景尽收眼底；众多大师的艺术品分布在城市当中，将整个路德维希港变成了一座现代艺术的活动舞台，马克斯·比尔（Max Bill）设计的"无限阶梯"（Endlose Treppe）便是其中的著名代表。作为化工城，路德维希港的公园几乎遍布城市各个角落，人们可以在厂区周边大大小小的公园中，享受高大的法国梧桐带来的片刻宁静。沿着莱茵河形成了路德维希港最具魅力的城市形象展示带，成功剥离了化工基地的印象。在外人看来这里就是一座简单雅致、艺术气息浓厚的宜居城市，浓厚的商业环境甚至吸引了不少周边联邦州的居民周末来此休闲消遣。

（3）快速转型中的新兴产业小城镇：产业宜居，全城营销

德国的小城镇在产业的发展道路上也并不是一帆风顺的，相当多的城镇也面临产业转型的问题。德国经验告诉我们，要发展新产业，小城镇能

够发挥的作用，不只是搞大拆大建，为新产业提供新配套，还有可能让城镇从后端走到前台，成为产业最好的营销渠道。在这一点上，德国"绿色之都"弗莱堡的崛起，绝对是教科书级的范本。

弗莱堡小镇的产业转型之路，可以说是情理之中、意料之外。1986年在切尔诺贝利核事故发生之后，弗莱堡市议会当即决定放弃使用核能，要将太阳能发电作为首要的发展任务；同年成立了环保署，成为德国最早拥有环保署的城市之一，并果断利用日照优势，发展太阳能产业，因为弗莱堡地处德国最南端（北纬48度）。有趣的是，弗莱堡号称自己是德国日照最充足的城市，但其年平均日照时间也仅仅超过了1800个小时，这个数字可要比我国东北三省的省会城市都低，哈尔滨的年平均日照时间都能达到2282.6个小时。

然而几十年后的现在，弗莱堡小镇在太阳能产业和绿色产业中的地位已经无人能及，不仅建立了全欧洲最先进的太阳能系统研究所，囊括了全德最优秀的太阳能企业的信息产业中心，还获得了1992年德国"环保及永续市镇"的头衔，2004年又再度拥有德国"永续之城"的名号。所以说，弗莱堡小镇的产业崛起之路堪称奇迹。

在这一场出人意料的产业突变过程中，"产业宜居"为弗莱堡太阳能之都和绿色之都地位的奠定，做出了巨大贡献。弗莱堡小镇之所以能迅速成为家喻户晓的绿色之都，科研与产业是一方面原因，但更重要的是，弗莱堡小镇从一开始就具备了建立示范区的意识，成为把绿色产业落实在规划图上、反映到生活中的第一"镇"，让人一提到绿色产业和太阳能产业，立刻就想到弗莱堡。

在城市规划上，弗莱堡小镇制定了"绿色"远景规划（Perspektiv plan）。**弗莱堡小镇率先成为绿色城市规划的典范。**

弗莱堡小镇规定了绿色发展的框架与准绳，把城市自然与风景规划提到了首位，要打造最自然、最生态的城市开放空间。一方面加强原有自然保护区的保护力度，另一方面将市辖区的生态群落连接成网，以前是兴建小公园，现在要建设全域的城市绿色开放空间，以绿道串联城市。优美的环境使这个小城吸引来大量旅客，也吸引来学术会议和博览会，以及随之而来迁入的新的企业。

弗莱堡小镇在硬件设施上，小到一栋建筑、大到一个园区，都可以成为产业全息化的展览馆和新技术的试验地。

在弗莱堡小镇，太阳能发电被运用到了城市的各个角落，教堂和民居、学校和便利超市、市政厅大楼以及巴登诺瓦足球场，太阳能电池可谓无处不在。弗莱堡小镇还重点打造了丽瑟菲尔德新城区和沃邦小区两个示范区，作为业内考察团的首要目的地。同时，弗莱堡小镇还将大师建筑旅游发挥到了极致，建筑大师罗孚·迪士（Rolf Disch）设计建造的旋转屋，整个建筑可以追日旋转，每年都吸引了大批参观者。十几年来，弗莱堡小镇的城市规划与建筑设计一直是世界各国环保团体、能源业者，甚至建筑业者想要朝圣的热门考察点之一。

弗莱堡小镇还利用城市的生活场景，开始了大规模的宣传营销。

为了更好地鼓励市民参与，弗莱堡小镇提出建设自行车之城。不仅重新规划了以自行车为导向的道路交通体系，弗莱堡交通部门还与德国著名的自行车俱乐部合作，推出了一款限量版"弗莱堡城市自行车"，产品线相当齐全，深受市民喜爱。弗莱堡的城市主要道路上都设有自行车流量监测器，Heinrich-von-Stephan 大街上每天平均有 6705 次的自行车穿行记录，城区的 Wiwili 桥上一年有 245 万次的自行车穿行而过。现在，弗莱堡的城市自行车不仅仅是交通工具，已经成为城市营销的标志产品。

弗莱堡小镇的全城营销方式不仅带动了太阳能产业的发展，还将红利带到了健康产业以及旅游业，每年有 140 万人选择到弗莱堡小镇进行健康旅游。在弗莱堡，每一万名居民就有 110 张病床可以安排就诊，而巴州的同比只有 54 张，全德国是 61 张病床。在整个德国由于空床率高普遍缩减全国病床数量的情况下，弗莱堡却由于平均高达 81.5％ 的病床占有率无须执行缩减。"绿色城市"的概念延展了弗莱堡太阳能产业的内涵，规避了太阳能产业过剩带来的弊端，撬动了弗莱堡旅游经济、会展经济、健康经济、自行车经济的共同发展，为产业的持续创新提供了动力。

德国的工业小城镇发展路径中，始终强调了工业布局与城市发展的共赢，注重人口、劳动力与技术创新的可持续。小城镇是重要的人口吸引极，也是工业的核心力量所在。

（案例根据互联网资料及华高莱斯文献，经作者调整修改完成）

关于两个案例的说明

　　虽然中国的小镇与美国、欧洲小城镇情况并不相同，但可以根据国外特色小镇的成功经验，找到特色小镇成长与发展的影响因素，并有针对性地进行分析，提升特色小镇发展的成功概率。本书就是根据整体的规律，找到影响中国特色小镇建设的因素。笔者认为，可以从价值链的角度，搭建特色小镇的成长与发展体系，并通过价值链的产业优化与空间优化两组链条，找到特色小镇不断成长的动力。从国家、区域政府和企业三个角度，提出思考路径与解决方案。为了深化对特色小镇体系的思考，第一章特别将特色小镇相关的部分理论以及与特色小镇的简要关联进行说明，以方便后续章节的理解与使用。

本章思维建构

本章是本书在理论上的总结，是本书的基础部分。本章的理论来源，主要是以国外小城镇，尤其是美国及欧洲等成功小城镇的成长与发展路径为基础，结合笔者及团队在中国特色小镇建设中的理论实践，以价值链为基础，总结而成的理论体系。其目的就是帮助特色小镇建立特色小镇的价值系统，以提升特色小镇的存活概率，并形成有效的发展思考路径。

概念体系如图 1—1 所示：

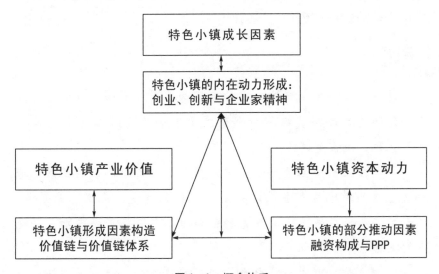

图 1—1　概念体系

本章分三节，从三个理论要点分别阐述特色小镇形成的因素构造、特色小镇内在动力要素与特色小镇资本动力要素。

第一节：特色小镇形成的因素构造：价值链与价值链体系，包括一般价值链、核心竞争力、产业价值链及价值链相关战略等要点内容。

第二节：特色小镇的内在动力形成：创业、创新与企业家精神，包括创业的一般性知识，创新的思路与要点等内容。

第三节：特色小镇的其他动力推动因素：融资构成与 PPP，包括特色小镇建设及发展资金构想、PPP 合作模式等相关要点内容。

第一节　价值链与价值链体系

一、价值与特色小镇

本书对于特色小镇的研究是基于特色小镇价值的创造过程，这是特色小镇工作入手的核心突破口。开展新型城镇化工作，开展特色小镇建设需要从价值这个最基本的经济学概念出发，搭建特色小镇的产业体系、成长模式以及未来的发展构想。

作者观点

　　特色小镇价值的研究，需要基于四个基本要素，这构造了本书价值创造的理论基础，四个基本要素分别为劳动力、资源禀赋、土地、制度资本。

　　劳动力：人口要素问题，这是特色小镇价值存在的基础。它构筑了特色小镇的多产业结构基础，包括数量、成本、素质等。劳动力在单一区域内形成生态的价值链，构筑消费链与功能转化等相关链条。

　　资源禀赋：可以视为特色小镇的特色基础，可以是石油、矿产、水资源等储藏，也可以是文化、历史及建筑风情的传承，同样包括江河湖海中的特有资源，也包括交通道路等资源。

　　土地：这里包括土地的使用功能，以及政策对土地使用的指导价值。尤其是土地政策的优化与改良，在很大程度上影响着城镇化改革，这是国家需要重点推进特色小镇的核心与关键。

　　制度资本：包括政策、民主、法制、知识产权，甚至结构资本以及产业资本。

这四个基本要素构成了特色小镇的价值基础。事实上，四个要素中的

任何一项越丰厚，该特色小镇的经济增长速度至少在短期内就可能越快，价值增长就越多。同时，这四大要素之间具有转化性，只要一个或几个要素非常突出，即使其他要素差一些，经济照样可以有很大的发展，人们的收入照样可以提高。

在深度了解特色小镇价值要素构造的基础上，需要知道价值生成的过程。价值的创造和交付过程可以分为以下三个阶段。

第一阶段是**选择价值**（choosing the values），在创造任何产品之前都必须先找到价值的关键所在。这需要对市场进行有效分解，选择适当的目标市场，开发有效产品，进行价值定位。这里，**市场细分、目标市场选择和定位是价值构造的核心基础**。当选择好价值基础，第二阶段就需要提供**价值**（providing the values）。这里需要确定特定产品的属性、价格和模式（渠道）。接着就是第三阶段，利用人员及手段**传播价值**（communicating the values）。在这个过程中，人员、促销、广告和其他传播工具以及有针对性的大数据应用，用来宣告产品的诞生、投资并进行产品交易。实际上，在产品开发出来之前，价值交付过程就已经开始了，伴随着产品的开发和市场投放等过程，价值交付过程会一直持续下去。当然，在上述三个阶段中，都会产生相应的成本。

推动核心点：

特色小镇的价值构造就是从价值探索（value exploration）到价值创造（value creation），再到价值交付（value delivery）的有效关联。通过寻找所处区域的资源禀赋、人口、土地、制度资本四个基本要素的核心价值，发现新的价值机会，找到特色小镇的基本发展方向。然后通过特色小镇的有效产品构成，有效地提供更有前途的、更有吸引力的新价值产品或服务，做到价值提供。最后，用自身能力和基础设施更有效地交付新的价值产品或服务，通过价值传播的方式，有效实现价值转换，从而形成有效的价值创造。这是特色小镇全方位的价值创造的思维路径，而成功的关键是对能够快捷交付优质产品和服务进行深度的价值链挖掘与管理。通过扩大顾客份额、建立顾客忠

> 诚度、获取顾客终身价值以及全方位的价值创造与价值优化，促使价值不断增长。

特色小镇的价值创造过程牵扯众多深层次问题，比如产业价值链、城镇价值链以及空间价值链的构造问题，还有原有产业升级问题，以及优势资源转化为核心竞争力等问题。

二、价值链的基本概念

哈佛大学教授迈克尔·波特（Michael Porter）提出了价值链（value chain）概念。其"一般价值链"理论成为"全球价值链""产业价值链""国家价值链"等概念的理论基础。本书也是以价值链为基础，建立起特色小镇价值创造体系及价值管理体系，并通过价值链优化、重组、创新，形成价值链的价值创新。

迈克尔·波特的"一般价值链"理论是以企业为出发点，指"一种通过考察企业所执行的全部活动及其互相作用来分析竞争优势来源的系统方法"（1985），这种价值链以及实施各项活动的方式反映了企业的"历史、战略和实施战略的方法，体现了这些活动本身的经济特性"。

"一般价值链"作为可供企业使用的一种战略工具，有助于管理人员识别并创造更多顾客价值的关联途径。根据这个模型，每家企业都存在设计、生产、营销、交付和支持其产品的一系列活动。价值链主要包括九项相互关联的战略活动——五项基础活动和四项辅助活动，它们都在特定的业务中创造着价值，并产生相应的成本。一般价值链结构如图 1—2 所示：

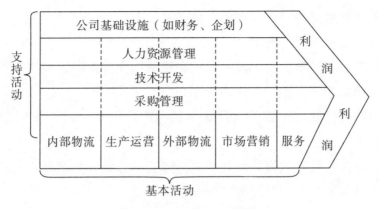

图 1-2　企业一般价值链

一般价值链包含基础活动和辅助活动。

基础活动（primary activities）包括企业购进原材料（内部物流）、进行加工并生产出最终产品（生产运营）、将其运出企业（外部物流）、上市销售（市场营销）和提供售后服务（服务）等一系列依次进行的活动。**辅助活动**（support activities）包括采购、技术开发、人力资源管理和企业基础设施建设——企业会设立专门的部门分别从事上述辅助活动。而且，企业的基础设施涵盖了企业的一般管理成本、计划、财务和会计、法律和政府政策等层面。

企业的任务就是检查每项价值创造活动的成本和运营状况，并寻求改进措施。管理人员应该对竞争对手的成本和经营状况做出估计，并以此为**标杆**（benchmarks）来衡量某企业经营业绩的好坏和成本的高低。同时，管理人员还应该领先一步，研究世界顶级企业的"最佳实践"。在实践中，可以通过咨询顾客、供应商、分销商、金融分析师、商业协会等渠道来识别到底哪些企业是最好的企业。即使对于最好的企业而言，也可以通过与其他行业的企业对比来进行标杆管理，从而提升自己的绩效水平。例如，为了确保自己的公司目标更富有创新性，华为公司就把 IBM 公司视为标杆，进行标杆管理，开发并完善自己的最佳实践。

企业的成功不仅取决于各个部门完成其本职工作的质量，更取决于企业是否能够协调好各个部门的工作，以便更高效地完成核心业务流程。这里说的核心业务流程（core business processes）主要包括：

①**市场感知过程**，包括收集市场信息、在企业内部发布市场信息和对市场信息做出反应的所有活动。

②**新产品开发与实现过程**，包括在预算范围内进行研究与开发以及快速投放高质量新产品的所有活动。

③**顾客价值获取过程**，包括界定目标市场和探查潜在新顾客的所有活动。

④**顾客关系管理过程**，包括加深对顾客的理解、构建顾客关系、向目标顾客提供定制化产品与服务的所有活动。

⑤**订单履行过程**，包括接收和批准订单并按时取得货款的所有活动。

很多企业为了提升价值，会进行工作流程的再造，创建跨职能的团队，并让这些团队负责每个流程。尤其是生产与服务类公司，顾客运营团队把销售、运输、安装、服务和账单处理等活动联系起来，以确保各项活动之间能够紧密衔接、相互配合。在实践中，成功的企业往往是利用跨职能团队对核心业务流程进行卓越管理的企业。在非营利组织和政府组织中，也存在着跨职能团队，同样需要对相关价值链进行优化。

为了获得成功，企业还需要超越自身的运营管理环节，深入分析供应商、分销商和最终顾客的价值需求，以寻求更大的竞争优势。实际上，现在许多企业都跟特定的供应商及分销商建立起合作伙伴关系，以创造优异的**价值交付网络**（value delivery network），或称之为**供应链**（supply chain）。

波特的"一般价值链"理论仅仅是对企业的一般流程进行价值结构的梳理，是价值的形成过程，是对现有企业战略的有效优化。一般价值链思维，不仅适用于企业，同样适用于特色小镇的基本战略构想，是构造全球价值链、产业价值链等理论与实践的基础，特色小镇的研究虽然涉及众多的学科知识，面临众多复杂的实践问题，但以有效价值创造为研究核心，通过价值链的战略形成，形成特色小镇的核心竞争力与发展力，是特色小镇研究最直接有效的研究方法与实施路径。

三、价值链构造下的核心竞争力

（一）核心竞争力的基本概念

以往，无论企业还是特色小镇，在成长与发展过程中，往往拥有和控制着在某一领域中展开经营活动所需要的大部分资源——人力、原材料、机器、信息和能源等。但现在的情况已经发生了变化，只要能够提高质量或降低成本，许多组织都倾向于在非核心资源方面实施资源价值额外获取（这里的组织包括企业、社会团体、机构、社会组织及特色小镇等形态，以下类同）。

很多纺织业、化工和电子产品等组织都不再自己制造产品，实际上它们控制着核心资源，使企业及组织更富有竞争力。这些企业及组织更加关注核心竞争力，如产品设计、开发和营销等。

核心竞争力（core competency）就是相对于竞争对手而言所具备的**竞争优势与核心能力差异。核心竞争力具有三个典型特征：①它是竞争优势的源泉，并能对顾客感知利益做出重大贡献；②在市场上具有广泛的应用性；③竞争者很难模仿。**

具有独特能力（distinctive capabilities）的组织，在很多业务流程中都有卓越表现，往往能够取得竞争优势。沃顿商学院教授乔治·戴（George Day）认为，**市场驱动型组织往往在以下三种独特能力方面有着卓越的表现：市场感知能力、顾客联系能力和渠道连接能力。**就市场感知而言，乔治·戴认为，许多机会和威胁往往都是从业务边缘中不经意间就开始了。在实践中，需要通过三个方面来找寻独特能力，即吸取过去经验、评价现在和设想未来。

推动核心点:

　　特色小镇的价值创造的核心,就是发现、寻找、充分利用核心竞争力。通过独特能力找到特色小镇正确的发展方向。对特色小镇的机理形成进行研究,就需要从特色小镇过去的经验以及现有的状况中,找到有效的发展方向,通过有效的创想,找到特色小镇全新的价值链体系,形成最终可持续的竞争优势。

　　竞争优势最终来源于组织或者地区通过有效的创新而取得的卓越的绩效。这种卓越的绩效使核心能力和独特能力紧密交织在一起,并通过活动系统匹配起来,匹配程度的强弱将直接决定组织或者地区优势的强弱。例如,竞争对手发现很难模仿美国西南航空、宜家、苹果以及腾讯等企业,很难有小城镇可以模仿美国硅谷、格林尼治对冲基金小镇等特色小镇。其原因就在于竞争对手无法模仿这些组织的活动系统所形成的竞争优势。

　　为了实现核心竞争力的最大化,组织往往在组织重组与协调方面有卓越的表现。

价值要点:

　　组织(包括企业及特色小镇)需要注重通过以下三个步骤形成核心竞争力:

　　①重新界定业务概念或大战略;

　　②重新划定组织的业务或者要素范围;

　　③重新定位组织的品牌个性。

(二)构造组织核心竞争力的战略构想——波特通用战略

　　特色小镇价值链的构造需要融合核心竞争力的战略构想,尤其在整个价值创造过程中,更需要注意价值链的战略要点。笔者认为可以通过学习与应用迈克尔·波特与亨利·明茨伯格的相关战略思想,建立特色小镇的核心竞争力。

迈克尔·波特把通用战略归纳为三种类型：总成本领先战略、差异化战略和聚焦战略。特色小镇的战略也可以以此为基础。

1. 总成本领先战略（overall cost leadership）

实施这一战略的组织往往努力实现生产成本和分销成本的最小化，以便能以低于竞争对手的价格获得较大的市场份额。对于这类组织而言，往往只需较少的营销技能，就可以获得巨大的市场。这种战略的问题就在于：其他企业可能会用更低的成本来竞争，这样就会对在未来经营中过度依赖成本的组织造成损害。

2. 差异化战略（differentiation）

组织集中力量在大多数目标顾客特别重视的方面实现卓越的绩效水平。例如，寻求质量领先的组织必须使用最好的配件来生产产品，并精心安装，仔细检查，有效地传播高质量的形象。

3. 聚焦战略（focus）

组织把力量集中在一个或几个范围相对较窄的细分市场上，从而使组织可以了解这些（这个）细分市场的需求与偏好。在具体实施中，在选定的市场上要么运用总成本领先战略，要么运用差别化战略。

特色小镇的建设与发展中，需要寻找有效的差异化战略，并且注意聚焦战略，在发展产业结构形态中，针对不同产业类型及产业优势，使用不同的发展战略。特色小镇的战略构成要与特色小镇价值链做深度有效关联，形成与之匹配的战略形态。

四、产业价值链与特色小镇价值链价值关联

（一）产业价值链与价值链的关系

产业价值链理论是价值链概念渗透于产业链理论中而演化形成的。美国战略学家迈克尔·波特 1985 年在其著名的《竞争优势》一书中提出，企业是一个价值创造系统，其活动由一连串相互关联的基本活动和辅助活动构成，这一连串活动构成了公司价值创造的活动链条，即"价值链"。波特用价值链将企业分解为战略性相关的许多活动，并据以分析识别企业

的竞争优势资源。波特同时认为，"企业的价值链体现在我称之为价值体系的更广泛的一连串活动之中"，而这一价值体系不仅包含供应商价值链，还包含渠道价值链、买方价值链等相互关联的上下游价值链。

（二）产业链的价值形成过程

1. 产业链的形成原因

在产业链中，产品价值分解到不同的经济单元体内进行创造，各个经济单元体的经营性活动不仅决定着个别环节的价值，还决定着整个产品的总价值。价值单元环环相扣，必将导致产业中价值的"链"化，从而形成产业价值链。

2. 产业价值链的构成

对产业价值链构成的考察应从两方面进行：一是考察产业价值链的价值活动的构成；二是考察产业价值链的基本构成要素。以迈克尔·波特的企业价值链为基础，产业价值链的价值活动也应由两大部分构成：

一是为具有从产品设想到最终市场的完整通道的产业链所提供的基本价值活动，包括设计、生产、经营或管理等涉及以某种效用系统为核心而进行的产品设想、开发设计、原材料和零配件获得、技术应用、产品实体的加工制造或服务的实质性提供以及为完成这些任务而必须进行的营销等经营和财务、人事管理等活动。

二是为产业链上基本价值活动提供服务和支持的各种辅助价值活动，如人才培训、金融、信息、中介及法律咨询等活动。

要形成产业中价值不断转移和创造的通道，产业价值链的基本构成要素应包括以下几点。

第一，某种核心效用。某种产业价值链之所以能够形成或发生变化，完全是为了提供能满足市场某种需要的效用系统。离开了核心效用，产业价值链便失去了存在的基础。

第二，节点。参与搭建产业链通道并具有某种独特价值创造和增值能力的所有企业及事业单位、组织等，都是产业价值链的节点，它们可能处于同一产业，也可能处于不同产业之中。

第三，节点间内在逻辑和结构关系。由于完成核心效用所应用的技术、

流程以及节点组织规模及其在产业价值链中的影响力和作用力的不同，因此，在资源配置的不断优化和价值整合中，节点间形成了由这些因素所决定的内在逻辑关系和相互连接的结构关系，这使得组织在产业价值链中不断寻求更恰当的位置，进而决定产业价值链的形态和价值增值方式。

第四，**价值运行机制**。任何产业价值链都应具有能够促使价值链条不断运行的内在机制，包括充分的信息交换，投入要素的自由组合和变动，各节点在各环节提供能被市场识别的价值，核心效用在市场上的持续有效等机制。

3. 产业价值链的价值增值过程

产业价值链的价值运行是指在核心效用市场价值的驱动下，处于产业链上各个不同环节的组织通过信息交换、流程对接等方式，将相关组织自身价值链的有效关联部分输送或转移到由**核心效用驱动**的产业价值链中，并使产业链上构成**核心效用生产过程的每一环节都成为价值创造和增值的环节**，直至最终产品总价值在市场上实现。

因此，产业价值链的价值运行过程实际上是伴随产业链上实体产品或劳务的实际生产过程，是生产过程的价值体现和表达。但是，产业价值链的价值运行却不仅限于此，其在价值创造和增值这一关键内容方面，使产业价值链具有了丰富的价值运行的内在特征。图1—3所示的是产业价值链价值结构及价值传递、增值过程。

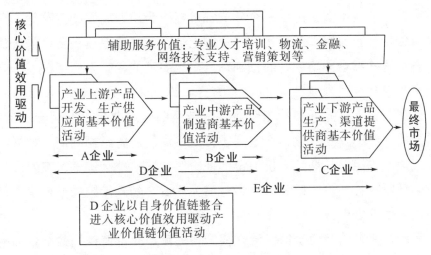

图1—3　**产业价值链价值结构及价值传递、增值过程**

产业价值链的价值创造与增值过程具有五大特质：

第一，产业价值链的各组成部分是一个有机整体，每个环节都由大量的同类企业构成，处于上、中、下游的产业或环节之间存在大量的信息、物质、资金方面的交换关系，形成一个价值不断传递的过程，并在此过程中实现价值增加。当产业链很短时，某一企业可能处于产业价值链的某几个环节或跨越整个产业链环节。而在现代生产体系中，某一企业一般只可能处于产业价值链的某一环节或某几个环节当中。

第二，产业价值链在价值运行过程中可以通过分解和整合，以便其在某一环节或全部环节上创造更大的增加价值。在技术不断进步、社会分工更加细化、市场需求不断变化、产品加工程度不断提高的背景下，产业价值链的增值环节变得越来越多。现有的众多科技型公司就是在价值链的核心环节上形成核心竞争力，无论微软、英特尔还是苹果公司，都在分享着价值链不断创新所带来的价值提升。实际上，一家企业已很少能够单独完成一种产品的全部价值链活动，价值链通过各企业及单位不同的竞争优势开始分解，一些新的企业加入了价值链，并在某个环节上建立起新的竞争优势，且在该环节上由低成本优势或差别化优势获得更大的价值增值。随着价值链的不断分解，这些原本属于某个价值链的环节一旦独立出来，便有可能加入其他相关的价值链，于是出现了新的市场机会，创造出新的价值，并且形成了新的空间。

第三，产业价值链的每一个环节都可能成为超额利润的储藏地，只有通过对独特资源的拥有及运用，产业链上的企业才能追逐到更多的价值增值。在竞争的市场环境中，超额利润产生于要素的稀缺性。稀缺性一方面由要素的自然属性所决定，如独特的资源或文化，另一方面来自组织创新。当产业链上不同环节的组织对独具特色的生产要素进行组合或运用，使要素的生产率发生变化，产生高于行业平均利润的超额利润。如果一个国家或地区的组织长期处于价值链的低价值领域，那么该地区在发展的过程中必然以牺牲环境，或者以社会付出为代价，陷入传统的低效率、低水平的发展轨迹之中。

第四，有效的产业价值链治理模式将提高产业价值链的效能，而有效率的产业价值链能提高整个价值链的系统价值，从而提高整个产业链的竞争优势和竞争力。单个企业价值链环节效能的增加，并不能提高整个价值链系统的价值，有效率的产业价值链运行，必须依赖相应的治理模式来确保价值链系统的高效价值运行。尤其以网络为基础的关系模式，极大地提升了企业等组织之间的关联。事实上，一个国家或地区产业链竞争优势的建立，关键取决于该地区的企业等组织以什么方式、如何参与到产业价值链的价值创造体系中。

第五，有竞争力的产业价值链的价值运行过程具有显著的动态均衡性。产业价值链的竞争力主要表现在产业价值链的长度、获取超额利润的能力和应对变化价值链的节点、结构以及价值运行机制的快速反应上。因此，为适应不断变化的区域和产业环境，持续运行的价值链系统将始终处于动态均衡的状态之中。促使价值主要形成以下几个方面的变化：

需求市场的变化导致核心效用的拓展，形成产业链和产业价值链的延伸；

技术环境的变迁导致新企业不断加入产业链，形成价值链上新的环节和节点，由此使价值链的内在结构和逻辑关系不断优化；

价值链通道上各节点组织对超额利润的追逐而持续进行的创新将导致节点组织在产业链上、中、下游之间不断调整位置，使原来价值创造、交换、转移、传递的运行模式得以改变、调整或升级。

> **价值要点：**
>
> 特色小镇价值链就是产业价值链在某些环节以及区域上的表现价值，而产业价值链的形成机理、核心竞争力以及提升的发展基因与特色小镇价值链的形成、发展等因素相同。特色小镇的产业表现就是产业价值链在区域或者产业价值链环节上的表现。特色小镇的建造发展基础不是简单的规划设计，也不是简单的产业构想，是结合区域结合特色，充分挖掘产业价值链的价值形成与创新，找到自身合理的发展方向与发展位置。

现阶段，众多城镇将重心放在特色小镇的申报与概念构想上，发展核心并不注意产业价值链的体系建设，更多地侧重基础建设，尤其注重地产投资对地区短期发展的快速促进作用。虽然，这种模式具有一定的推动作用，但存在巨大的发展风险，不具备长期发展、可持续性的可能性，这也与特色小镇的实际发展目标背道而驰。

特色小镇的产业发展，是要有合理的产业顶层设计思想。这样的思想包含两个方面：一个是要站在全球价值链体系中寻找自身的发展空间，一个是要站在国家价值链的体系中寻找自身的位置。

五、全球价值链、国家价值链与特色小镇价值链价值关联

（一）全球价值链的概念及在组织成长中的应用

在特色小镇研究中，研究全球价值链主要有两个目的：一个是全球化视角的需要，另一个是需要通过全球价值链的价值分解，找到特色小镇更为广阔的价值发展空间。

1. 全球价值链的概念与治理

在全球一体化的潮流中，价值的传递，形成了全球价值链（Global Value Chain，GVC）。以价值链为基础，伴随生成的商品链、生产网络、企业网络、价值网络和产业集群等，都让全球的经济组织有了新的思维方式。联合国工业发展组织赋予全球价值链最有代表性的定义：全球价值链是指为实现商品或服务价值而连接生产、销售、回收处理等过程的全球性跨企业网络组织，涉及从原料采购和运输，半成品和成品的生产和分销，直至最终消费和回收处理的整个过程。包括所有参与者和生产销售等活动的组织及其价值、利润分配，以及散布于全球的处于价值链上的企业进行设计、产品开发、生产制造、营销、交货、消费、售后服务、最后循环利用等各种增值活动。

斯特恩（Sturgeon，2001）从组织规模（organizational scale）、地理分布（geographic scale）和生产性主体（productive actor）三个维度来界定全球价值链。从组织规模看，全球价值链包括参与了某种产品或服务的生产性活动的全部主体；从地理分布来看，全球价值链必须具有全球性；从参与的主体看，有一体化企业、零售商、领导厂商、供应链企业和零部

件供应商等。斯特恩还对价值链和生产网络的概念进行了区分：价值链主要描述了某种商品或服务从生产到交货、消费和服务的一系列过程，而生产网络强调的是一群相关企业之间关系的本质和程度。

全球价值链的创新，就是价值升级及价值再造，这是对全球价值链进行的有效治理。不同治理模式下产业空间的转移进程和结果是显著不同的，这里包括模块型治理、关系型治理与领导型治理三种主要模式。

模块型治理模式中，各厂商之间是优势互补的关系，而非控制关系，厂商的市场适应能力较强，投资的专用性程度较低，具有很强的空间转移能力。

关系型治理模式中，一般以中小企业为主，凭借信誉、相互信任而聚集，表现出较强的社会同构性、空间临近性、家族和种族性等特征。由于单个经济行为主体规模较小，对市场需求的识别能力较弱，其市场适应能力的强弱是以空间集聚为前提的，相比之下，其空间转移能力较弱。

领导型治理模式的显著特征是众多中小厂商依附于几个大中型厂商，这些大中型厂商对中小型厂商具有很强的监督和控制力，这种依附关系的改变需要较高的变更成本。

一般来说，全球价值链治理模式的选择主要由以下因素决定。

首先是**交易的复杂程度**。价值链中交易越复杂，各主体之间的交互作用越强，采取的治理模式越倾向于网络型治理模式（模块型、关系型和领导型）和等级制治理模式。

其次是**交易的标准性**。它反映的是价值链中信息和知识的可获得性，及其传递效率和交易费用。某些行业的价值链中，关于产品、生产过程等复杂的信息经过编辑标准化处理后便很容易在价值链中得以传递，如果供应商有能力接受并实施这些标准化的信息，并且这些标准化信息在价值链中被广泛采纳，则采用模块型治理模式。否则，价值链中的主导企业将垄断这些信息，对其他企业实施垂直一体化的控制，采用的是等级制治理模式，或者采取外包战略，对承包企业实行紧密的监控，采用的是领导型治理模式。

最后是**供应商的竞争水平**。接受和实施价值链中的主导企业所传递的复杂信息，要求供应商具有较高的能力。如果供应商的能力较低，主导企业只能实行垂直管理，价值链采用的是等级制治理模式，或者外包战略，采用领导型治理模式。

结合上述治理结构，笔者通过抽象结合价值链理论、交易成本经济学、技术能力与组织学习等理论，提出了一个比较严谨、完整的分析框架。

特色小镇可以根据全球价值链中的价值构成及治理模式，寻找其产业价值链在全球价值链中的存在空间，通过全球价值链的价值挖掘，提升特色小镇价值链的价值体系，并形成有效的治理模式。

全球价值链的治理方式可以归纳为五种典型类别，**按照价值链中主体之间的协调和力量的不对称程度从低到高依次排列为：市场型、模块型、关系型、领导型和层级制。下面，笔者通过组织间交易的复杂程度、用标准化契约来降低交易成本的程度（对交易的标准化能力）和供应商能力等三个变量来解释五种价值链的治理方式。**

市场型：通过契约可以降低交易成本，产品比较简单，供应商能力较强，不需要购买者太多投入，且资产的专用性较低时，就会产生市场治理。此种情况下，交易比较简单，双方只要通过价格和契约就可以很好地控制交易的不确定性，不需要太多的协调。

模块型：产品较复杂，供应商的能力较强，其资产专用程度较高，买卖双方的数量虽然有限，但仍有一定的市场灵活性，更换合作伙伴较容易。双方交流的信息量较市场型大、复杂，但能够通过标准化契约来较好地降低交易成本，因此，需要的协调成本也不高。

关系型：产品复杂导致交易复杂，双方需要交换的信息量大且复杂，供应商的能力较强，领导厂商和供应商之间有很强的互相依赖，但双方可以通过信誉、空间的临近性、家族或种族关系降低交易成本。双方常常可以通过面对面的交流进行协商和交换复杂的信息，需要较多的协调，因此，改变交易伙伴比较困难。

领导型：产品复杂，供应商的能力较低，需要供应商的大量投入和技术支持，供应商为了防止其他供应商的竞争，将其资产专用化。供应商对领导厂商的依赖性非常强，很难改变交易对象。领导厂商通过对供应商的高度控制来实现治理，同时通过提供各种支持使供应商愿意保持合作关系。

层级制：产品很复杂，外部交易的成本很高，而供应商的能力很低时，领导厂商不得不采用纵向一体化的企业内治理方式。因为交易可能涉及领导厂商的核心能力如隐性知识、知识产权等，领导厂商无法通过契约来控制机会主义行为，采用企业内生产。

实际上全球价值链的治理还存在动态性问题。随着时间的推移，决定价值链治理模式将发生变化，价值链的治理模式随之发生变化。这种动态变化在现实中是存在的。

特色小镇需要特别注意与全球价值链关联的主要治理模式，需要注意两个方面：首先，注意通过治理模式的动态转移，优化产业地位及价值；其次，防止治理模式或产业体系发生变化对特色小镇产业结构产生的巨大冲击。

全球价值链治理因素产生变化的原因主要来自三个方面：

首先，领导厂商采购要求的提高相对降低了供应商的能力，同时增加了交易的复杂程度；

其次，创新和标准化是一对矛盾，创新会降低标准化能力；

最后，供应商的能力会随时间发生变化，不断提高组织能力，引入新供应商竞争、新技术革命和领导厂商采购要求的变化，都会影响供应商的相对能力。

上述治理范式仅是全球价值链治理的常规模式，现实中存在更多的经济与政治等方面的复杂影响因素，比如上游和下游复杂的行业关联，如文化禀赋、公司战略、政府政策和国内、国际的汇率变化对价值链的治理都有重要影响。

尽管全球价值链的治理模式各有不同，但本质是世界经济关系的具体体现，也是市场经济机制在全球配置资源的结果。首先，各国由于历史、文化和经济基础的差异，决定了各国在全球价值链中的层次。其次，每个国家的企业本身在产业中的竞争能力差异决定了其在全球价值链的位置。此外，国际政治的影响力也是一国及其企业在全球价值链中等级的重要影响因素。总之，一国的政治、经济和文化的综合实力决定了其企业在全球价值链中的等级，而这种等级又影响了企业本身的竞争能力。

2. 全球价值链中的企业治理与升级——微笑曲线

"微笑曲线"（Smiling Curve）理论是宏碁集团创办人施振荣先生在1992年提出的，又称施氏"产业微笑曲线"，其核心就是全球产业价值链的价值结构分布与企业在全球价值链中的位置关系，其结构如图1-4所示：

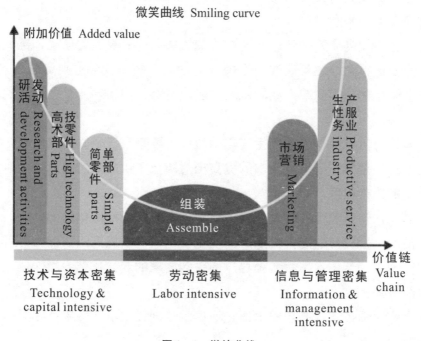

图1-4 微笑曲线

微笑曲线有两个价值要点：第一个价值要点是可以找出附加价值在哪里；第二个价值要点是形象地展示了产业竞争形态。在附加价值的观念指导下，企业体只有不断向附加价值高的方向移动，才能持续发展与永续经营。

从微笑曲线可以看出，价值链的**左端是技术优势区**，包括研发与概念设计、核心零部件生产、产品设计和重要零部件生产，有很高的附加价值。

价值链的**中间是成本优势区**，主要是一般零部件的生产与组装，其附加价值比较低。

价值链的**右边是市场优势区**，包括品牌与服务、市场营销和物流与分销。

在全球价值链中，**左边是研发，属于全球性的竞争；右边是营销，主要指当地性的竞争**。代加工及组装产生的利润低，全球制造一般会选择成本较低的劳动密集型区域，但是研发与营销的附加价值高，因此产业未来发展应朝微笑曲线的两端发展，也就是在左边加强研发创造技术与资本价值，在右边加强客户导向的营销与服务价值。

中国在改革开放初期，经济就处于价值链中间的低附加值区域。承接来料加工、贴牌生产的大部分中国企业处于价值链的底部，主要靠低成本优势创造价值，赚取的是廉价的加工费。这对中国产业升级及人才结构都有巨大的影响，为中国未来的产业发展提供了方向。

中国特色小镇绝大多数处于价值链低端，在进一步产业升级与价值创造过程中，一方面要注意大中城市以及产业转移中的产业承接，另一方面应注意从原有的成本优势区向技术优势区与市场优势区转化。尤其针对拥有一定基础的产业小镇，更需要构造这样的产业价值发展思维，以摆脱特色小镇产业价值的低端锁定，整体思考路径如图1-5所示。

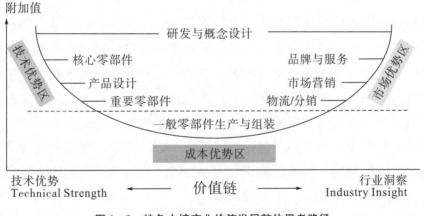

图1-5 特色小镇产业价值发展整体思考路径

（二）国家价值链的概念与全球价值链的关联

特色小镇价值链的构想，需要有更为广阔的视野，尤其是与外部价值链的有效融合。特色小镇需要尝试镶入全球价值链体系，并依托价值链进行价值创造。全球价值链主要由大型跨国企业主导，所以积极融合形成基础产业集群是特色小镇发展产业的一条有效路径。对于国家价值链，特色小镇也要积极主动地融入，进行深度的价值关联，尤其注意形成价值链网络，发展产业体系，构筑兼具竞争力与可持续发展力的产业集群，促进特色小镇经济发展。

1. 国家价值链的概念与价值

笔者认为，在国际化竞争中，实际上有一个与全球价值链并行的价值链体系，两者发展重点、侧重方向及产业结构要求均不相同，但又存在巨大的关联性，并具有一定的隶属关系，只是发展核心不一致。两种价值链的利益结构差异是形成"反全球化"的主要动因之一，这个具有决定性的价值链就是"国家价值链"。

国家价值链（National Value Chain，以下简称 NVC）是由本国企业主导和治理，立足国内市场，采用外包方式，学习和赶超全球价值链的网络经营模式。国家价值链基于国内市场需求发育而成，由本国企业掌握产品价值链的核心环节，在本国市场获得品牌和销售终端渠道以及自主研发创新能力的产业链高端竞争力，然后进入区域或全球市场的价值链分工生产体系。

相对于全球价值链而言，国家价值链是一个国内资源配置和整合的概念，即内资企业凭借核心技术、品牌或营销渠道等优势，充分整合国内原材料供给、零部件生产、成品组装、物流配送等环节，形成基于内生增长能力的体内循环。国家价值链分工下的产业链条，主要表现为内资企业以国内需求为基础，向国内配套企业（包括内资企业及外资企业）发包，甚至也可能向外国企业逆向发包，而并不包括以外资企业为主导，向国内企业发包的外向配套，以及以内资企业为主导、出口需求为基础的国内专业化分工。

国家价值链的建设与构造，需要具有两个核心要素：一个是产业体系的整理及提升，一个是空间价值体系的平衡。其核心就是利用价值链的体系，构造一个区域或者空间的产业价值集群，形成国内及国外的战略价值体系，并占据全球价值链的有效地位。

国家价值链的建设与发展，不仅是产业的构造，也是空间的构造，如

中国特色小镇 The Chinese Characteristic Town

中国中西部发展不均衡等问题，就是国家价值链构造的核心问题。面对全球价值链价值不均衡的影响，内陆地区应积极参与国际国内市场，重构产业链、价值链、供应链，并把全球招商和金融资本、产业资本融合作为整合先进要素的抓手，从而迅速实现城镇产业战略的全球化布局。

改革开放前几十年，主要是以东部沿海地区的开放为重点，参与国际市场的模式主要是"两头在外"，路径是工业化推动城市化、形成城市群。改革开放发展至今，形成珠三角、长三角、环渤海三大城市群，但赚取的利润很微薄，主要是制造环节的费用。但这也是发展中的必经阶段，中国是世界工厂，还没有形成具有很好消费能力的世界市场。在现阶段发展过程中，中国消费结构与产业结合的改革，会打造全新的产业价值链参与国内与国际竞争。国家价值链的产业重构如图1-6所示。

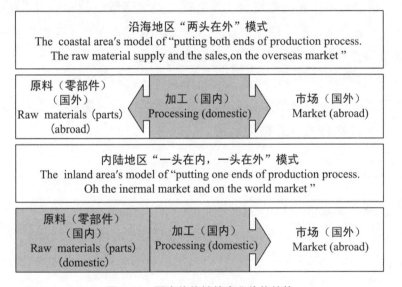

图1-6 国家价值链的产业价值结构

2. 全球价值链与国家价值链的关联与冲突

全球价值链的构造核心是全球化生产与全球化销售，主要影响因素是成本导向、技术导向与资源导向。中国通过改革开放积极参与全球化竞争，充分利用成本优势和政策优惠，积极融入全球价值链，集聚了大量国外高级生产要素，形成巨大的生产和出口能力，同时提升了资源配置效率，推动国内经济增长及产业升级，获得了巨大的成功。中国现已发展成为世界第一大出口国以及第二大经济体。

然而全球价值链本身就存在资本价值的不公平性，以及国际政治环境因素的影响。中国的经济发展，缺乏品牌和核心技术，国内配套能力较差，生产制造的国内链条较短，应推动技术进步向全球价值链两端攀升。然而，无论是"比较优势陷阱"、全球价值链升级的"俘获"，还是全球价值链的"低端锁定"，都深藏着成长风险，即在西方跨国公司主导的全球生产网络中，后发国家极难通过现在的全球价值链实现产业升级。只有通过与全球价值链相关的产业错位发展，形成平衡产业与区域可持续性产业集群，才能形成有效的产业突破。

这就需要中国在全球价值链定位攀升受阻的条件下，加快基于国内市场空间的国家价值链的构建，推动产业整合与升级。尤其是在国内要素成本不断提升、资源环境约束日益增强、外部需求持续疲软、国际经济规则面临重大改变的大背景下，基于内生增长能力来构建国家价值链显得尤为重要。

这里将全球价值链（GVC）与国家价值链（NVC）在产业升级过程中的差异概括为表1-1。可以看出，在国家价值链条件下，企业既可以通过学习曲线效应逐步发展出自身的高级要素，更为重要的是可以在国家内部实现经济发展的良好循环机制。

表1-1 NVC 与 GVC 的功能研究

	NVC	GVC
主导区域	国内市场，但具有国际市场的融合性	国际市场
结构构成	国家主导，企业构成	大型跨国集团及组织
自主创新能力	强	根据 GVC 产业结构，越是低端区域，创新能力越弱
市场特征	主导国内市场，具有国际市场双向性	国际市场
价值链的企业主导性	具有主导性	只有定价权及控制权企业具有主导性
国家因素	强	弱
产业结构	相对复杂，影响因素较多	相对简单
升级结构	产业结构升级、功能升级、技术升级、产品升级	技术升级、产品升级

	NVC	GVC
品牌价值实现	区域品牌实现能力强	只有主导权企业具有品牌力
法 律 及 税 务 因素	具有极强的税务与法律调控能力，主动性强	更多依托国际法律及区域税务标准，被动性强

（资料来源：作者整理）

在全球价值链（GVC）条件下，中国的劳动力成本、土地价格等要素成本上升时，作为发包方的发达国家，出于运输成本等交易成本因素的考虑，会将外包订单转移到其他要素成本更低廉的发展中国家，而不会向中国内陆不发达地区转移与辐射。这显然不利于中国内部的平衡发展，同时会造成发展中国家在价值链底部的发展竞争格局；相反，在国家价值链（NVC）条件下，出于文化因素和市场熟悉程度等因素的考虑，一般会实现产品链在整个国家内部的布局和转移，随着劳动力成本与土地价格的上升，国家价值链（NVC）中的劳动密集型生产环节会向经济欠发达地区转移与辐射，从而缩小发展中国家内部的发展不平衡。

特色小镇的发展需要融合全球价值链与国家价值链的关联价值，通过自身的人文与产业挖掘，找到发展的价值动力，寻求特色小镇价值链生成的有效路径。若能动态地看待中国东部与中西部经济发展的差距与优势，以及经济大省与落后省份的产业差距，大城市与关联城市的协同关系，小城镇与乡村的关联关系，那么在特色小镇的发展问题上，就不会"管中窥豹，只见一斑"了。

六、特色小镇与价值链关联

（一）通过价值链研究特色小镇，既是全新视角，更是强大动力

通过价值链视角研究特色小镇，有助于理解企业、产业、特色小镇和城乡之间互动发展的重要性。依托价值链研究特色小镇具有五个方面的重要的发展意义：

第一，有助于梳理特色小镇的研究思路，从特色小镇发展的各种争论

转向特色小镇以价值为中心的目标设定——通过空间演化、经济效应、共同利益等实现途径的构想，进一步为特色小镇的发展提供依据。

第二，**有助于对特色小镇与关联企业的产业形成、演变、发展及互动机制的解释。**这种解释以尊重企业、产业及特色小镇的互动行为为基础，与区域经济学的研究宗旨相契合，通过审视特色小镇的演化过程，发现地方企业、产业和特色小镇等相关主体在开放互动的背景下协同共生。

第三，**使特色小镇经济问题从产业层面的探讨以及规划概念分析中走出来，转向企业、产业、特色小镇等多维度观察，对于衔接个体利益（企业）与整体利益（区域）以及特色小镇到特色小镇群的研究具有重要意义。**这里可将实证研究纳入空间因素，充分考虑空间交互作用及相互影响，使得特色小镇的发展模式更为可靠，更具安全性与发展动力。

第四，**特色小镇价值成长的基础——价值链重组与整合研究，强调了特色小镇产业构造与空间参与经济活动的主动性与创造性。**对经济主体能动性的研究将有助于更好地理解特色小镇的区域发展本质，为实现特色小镇的可持续发展提供理论依据。

第五，**为特色小镇发展政策研究开拓新的思路。**在多主体共同参与下，根据价值链理论发挥政策主导作用，充分发挥特色小镇演化的经济效应，实现特色小镇的可持续发展。对特色小镇价值链的讨论，有助于特色小镇政策及理论的推广与应用。

（二）特色小镇价值链研究是产业价值链与空间价值链的相互作用的研究

新型城镇化演变是产业的空间演化。因此，对特色小镇问题的研究离不开对产业价值链的分析。通过分析内部资源要素参与价值链的整合来解释产业集聚、转接与升级等现象，进一步明晰产业演化过程的模式及影响因素，从而有针对性地提出特色小镇价值链整合、产业跨区域转移、产业结构优化升级、城镇空间演化的经济效应和区域经济协调发展的政策措施。

特色小镇、城镇化群是产业价值链在地理上分布的反映。一个各方面发达的小城镇，其内外部产业必然处在价值链的高端；反之，一个相对落后的小城镇，其内外部产业必然处在价值链的低端。特色小镇价值链布局有助于实体经济与虚拟经济的协调发展。为了突破产业分工可能造成的低端锁定问题，实现产业升级、经济转型，实现城乡统筹发展以及构建产业与空间价值为基础的特色小镇价值链是区域经济发展的必由之路。

特色小镇的实践意义集中在下几个方面：

①成为解决城镇化参与特色小镇价值链的路径和依据。

②从国内外实践中分析特色小镇产业与空间演化的价值链运行机理。

③为特色小镇发展中的经济、资源与环境的协调发展提供依据。

④谋求特色小镇与区域协调发展的思路与对策。

⑤给未来特色小镇的可持续发展提供较为稳健的理论依据。

七、产业集群与特色小镇价值链

（一）产业集群的基本概念及发展因素

特色小镇的产业价值链构造与特色小镇区域价值的形成，其核心是研究产业集群在区域空间的构成。产业集群是特色小镇产业竞争力形成的基础，也是特色小镇价值链形成的关键。对于产业集群（industrial clusters）的定义，学术界有着诸多不同的观点。波特教授在 1998 年通过价值链研究，提出了产业集群的初步概念。他认为产业集群是指"特定领域内相互联系的，在地理位置上集中的公司和机构的集合"。它包括一批对竞争起着重要作用的、相互联系的产业和其他实体。

波特教授强调产业集群的空间集聚特征。而事实上产业集群的网络特征以及集群形成动机和功能，决定了区域形成产业集群的价值所在。学者 J. A. Theo，Roelandt 以及 Pimden Hertog 教授在 1998 年从产业集群的形成动机和功能的角度提出，"为了获取新的和互补的技术，从互补资产和利用知识联盟中获得收益、加快学习过程、降低交易成本、克服（或构筑）市场壁垒、取得协作经济效益、分散创新风险，相互依赖性很强的企业（包括专业供应商）、知识生产机构（包括大学、研究机构和工程设计公司）、中介机构（包括经济人和咨询顾问）和客户，通过增值链相互联系成网络，这种网络就是集群"。

推动核心点:

> 对特色小镇而言，产业集群就是依托产业与区域之间的一种新的空间经济组织形式，是产业发展演化过程中的一种地缘聚集的现象，即某个领域内相互关联（互补或竞争）的企业与机构在某一地域内集中成片，形成上、中、下相互关联的区域产业结构，即从原材料供应到销售渠道甚至最终用户，外围空间支持产业体系健全，具有灵活机动等特性的价值体系，集群内企事业以及组织之间建立密切的合作关系。

研究特色小镇价值链，应该从产业集群切入。产业集群是一个多维度（产业、区域和企业）的复合体，正确认识产业集群的本质应从以下三个方面来把握：

1. 产业关联

产业关联性反映了集群各主体之间的联结关系。产业集群各主体之间存在产业联系，这种联系包括一批对竞争起着重要作用的、相互联系的产业和其他实体，如零部件、机器和服务等专业化投入的供应商和专业基础设施的提供者。

集群通常向下游延伸至营销网络和顾客，并从侧面扩展到互补产品的制造以及通过技能、技术或共同投入品。比如旅游文化类的特色小镇，除了旅游文化类的产品，会有相关围绕旅游文化延展的衍生品。很多集群包括提供专业化培训、教育、信息研究和技术支持的政府和其他机构——大学、标准评估机构、智囊机构、职业培训机构以及贸易机构等。由此可见，**产业集群不仅仅是企业的集聚，关键是基于精细分工与专业化基础之上的产业链的集聚。**本章引入的硅谷案例就是通过产业集群的成长，自发形成了具有国际引导力的产业链的集聚。

2. 地理集中

集群本身就有空间的概念，构成集群的各主体在特定的地域向心化集聚。越来越多的统计资料支持了"全球化常常意味着集中化"的假设，即**同一产业中的企业并不是平均地分散在世界各地，而是倾向于向特定的国家和地区集中，电子商务环境下的全球化大大加速了这一过程。**可见，经

中国特色小镇 The Chinese Characteristic Town

济全球化、更快捷的交通运输和便利的通信系统并没有阻挡产业发展的地区集中化倾向。至今，学界对产业集群的地理边界没有明确的界定。

哈佛教授波特认为，"集群通常以政治为边界，但它们也可能超越州的边界甚至国界"。事实上，由于经济地理空间具有不同的尺度，大至全球空间，小至自然村落，因此产业集群中的地域范围只能是一个相对概念。但在研究产业集群时，特别是针对具体的个案研究中，必须将它纳入合适的地域空间才有现实意义，才能把握产业集群的内部结构及其运行机制。

价值要点：

　　特色小镇的产业聚集，就是在特定的产业区域，设定特定的产业聚集，形成一定规模的产业集群。地方政府的参与，是将产业集群的边界与行政区划形成相互影响，但形式上保持一致。

3. 互动关系

产业集群的本质还应该揭示构成集群的各主体之间的互动关系。帕德莫尔（Padmore）与吉普生（Gibson）教授在 1998 年提出，集群是由一些企业互动形成的产业之间的聚集，这种互动可能通过竞争，也可能通过合作，或者是通过充当价值链中的供应者或顾客来实现。波特的"钻石模型"揭示了产业集群内部的互动关系，如图 1-7 所示。

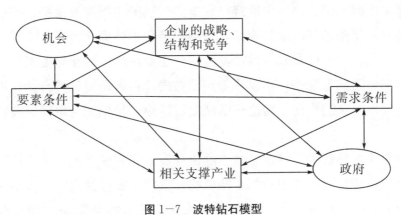

图 1-7　波特钻石模型

产业集群的优势来自集群内部各主体之间的互动。理论界认为，对产业集群内在机理的各种解释如协同效应、网络效应、合作创新、知识溢出与外部效应等都是产业集群内部各主体之间互动的结果。这种互动关系从以交易为基础逐步转向以信息和知识的联系为基础，具体行为表现为相关主体之间的合作与竞争。因此，波特认为产业集群代表着一种合作与竞争的组合。

特色小镇的产业聚集就是企业、政府及相关组织的空间集聚现象，它既有本地社区的历史根源，又经常取决于本地企业之间既竞争又合作的关系集合。合作与竞争既可以发生在同一产业链上的主体之间，也可以发生在不同产业链之间。特色小镇的地理集中为产业集群内部各主体的互动提供了便利条件，产业关联性是集群内部各主体互动的基础。

推动核心点：

特色小镇产业集群的本质是在某一领域，基于精细分工和专业化的产业链在特色小镇及其周边地区的集聚，并形成互动关系。集群内各主体是相对独立的，它们之间的联系是动态的价值竞合，合作与竞争将成为动态。

（二）依托价值链构造特色小镇的产业集群

产业集群是特色小镇价值链是否走向成熟的重要考量依据。产业集群理论是一种新型的区域发展理论，是指导特色小镇竞争力进一步提升的重要理论工具。它不仅是吸纳推动发展特色小镇价值链的积极要素，还强调区域之间分工的重要性；不仅注重产业布局，还强调资源整合的作用，尤其强调技术创新的作用。而这一区域发展理论，恰恰适合中国目前的经济发展。

产业集群是在某一特定领域中的一种现象，它既是彼此之间联系密切的企业以及和企业发展相关的支持机构在空间上集聚的现象，也是一种企业与企业之间，企业与政府及相关组织之间相互持续竞争与相互合作的现象。

特色小镇的可持续性发展，其实就是产业集聚的发展与产业升级转化的动态推进。随着时间的推移，特色小镇内部区域的产业及配套，会吸引不在产业集群所在地点的企业及组织进入，并构造更强大的集群聚集力量。形成产业集群通常需要很多年甚至更长的时间，并且其未来会向广度和深度两个方向深化。创新优势的建立，会不断加强产业集群的优势。依托以价值链形成的产业集群形态会使特色小镇取得很强的市场竞争优势。世界上知名的小城镇，如英国剑桥特色小镇、美国硅谷小镇、印度班加罗尔小镇等都是遵循这样的成长模式。

（三）通过价值链与产业集群构造，思考特色小镇的产业突破

特色小镇的发展已历经数年，但产品雷同、缺乏特色已成为特色小镇发展进程中的首要问题。从本质上说，是因为没有找到特色小镇的核心竞争力，更没有找到可以支撑特色小镇发展的产业动力因素。

想以产业作为特色小镇的核心突破口，就需要找到产业发展的核心竞争力。除了需要注意特色小镇在全球价值链与国家价值链中的产业位置与发展空间，还需要注意以下四个方面：

第一，产业发展模式。是选择创新与孵化器型产业形态，还是选择以传统产业转型与升级为目的的产业构造，又或者是选择出口加工型产业体系，每一种产业发展模式都可以作为特色小镇产业突破口，但每一种产业形态的发展模式和发展动因都不相同，需要在产业价值链中深度耕耘。

第二，注意特色小镇的体制问题。对于发展以高新科技为主体的特色小镇，就要深度借鉴硅谷小镇成功的先进经验和科学的管理方式，以实际国情以及区域特色为出发点，综合考虑经济现状，坚持以市场为导向，加速体制创新、产业创新、技术创新，极力打造中国产业"硅谷"。

第三，需要对特色小镇的发展战略进行研究，主要对特色小镇的运行机制、产业发展体系及融资方案进行战略构想。本书第一章就是以产业战略的形成为基础，针对特色小镇的运行机制、发展战略的内在动力以及融

资方案所涉及的概念及基本操作方法提出相关的实现路径构想。可以以产业价值链与社会资本作为特色小镇切入点，实现产业集聚和区域经济发展的战略构想。

第四，需要从产业集群视角对特色小镇的总体规划进行系统研究。这里存在产业定位的顶层设计问题，既需要加强规划协调，促进特色小镇健康发展；又需要加快特色小镇建设，推动区域产业升级。特色小镇的产业建设需要分析产业的相关要素，形成集聚经济，产生增长中心，推动整个地域的经济增长。

产业集群的集聚效应对特色小镇发展具有积极的促进作用，具体表现在三个方面：①提高特色小镇企业及组织生产率；②提升特色小镇的创新能力；③加强竞争，提升小镇集聚效益。

在实际操作中，特色小镇存在企业聚集力不强、缺乏产业集群政策引导等问题，同时区域产业集群的形成受到核心产业城市及人才等多种因素制约，但这并不意味着特色小镇就没有产业聚集的可能性。实际上，特色小镇产业集群的形成并不完全借助于特色小镇平台，同时，特色小镇也不一定通过政策等因素就可以发展产业集群。这里存在产业价值链的比较优势以及特色小镇的内生性发展动力因素等问题。产业集群在特色小镇中的形成是受到政策、资源禀赋等多重因素的影响。中国现阶段的特色小镇建设还处于初级阶段，可以在特色小镇原有产业链的基础上，实施集群化战略，即特色小镇的发展要在产业链的基础上，逐步向专业化、集群化的高级阶段迈进。

目前，中国的特色小镇大都还处在产业价值链增长的初期阶段——**能量的积累阶段**，表现在特色小镇仅对本区产业经济增长的贡献率有微弱上升，乘数效应并不明显。

推动核心点：

因而，特色小镇当前的主要任务是创造各种有利条件吸引国内外先进的高技术公司及具有市场竞争力的产业结构，在此建立研发或生产基地，规划建设好宜人的科研、生产、学习和生活环境，以促使集聚过程加速完成。实际上，以产业集群为战略指导思想去发展特色小

镇，对提升产业竞争力和加速区域经济的发展具有非常重要的作用。

中国特色小镇的发展与建设需要一条稳健之路，即建立创新机制，通过鼓励区域产业创新及技术转化来提升特色小镇价值链。不同产业类型的特色小镇在发展过程中，其发展方向与发展侧重点也不相同。文化旅游类特色小镇的产业价值链要优化突出产业集群与生态产业链，特色工业型产业价值链要优化突出产业集群，并注意与城镇空间价值链并行。在整体战略推进中需要注意特色小镇企业间网络的共生发展，注意政府、地区组织与企业稳定共生共进的生存环境，尤其注意从组织角度关注企业集群与特色小镇的关联。

特色小镇产业的集群建设，还需要注意其他重要因素的影响，尤其是土地对于产业集群的影响。这里的关注点既包括生态环保问题，也包括土地所有权问题。这都需要国家及政府通过全新的发展思维，研究产业生态的周期性规律，研究生产规律和公共群落的共生模式，结合城镇规划学科相关空间布局理论，充分利用特色小镇土地的使用价值，激活特色小镇发展动力。

八、特色小镇价值链的战略构造

迈克尔·波特针对"一般价值链"指出，"这是通过考察企业所执行的全部活动及其互相作用来分析竞争优势来源的系统方法"。通过价值链研究特色小镇，就是针对价值链以及实施各项活动的相互作用反映特色小镇的"历史、文化、产业和实施战略的方法，体现了这些活动本身的经济特性"。

价值链的战略研究，对组织具有战略指导作用，对特色小镇相对较为复杂的经济形态更具有现实的操作与指导意义。对于特色小镇的产业研究，可将波特的"五力模型"作为基础战略研究构想，同时通过亨利·明茨伯格等战略学核心理论的应用，结合特色小镇的发展要素，提出特色小镇的战略构想。战略构想的核心就是构造针对特色小镇的核心竞争力与可持续发展力。

前文曾谈到过波特通用战略的三种类型：总成本领先战略、差异化战略和聚焦战略。三个战略可以寻找组织一般的核心竞争力。实际上战略本身是形成超越性的竞争优势，不同时期的战略也不尽相同。吉尔伯特和斯特雷贝尔（1992）两位学者就曾反对波特的理论。他们认为，那些大获成功的企业，比如一些日本汽车制造商，就实施了"赶超战略"。首先，他们为获得市场而利用一种低成本战略，然后"主动"采取差异化措施（比如提升质量）占领重要的细分市场；或者，他们先从价值差异化开始，接着"先发制人"，运用降价手段。事实上，组织可以同时获得波特所提出的两种竞争优势，国际知名品牌 ZARA 就是个典型代表，它的成功在于不止运用了一种竞争优势，实施的"赶超战略"具有行业领先特质。

国际知名服装品牌 ZARA，从名不见经传的品牌成为时装潮流的引导者。很多人将它的经营成功归纳为四个因素：拥有庞大的设计师群；公司本身拥有 9 家成衣厂，从新款策划到生产出厂，最快可在一周内完成；送货速度快；采取多样少量的经营方式，每隔 3 周其服装门店内所有商品一定要全部换新。ZARA 的设计师具有年轻人独特的创意与热情，经常到纽约、伦敦、巴黎、米兰、东京等时尚都市的第一线去了解女性服饰的最新流行与消费趋势，并随时掌握商品销售状况、顾客反应等第一手信息。ZARA 一年中大约推出 12 万种时装，而每一款时装的生产量一般不大。即使是畅销款式，ZARA 也只供应有限的数量，常常在一家专卖店中一个款式只有两件，卖完了也不补货。一如邮票的限量发行提升了集邮品的价值，ZARA 通过这种"制造短缺"的方式，培养了一大批忠实的追随者。"多款式、小批量"，ZARA 实现了经济规模的突破。也有人分析 ZARA 成功的原因大致为：顾客导向；垂直一体化；高效的组织管理；强调生产的速度和灵活性；不做广告、不打折的独特营销价格策略等。美国的克里斯·安德森（Chris Anderson）针对利基市场提出了知名的长尾理论，形成新的战略形态。通过对市场的细分，企业集中力量于某个特定的目标市场，或严格针对一个细分市场，或重点经营一个产品和服务，创造出产品和服务优势。

特色小镇的战略发展，要有明确的定位，这种战略的核心是"赶超战略"，不论是注重成本还是侧重差异化，又或者针对产品的聚焦，以及通过科学技术形成特有的利基市场。构造特色小镇价值链的战略思路，需要以波特的一般战略为基础，但同时还需要深化价值优势。这里可以采用明茨伯格的几种战略构想，比如"成本领先"就是"差异化"的一种形式；而聚焦战略是收窄产业空间范围，是空间价值链明晰化的一种表现。波特认为一般战略的目的是获得并维系竞争优势，那么企业降低成本就不仅仅是为了获得领先地位，更多的是利用成本领先地位削弱竞争对手的价格优势，从而吸引购买者。

作者观点

特色小镇的战略核心，就是建立特色价值。这里需要通过两个方面突出特色小镇的战略体系：一个是从产业价值链出发，建立差异化；一个是从空间价值链出发，建立市场空间范围的聚焦。从产业价值链出发的差异化战略，要突出设计差异化、质量差异化、支持服务差异化、形象差异化、价格差异化、比较差异化战略六种模式。从空间价值链出发的市场空间战略则存在无市场细分战略、市场细分战略、利基市场战略、定制化战略四种形态。

（一）特色小镇从产业价值链出发的六种差异化战略

特色小镇价值链的战略构想，首先是区别核心业务战略，第一种战略是差异化战略。

差异化战略就是组织以某种方式使自己的产品和服务区别于竞争对手，实现产品和服务的差异化，在竞争性市场上做到与众不同。组织可以从六个方面实现其产品和服务的差异化，如图 1—8 所示。

图 1-8　区分核心业务的战略

该图由圆形抛物线构成，抛物线越往上，差异化竞争企业及组织数量就越少；抛物线越往下，企业及组织竞争数量越多。首先，通过战略的构想可以帮助企业及组织确认产业在市场上的基本特色。其次，通过战略跨越，形成价值提升。这些战略有助于企业及组织从自身的角度来确定哪些市场值得维护和开发。

1. 价格差异化战略

实现特色小镇产品或服务差异化最基本的方法是不断形成同类产品在市场上的价格优势。在其他条件完全或基本相同时，价格更低的产品总会吸引一批客户。**价格差异化战略可以用于在其他方面没有差异的产品**，比如标准化设计的某种商品。组织自己承担利润的亏损，或者通过增加的销售额进行弥补。但是在其他条件下，组织可能通过创新及产品再造对一项本来价格就更低的产品实施价格差异化战略。

2. 形象差异化战略

形象设计本身就具有明显的差异，这里包括色彩、视觉符号等因素。比如麦当劳产品的色彩及它的标准符号就形成了企业的战略形象暗示；而国窖 1573 的故事性构想，创造了一个高端的具有历史性的白酒品牌；浙江的梦想小镇、云栖小镇等都是通过形象差异化战略，构筑了特有的外在战略形象。实际上，**组织有时候能够通过市场营销虚构出原本不存在的差异化，为产品创造出新的形象。组织还可以给产品添加装饰性差异**，比如"小茗同学"的特色化概念与包装就大获成功。形象差异化战略并不能真正提高产品性能，不过可以有效地提升品牌识别度以及形象价值。

3. 支持服务差异化战略

西奥多·莱维特在《凡事差异化，才能成功营销》一文中提出了一个有意思的观点，"世上没有所谓的商品"（1980）。他的基本观点是无论实现差异化有多难，总是存在实现重大差异化的基础，特别是借助支持性的手段。**支持服务差异化战略是一种很好的战略突破手段，它是另一种更为真实但仍然不影响产品本身的差异化战略，是对产品周边的因素或支持性的元素实施差异化。**这可能与产品的销售（比如特别的商业信用或 24 小时送货）、产品的服务（比如特殊的售后服务）或者产品周边的商品或服务有关。比如川味火锅"海底捞"的成功，就是在众多竞争对手中，通过支持服务差异化战略独占一席之地。企业始终奉行"服务至上，顾客至上"的理念，以贴心、周到、优质的服务，赢得了纷至沓来的顾客和社会的广泛赞誉。中国特色小镇的建设在数年发展中由于缺乏产业定位及开发思路，出现了严重的同质化现象，服务支持性战略可能是突破这种现象的重要解决思路。

4. 质量差异化战略

质量差异化是在市场中找准自身的产业定位，使产品在质量等方面达到更好的效果。**质量差异化战略在高性价比或者高效能等质量差异性市场中，可以取得有效的市场突破。**比如中国的手机市场，就是在寻找产品与品牌在质量上的差异性，表面上是价格战，核心却是质量差异化战略的博弈。同样，特色小镇在竞争中也要形成差异化层次，比如同样以养老养生产业为主题的特色小镇，其产品类别及质量就显现得尤为重要。**不是越高档、价格越高的产品就越有市场，选择合适的消费人群才是质量差异化的本质。**法国的依云小镇就做出了很好的示范。

质量差异化战略本质上是找到让产品变得更好的特性。产品的质量差异化体现在：①产品的可靠性更佳；②更加持久耐用；③卓越的性能；④设计差异化战略。

5. 设计差异化战略

乔布斯在创造苹果品牌奇迹的过程中，不断强调设计的领导力，"设计不只是外表和感觉，设计是产品如何运作"。"产品设计时的所有功能都是一个整体，不应该有任何理由去砍功能，破坏整体性。"乔布斯对设计的偏执成就了苹果品牌，"比别人少用一条线获得更低的工艺成本，比别人提供多一种价值认同并获得更高的利润，这就是苹果"。

苹果公司的成功，就是设计差异化战略的充分运用，也是产品设计的最大创新，这种创新是提供某种真正不同、脱离"主导设计"风格、具有独特性能的产品或服务。全球科技化浪潮中，**无论"中国制造2025""德国工业4.0"还是"美国工业互联化"，都是设计差异化战略为主导的产业创新，是产业价值链的升级与革新。**

价值要点：

特色小镇的长久性发展，就需要以设计差异化战略为主导，构筑产业价值链的顶层设计，充分利用区域资源构造产业集群的价值链优势，逐步形成设计差异化战略优势。

6. 比较差异化战略

在标准化生产的今天，对于同类产品，似乎产品的差异化越来越不明显，特色小镇的产品设计也存在这样的问题。无论是旅游类特色小镇还是泛旅游类特色小镇，这样的情况都很突出。这类特色小镇，在实践过程中，应尝试寻找比较差异，这是一种常见的战略思考。

比较差异化战略，就是通过战略优化，不断拉开差距。其核心是打造差异化战略背后的软实力，比如专业人才、有特色的规划设计、有效的客群吸引方式，等等。如果一个市场留有足够的空间，同时管理层缺乏追求差异化的技能和愿望，那么总会给模仿者留下一席之地。腾讯公司的发展就具有这样的历史印记，不论即时通信市场的争夺，或者门户网站的建立，浏览器市场的争夺，又或者金融支付及城市智能产业的突破，每一步都具有产品优势模仿与价值再度创新的影子。

（二）如何在特色小镇建造发展过程中使用差异化战略

1. 特色小镇差异化战略的价值产生

特色小镇的建造与发展过程，是价值链形成与升级的过程，也是差异化战略不断转化运用的过程。差异化竞争优势的形成是不断升级顾客重视的差异化特性，通过创新并保持成本优势，不断拉大核心竞争优势。

这就要求特色小镇及其相关组织不断改变及提升产业价值链的深度与广度，并提供一系列的产品或者服务组合用以弥补产品的不足，通过丰富市场差异化，满足不同顾客的需求。由于差异化的产品能满足顾客的独特需求，所以采取差异化战略可以帮助特色小镇所属的组织获取额外的利润。这就要求特色小镇必须在"特色"上下功夫，"在某一方面做到不同寻常或被认为是不同寻常的产品"。如果能创造更高溢价的产品或服务，特色小镇就可以超越竞争对手，赚取超额利润。

推动核心点：

> 差异化战略的重点不在成本，而是不断地投资和开发市场以及客户需求的产品或服务，形成独有的差异化特征。采取差异化战略可以使特色小镇尽可能多地拥有独特的核心竞争力，扩大与竞争对手的差距。而且产业价值链中的产品或服务与竞争对手之间的相似性越小，特色小镇受竞争对手行动的影响也就越小。优秀的特色小镇的核心就是在一个或者一组好的产业或服务的多个方面实现差异化。优质而不寻常的特性、及时的顾客服务、快速的产品创新、技术上的领先、在顾客心中的声誉和地位、不同的口味、功能设计、结构设计和性能的特殊性都可以成为差异化的来源。虽然成本的优势差异性也是核心优势，但是减少成本的途径相对来说较有限。

特色小镇可以通过真实的体验性与感知性等技术来实现差异化，比如案例中所提到的生产奥迪汽车的德国英戈尔斯塔特小镇，就通过特有创新技术，让客户感受到高科技体验；硅谷小镇之所以在高科技产业领域领先全球，就是在深化消费者的差异性体验方面，提供了不可超越的消费感受；苹果公司就是在产品设计领域成为值得学习与模仿的行业领袖。

特色小镇的发展，并不是简单地进行巨大的资本投入，尤其不是投入建造了多大的产业园以及多大规模的旅游点，实际上超额的资金投入并不能给特色小镇带来"超额利润"，更多的是带来超额的资本负担和不成比例的投资回报。

价值要点：

特色小镇的重心应该放在给市场以及目标顾客带来积极的体验、设计及优化逐渐形成的差异化优势上，要发展具有竞争实力的特色小镇特别需要重视这一点。特色小镇可以通过一般价值链进行价值增值活动分析，从而决定特色小镇采用差异化战略进行价值创造活动一体化贯穿。

如图 1—9 所示，一般价值链常被用来对产业或服务的差异化战略进行主要活动和辅助活动的分析，是价值链分解的重要工具。

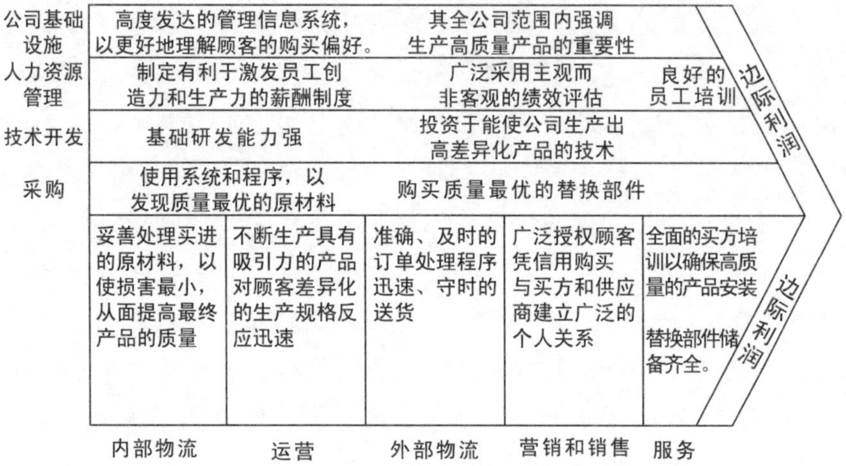

图 1—9 差异化战略关联的增值活动举例

资料来源：Adapted with the permission of free press，an imprint of Simon & Schuster Adult Publishing from Competitive advantage：Creating and Sustaining Superior Performance，by Michael E. Porter，Inc. Copyright © 1985，1998by Michael E. Porter.

2. 通过五力模型分析特色小镇差异化战略的影响因素

针对产业价值链的主要价值关联要素、上下游竞争关系、客户的竞争环境等问题，波特于 20 世纪 80 年代初提出用于竞争战略分析的五力模型。五力模型在产业经济的价值链系统与组织之间建立起一套有效的分析方式，成为产业价值链系统分析的重要工具。所以五力模型经常出现在 MBA、PhD 等经济管理学的硕士、博士课程当中，同时成为证券交易以及政策研究中用于产业分析的常用工具。

　　对于特色小镇产业价值链的外部影响因素的分析，笔者也建议使用这种方法，虽然五力模型的研究重点仅针对产业关联的竞争价值，并没有注意到合作的关联价值，但是因素的引导对特色小镇的差异化战略的形成及使用，起到了决定性作用，可以作为特色小镇产业定位及产业价值链构造的思考工具与竞争型推进工具。

　　对于五力模型，笔者的理解与很多管理类的教材有所不同。针对特色小镇，五力模型应重点用于观察产业价值链的关联价值因素对产业价值的影响，找准静态的产业价值所在。笔者认为，切不可如许多国内外院校一样，将五力模型公式化，应跳出五力模型的分析因素，以价值成长为核心因素，找到价值链系统的最优化发展机制。

　　波特的五力模型是对产业关联的分析，如图1－10所示。

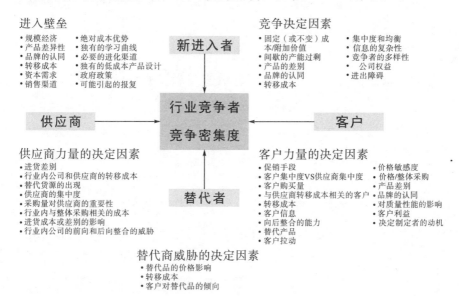

图1－10　波特五力模型

　　从五力模型中可以看出，产业结构是由五种竞争作用力共同决定的。这五种竞争作用力分别是：进入威胁、替代威胁、客户谈判能力、供应商谈判能力和现有竞争对手的竞争能力。在五力模型中，组织之间的竞争不能仅仅被看作是现有竞争对手之间的较量，而是由五种力量共同作用的一个系统。

对于特色小镇面对的价值链外部因素的影响也需要按照这样的模式进行分析，只不过角色的名称或者复杂程度有所不同。这里存在角色与视角的问题，政府与企业看待特色小镇的视角及问题重点不同，但并不妨碍对特色小镇价值链的外部竞争要素进行分析，尤其应注意五种外部力量的动态作用。除了现有竞争对手外，组织的现有客户、供应商、潜在进入者和替代品生产商都影响着竞争态势，这种由产业结构决定的竞争被波特称为"拓展竞争"（Extended Rivalry）。五力模型的重点是梳理价值链的竞争影响因素与结构体系。对于单一因素影响分析的侧重不同，也会有不同的侧重要点，比如确定成本领先为核心发展要素时，其侧重点就会放在严格的成本控制、供应商议价管理、供应链体系等价格因素上，"沃尔玛"就是其中的典型代表。而作为特色小镇的推动重点，侧重点放在特色产业上，就需要以差异化为核心，建立核心竞争力中的差异化因素，比如云栖小镇的特色产业就突出了云计算这一差异化因素。

（1）与现有竞争对手的竞争

差异化就是建立对市场及顾客有价值或意义的更值得拥有的产品，从而使产品的使用者成为忠实购买者。特色小镇在产品类别上虽然存在分类，但是想形成具有竞争力的特色小镇，就需要构筑有别于同类特色小镇客户群体的吸引力，形成特色小镇的品牌忠诚度，逐步拉大与竞争对手的差异化。通过特质化的差异化策略，让企业及关联客户对成本的敏感度随着特色产业集群的聚集而不断下降，忠诚度却会随着产业价值链的价值提升而不断上升。让品牌忠诚度与价格敏感度的优化，使特色小镇免遭来自城市以及其他同类小镇的挑战。只有不断地满足目标顾客群体的差异化需求，提供有效的产业平台，才能够逐步创造独特的产业价值和优良声誉，从而维持采取差异化战略的特色小镇的竞争优势。

作者观点

在新时期，特色小镇的建造需要打破原有的竞争思维，构想价值链关联，以竞争为基础构造新竞合关系。实际上建造特色小镇不仅需要建立差异化优势，也要建立差异化集群。

中国特色小镇 The Chinese Characteristic Town

这就需要从产业价值链的角度，特别是从空间价值链的角度，创建价值聚集，建立产业集群。在中国，优势产业及资源容易流向大型及超大型城市，中心城市成为产业及人才的聚集地，极容易导致产业的点式发展，形成产业的空间寡头现象。所以特色小镇差异化战略的实施，重点在于跨区域，找准差异性因素，与周边城镇以及城市相互依存、相互发展，甚至相互制约，形成具有一定国际竞争力的产业集群。特色小镇的融入与参与思维，比建设思维更重要，其实长三角、珠三角产业经济带中的产业小镇，就具有这样的形成特质。这样的特色小镇也更具有生命力与产业升级能力。

（2）买方（顾客）的谈判（议价）能力

依托特色小镇的产业价值链，打造具有差异化的产品或服务，可以降低目标客户对价格上涨的敏感性。当产业价值体系相对于竞争对手提供的产品来说更容易满足客户的独特需求时，客户往往愿意接受价格上涨。如果形成产业集群，则会有更多的企业及客户群体选择这样的特色小镇。硅谷小镇的产业集群就具有这样的特质。众多的同类领袖企业及人群选择到硅谷就业与创业，使硅谷具有引领世界的科技推动力。虽然影响产业价值链的因素会很多，但是**构筑具有体验感的差异性产业环境及生活配套环境，打造独有的产业平台与服务平台，是特色小镇形成客户谈判能力的关键，即可以议价的谈判资本。**

建设特色小镇的关键不仅在于基础建设与概念规划，更要重点考量客户群体能力，根据不同产业类别，形成有效的考量指标。

推动核心点：

　　建设特色小镇的八个基本考量要素：①特色小镇所属产业价值链的规模及标准化程度；②特色小镇可提供客户的产业集群的规模；③进入特色小镇客户的产业规模及进入特色小镇的产业需求；④特色小镇产业集群所导致的客户转移成本（房租、水电、交通及供应链等）；⑤特色小镇进入产业集群的企业整体营利能力；⑥特色小镇进入客户的产业升级及创新能力；⑦特色小镇产业平台对客户的影响程度；⑧客户对特色小镇的实际行业需要与资源谈判态度等。

当然，这些影响因素并不是静止不变的，它们会随着特色小镇和客户的发展而不断变动。对于变动，笔者认为特色小镇需要一种合作共赢的战略成长思维，而不是简单的竞争谈判关系。

（3）供应商的谈判（议价）能力

与传统供应商的需求及成本领先的供给需求不同，特色小镇需要的是具有针对性，并具有高性价比的产业价值链的支持体系。从产业价值链的视角来看，供应商其实是产品上、下游针对组织价值及合作关系的博弈。从产品流程来看，上游组织就是客户，下游组织就是供应商。供应商的谈判能力跟客户的谈判能力具有很强的雷同性，是买方影响因素的反向推动。一般而言，供应商的价格谈判能力与以下几个因素有关：供应商所属行业的集中度；供应商产品的替代性；供应商产品在本组织成本组成中的重要性；供应商进行前向一体化的能力等。

特色小镇的发展，需要产业价值链的有效拉动，尤其针对供应商，不应该仅仅把价格谈判作为重点，而应该与其做好有效的产品与价值互动，包括资本的深度合作以及新型合作模式的建立。拉动供应商的后台服务体系，既可以有效拉动供应链的深度互动，又可以借助供应商的优势条件，多方位整合资源，推动特色小镇产业集群的快速发展。

（4）潜在进入者

从城市产业经济发展的视角来看，特色小镇有潜在进入者的特点。特色小镇产业价值链的价值定位与优化，决定了特色小镇的产业承接与转化。在国内外有众多小城镇就是通过挖掘区域市场需求，构造自身特有的核心竞争力，美国的格林尼治小镇就是其中的典型。潜在进入者要注意潜在优势的突破，这种潜在优势多数表现为相对价格优势，比如人工、税收等，也有资源禀赋及技术革新的因素影响。应对潜在进入者，很多时候无法通过成本竞争占据有效的市场，因为**行业的逐利性会不断降低高额利润行业的整体价格，谁找到了最低成本、最高质量的产业价值创造模式，谁就能成为行业的破坏者，甚至成为领导者。如果想成为长期领导者，就需要通过兼并、联合甚至"报复"手段，提升行业壁垒**，同时需要提升顾客忠诚度和提供差异化的优质产品，构筑潜在进入者的进入壁垒。在这种情况下，要想进入一个行业，通常需要大量的资源投入并且要有建立顾客忠诚度的耐心。

特色小镇的本质就是建立行业的产业集群空间，其既是潜在的行业进入者，也是行业壁垒空间平台的防御者。

推动核心点：

很多学者就突破行业壁垒给出了七种建议，而这些建议也是特色小镇建立产业价值链需要做的重点工作，可以联合政府与组织从这七个方面找到产业集群的突破口，并建立行业壁垒。①特色小镇规模经济的建造。新进入者在初期就要形成一定的生产规模，否则难以打破原有的产业格局，难以取得成本上的优势。②特色小镇引导的行业体系。由于行业主导者长期在本产业内经营，已经形成了被社会认可的特色价值，如在产品信誉、顾客忠诚等方面建立起来的优势。新进入者要想取得市场份额，必须耗费大量资金和时间，以建立品牌知名度和顾客忠诚度。③特色小镇需要产业的资本培育，协助客户及客户群建立行业突破的资本及产业平台。④特色小镇需要协助建立供应平台，以促使客户从原有供应商转向新的供应商采购，减少转换成本，创造供应链价值。⑤特色小镇通过集群差异化优势，形成并有效控制行业的分销渠道，无论打造新分销渠道还是形成分销渠道的行业壁垒，都要形成有效的控制优势。⑥特色小镇需要利用自身的资源禀赋优势与行业价值链优势，在原材料来源、专有技术、地点优势、政府补贴、经营经验等方面打造行业优势与壁垒。⑦特色小镇通过政府的扶持及准入政策，优化资源，形成产业集群优势，包括政府的许可限制、原材料获取限制、产品标准规范、生产标准规范等。

特色小镇的产业发展，除了以往广东等地的规模经济外，更多的要注意形成地区产业壁垒优势，逐步提升产业价值链与空间价值链，扩大产业发展范围，从而形成无法比拟的差异化优势。这种优势越明显，其价值链优势就越突出。

（5）替代品

替代品是指那些同现有产品具有相同功能的产品。**替代品是否产生替**

代效果，关键是看替代品能否提供比现有产品更大的价值或性价比。如果替代品的价值能够实现，并且买方的产业壁垒很低，也就是说购买替代品会以更低的价格得到更高的享受，那么这种替代品就会对现有产品构成巨大威胁。

从产业价值链的构造以及发展的角度来看，替代品与现有产品的价值或性价比并不是一成不变的。在替代品产业的发展初期，它对现有产品的替代往往十分缓慢。但是一旦形成规模，形成突破性创新，替代品的产品优势不断被确证，就会迅速替代现有产品。

替代品更具有对产业价值链的破坏力与创造力。谁都未曾想到微信的出现打破了传统移动通信的产业结构；苏宁与国美、永乐等企业拼死较量，却最终被京东公司通过网络占据了产业优势；曾经不可一世的 IBM公司，在科技化浪潮中被苹果公司与微软公司迎头追上。创新的动力，同样会在特色小镇的成长中成为一种不可替代的潜在动力。

很多知名的国际小城镇就是从替代品形成的产业价值开始发展的，其核心就是科技创新。这将是中国一些特色小镇实现成功突破的方法之一。当然，防范替代品的冲击，除了特色小镇及相关组织不断推动产业创新、大众创业的内动力因素外（该部分将在后续章节深入说明），还需要深化消费者对于品牌的习惯与忠诚，通过产业价值链的不断升级与改革来抵御替代品的威胁。而缺少品牌忠诚度的组织以及小城镇更容易遭遇如下情景：顾客转向与其现有产品功能相同但具有某些差异化特征的产品（特别是当该替代品价格更低时），或者转向具有更多功能、更有吸引力的其他产品。实际上东莞、佛山等城镇就先后遇到了产业需求转移的问题。面对这样的情况，可以增加现有产品的特色，通过差异化战略吸引顾客，抑制替代品的增长。但是一旦出现大规模替代品，且原产品处于衰退期，那么就应当尽快对现有产品实行退出策略，或者逐渐转向替代品的生产。

3. 特色小镇运用差异化战略存在的竞争风险

差异化战略是特色小镇的核心战略。无论是成本领先差异化战略，还是设计差异化以及形象差异化战略，特色小镇的差异化战略都需要通过创新的内在动力形成核心竞争力，创造特色小镇的价值链优势。

> **价值要点：**
>
> 　　特色小镇差异化战略的实施同样存在风险，这是因为差异化更多强调的是比较竞争优势，而不是绝对竞争优势。

首先，对于同类别特色小镇，目标客户群的需求并不相同，过于高品质的服务并不能形成对于低价产品的需求。这里的核心是客户心中性价比的综合比较。

其次，虽然特色小镇在不断创造差异化优势，但消费者并不认同，不愿意支付更多的费用来购买差异化的产品，而竞争对手通过模仿差异化，采取减低费用甚至免费的方式，那么差异化反而成了一种负担。

作者观点

　　在共享经济以及互联网不断发展的今天，非常容易造成差异化战略的价值转移，"羊毛出在猪身上，狗来买单"的新价值获取，会形成差异化战略的竞争优势转化。通过延长以及传导的方式使产业价值链更具竞争性，这将是未来特色小镇研究的一个重点方向。

最后，特色小镇差异化战略存在创新、可持续发展以及知识产权，特别是专利权的风险问题。未来特色小镇的发展将会在产业集群的基础上，进行产业价值的提升与创新。这是在中国特色小镇现阶段发展过程中很少被人关注，而未来又不得不被关注的地方。以技术创新与产业创新为基础，将可持续发展的理念植入特色小镇，打造具有综合产业吸引力的特色小镇，就要尊重人才，充分利用知识产权以及专利权，构筑区域优势，创造优良创业环境与创新环境，有效形成产业扶持平台以及生活平台。

使用差异化战略是希望特色小镇通过产业价值链构想形成比较竞争等优势。五力模型是有效的战略分析框架，在特色小镇的研究中，可以连通产业价值链的产业体系。对于特色小镇价值链的研究不仅需要注意竞争环境，也要注意合作环境；既要注重外部因素，更要打造内部因素；尤其要注意软价值环境的打造，包括特色小镇的发展视角，特色小镇内部的集群创业、创新意识，以及以特色小镇企业家为代表的"企业家精神"的构造。

（三）特色小镇从空间价值链出发的四种市场范围构想

对特色小镇价值链的研究，不仅要从产业出发，研究产业价值链的构造及分析方法，还需要从空间角度出发，打破原有的区域限制，找到有效的市场定位与区域定位。对特色小镇的核心业务进行分解，从另一个维度考量特色小镇的产品和服务销售的市场范围，其本质目的就是寻找特色小镇空间驱动的广度与宽度。这将决定特色小镇现有市场以及未来可能存在市场的发展需求。

可以通过划分市场空间，挖掘特色小镇的生存空间与发展空间。通常将空间模式分为四类：①无市场细分空间；②市场细分空间；③利基市场空间；④定制化市场空间。

1. 无市场细分空间

特色小镇建设初期，由于多种因素影响，很多时候很难找到有效的细分市场，但细分市场又实际存在，此时特色小镇可以寻找价值链中可以突破的市场部分。无市场细分空间的真正目的是指特色小镇以及相关组织利用产业的基本配置尽力获取广泛市场，达成空间价值的全面使用。

价值要点：

　　实际上特色小镇的高速发展，不是单一产业的发展，而是主导产业结合多种配套产业的协调发展，它不是单一的产业价值链模式，而是与空间价值链融合的生态体系。

2. 市场细分空间

特色小镇寻找有效发展空间，很大程度上就是寻找属于自身的细分市场。市场细分的可变性非常大，同样的市场，因为视角的不同，细分的层次也不尽相同。虽然很多学者将市场细分的视角放在了消费者关联或者生产者价值上，但是因区域、人口结构、消费行为、区域文化以及利益驱使等因素的不同，市场细分也不同。特色小镇的市场细分目标是找到能够符合特色小镇有效价值链所形成的消费空间部分。这种细分可以是简单细分，也可以是精细化细分。比如英国 Sinfin 小镇就专注飞机发动机制造业，德国高斯海姆小镇在机床制造业方面具有绝对的优势，这些特色小镇建立了超精细的市场细分空间。当然，特色小镇的市场细分，不是简单地专注于某一市场，而是通过产业价值链的核心因素，创新细分市场的服务，以追求综合发展模式，创造围绕核心竞争力的细分市场。

比如法国的依云小镇，只有 7500 人，但却因为"依云水"被世界熟知。依云镇独特的地理构造就了依云水，带着"神秘"的力量，销往世界各地，而依云小镇以水健康为核心，进行了旅游与"大健康"的开发。1902 年，一个专门的依云水治疗中心成立；1984 年，这个中心被改建为设施一流的依云水平衡中心（Evian Spa），在这个中心里，人们可以轻松享受到依云天然矿泉水的神奇力量：水平衡中心里 SPA 所用的水都是依云水，在按摩浴缸里人们可以尽情放松，有专业的按摩师根据病痛的部位给人们进行全方位的按摩。装满依云天然矿泉水的游泳池是前来 SPA 中心的人们最喜欢去的地方。在婴儿出生后的 3 至 9 月里，妈妈们带着宝宝来到这里，宝宝在依云水泳池里游泳，产后的母亲也可以在此迅速恢复体形。

依云镇有五星级酒店及普通酒店大大小小 40 多家，价格根据季节会有所变化。旅游旺季（夏季和冬季）时价格从 40 欧元到 400 欧元不等。皇家大酒店（Hotel Royal）曾为八国峰会首脑下榻酒店。前往勃朗峰（Mont Blanc），体验阿尔卑斯山林早餐，抵达夏象尼（Chamonix）参观冰海洞穴，参观 Cachat 花园，品尝源头之水。乘坐私人游船游览莱芒湖，小镇风情水天相连。依云小镇通过有效的市场细分，成为法国乃至国际知名，以核心产业为中心，配套衍生产业有效融合的特色小城镇。

3. 利基市场空间

从中国特色小镇的市场环境以及国家政策的环境来看，特色小镇发展初期若建立利基市场空间，存活及发展空间可能会大很多。这与产业同质化以及资源偏向性有极大的关联。从某个角度来说，利基市场空间是更广阔的市场空间，而它对应的依据是现在比较流行的"长尾理论"。尤其在技术高速发展的今天，打破原有市场的空间格局，通过技术形成特色的价值链系统已经变为现实。这也是特色小镇重要的突围方式之一，是较有特色的蓝海战略。

利基市场（niche market）指向那些被市场中的统治者（有绝对优势的企业及组织）忽略的某些细分市场，国内也有人称这个市场为缝隙市场、针尖市场。菲利普·科特勒在《营销管理》中给利基下的定义为：利基是更窄地确定某些群体，这是一个小市场并且它的需要没有被服务好，或者说"有获取利益的基础"。这个市场空间，有别于蓝海市场的空间形态，更多的是独特的区域或者狭小甚至几乎无利润的空间。在中国，很多民营企业因为政策的限制，就存活在这个市场当中。实际上，这个市场也存在高度的产业创新力，但更多的是独特的优势。因为行业的技术"规范"，会形成特色的服务需求与技术需求。

有人总结了**利基市场的六个特征**：①**狭小的产品市场，宽广的地域市场**；②**具有持续发展的潜力**；③**市场过小、差异性较大，以至于强大的竞争者对该市场不屑一顾**；④**企业所具备的能力和资源与为这个市场提供优质的产品或服务相匹配**；⑤**企业已在客户中建立了良好的品牌声誉，能够以此抵挡强大竞争者的入侵**；⑥**这个行业还没有统治者**。

在网络时代，由于人们关注的成本大大降低，人们有可能以很低的成本关注他人的消费需求；由于客户数量巨大，得到的整体利润甚至可能超过高额利润部分。中国的支付宝就是重点关注了不被重视的储蓄个人用户，形成了巨大的客户发展速度。而谷歌是一个最典型的针对利基市场空间的公司，其成长历程就是把广告商和出版商并不看好的"利基市场"商业化的过程。谷歌针对"利基市场"给予个性化定制的广告服务，并将这些数量众多的群体汇集起来，形成了非常可观的经济利润。据报道，谷歌的市值已超过 2100 亿美元，被认为是"最有价值的媒体公司"，远远超过了那些传统的老牌传媒公司。

> **价值要点：**
>
> 打造利基市场的生存空间就是选定一个很小的产品或服务领域，集中力量进入其中并成为领先者，从当地市场到全国再到全球，同时建立各种壁垒，逐渐形成持久的竞争优势。

特色小镇在中国的发展构想是美好的，但是要在成千上万的特色小镇中找到存活之路、发展之路，就必须在残酷的市场竞争中找到适合发展的生存空间，而且这个空间更多的可能是"利基市场空间"，而非高大上的市场需求。需务实地了解特色小镇客户群体，更好地打造平台满足客户群体需求，并且形成真正的竞争力。否则，打造特色小镇仅仅是个美好的蓝图而已。

4. 定制化市场空间

很多人认为定制化市场是市场细分的极端情况，实际上随着市场个性化需求的转化，每个客户都希望拥有针对自身需求的独特细分市场。未来的市场转化，很有可能就是向定制化市场进行空间转化。科技的发展、网络的普及为定制化市场提供了技术基础。德国的工业 4.0 就是从规模量产的形态中解脱出来，创造出独特的定制化市场空间。哈雷公司针对客户需求的转化，开发出独特而巨大的机车市场。而 ZARA 品牌的成功，不能不说是细分市场定制化构思的成功。

特色小镇的发展方向，很有可能形成有特色的定制化市场。而科技的推动力、特有的工匠精神以及对艺术的执着很有可能是定制化市场的力量源泉。在定制化的推动发展中，存在多种定制化方案，有些是纯粹的定制化个案，有些是通过标准化的差异性、技术的创新、工艺变革或者改造价值链体系形成的方案。定制化的深入程度是根据客户的需求，渗透到产业价值链的相关环节，不仅可以是定制化交付，也可以是定制化订单组装和装配，更可以是定制化管理及角色代入。比如定制化 OA，用于实现企业战略的信息化平台；又比如现在的 IBM 公司，就在针对各个企业，创造定制化的信息及科技系统。在大数据不断革新的今天，定制化市场将创造特有的产业类别，形成极具个性化的特色小镇。

九、特色小镇价值链的市场突破与综合价值突破

（一）特色小镇的市场突破构想

特色小镇的核心发展路径是针对一项产业或多项产业进行有效的市场优化与突破。而对于特色小镇市场优化的结构，需要从两个层次着手：一

方面是现有的产业市场，着手特色小镇产业价值链营销端的广度与深度；另一方面，要想在市场上有所突破，需要做到产业价值链的产业价值升级，即产业的开发与深化，包括产业的孵化与创新。这两部分构成了特色小镇的产业核心以及市场突破核心。可以通过渠道或地理区域来开发市场的广度与深度，做到产业市场渗透；也可以通过相同区域及渠道深化新的细分市场，做到产业价值链在区域市场方面的提升或者拓展。

1. 特色小镇市场渗透的两个方面

特色小镇市场渗透以现有产业体系和市场为基础，重点增加组织的市场占有率，逐步渗透市场。特色小镇价值链构造必须形成具有一定区域影响及规模的产业集群。在操作层面可以利用国家及地方政策，通过扩张或收购现有的竞争对手达到这个目标。当然亦可以通过扩大市场销售额来占据市场，这会导致组织间的竞争升级，也意味着需要与其他组织进行市场化竞争。实际上对于市场渗透的突破，需要深化市场开发，在广度上注重地域扩张。

（1）特色小镇市场开发

特色小镇市场开发包括市场细化与市场整合。市场细化，即在新的市场上推广现有产品。换言之，即通过寻找可能的新细分市场，扩大业务范围。**产品替代是产品细化的特殊情况之一，它通过推广某个产品的用途，使其替代其他产品**。

市场整合与市场细化相反，是指减少细分市场的数量。考虑到细分市场的激增已经成为一种普遍趋势，组织有必要通过清除多余的细分市场实现业务布局的合理化。

（2）特色小镇地域扩张

地域扩张是市场渗透在广度上的运用，通过扩展销售区域来销售现有产品。这里包括地域合理化的进入以及产业价值链的关联，即在不同地区设置不同的商业功能，尤其在产业规模及全球化视野后就会出现"全球化采购与全球化销售"。

2. 特色小镇产业价值链开发构想

特色小镇产业价值链的开发，不是简单的产业价值链延伸，而是包括**产业价值链价值增长以及产业价值链合理化两个方面**。显然，在同一项基本业务范围内提供最新或优化的产业形态会形成不同的产业方向。比如，以健康矿物质水为核心的特色小镇，如果突出健康服务配套，很有可能形成旅游观光的业务形态，如温泉养生，也可以提供各种以水为核心的复合产品和改良产品及衍生品。如果产品是新上市并且与众不同的，就可能通过设计实现产业化，例如中国巴马镇以养生为主题的矿泉水，以及农夫山泉，再如德国以活性泉水为主题的啤酒等；如果产品线增加了标准化的产品，就等于通过市场细分扩大了销售范围。产业价值链的扩张是以综合型的产品细分为目标的。

产业价值链合理化是指为了清除重叠或亏损的业务而精选产品、精简产品线。 万科地产通过产业价值链的合理优化，得到了数十年的高速发展。**产业价值链合理化主要出现在急剧扩大的行业中，合理化产业价值链可以做到产业深度的延伸以及合理化的循环，** 实际上做到这一点并不容易。

推动核心点：

很多特色小镇，有不断挖掘自身优势的眼睛，却缺少发现特色小镇核心发展元素的眼界，希望所有的优势都能得到发展，这在特色小镇的前期以及中期并不适用。集中力量通过产业价值链打造核心产业，又或者通过空间价值链打造以中心产业为核心的互动性发展战略，这些其实都是出路。比如贵州的茅台镇，发展中心就是以酱香型白酒为核心，通过茅台集团的带动力，拉动白酒产业集群式发展。

（二）特色小镇价值链的综合价值突破

特色小镇价值链不仅要做到延展及合理化，更需要做到随着时间与空间的推移，形成特色小镇价值链的升级、拓展、创新、变革，并形成价值链在产业区间以及发展空间的综合价值突破。

虽然特色小镇价值链受到生命周期等众多因素的困扰，但是掌握特色小镇价值链成长及转化的思路至关重要。推动特色小镇价值链的综合价值，首先要明确业务拓展核心，然后进行链式整合，并且根据空间价值发展的需要实行多元化，当然也可以将链式整合与多元化融合形成产业集成。当特色小镇价值链面临发展瓶颈时，需要注意产业撤退或价值重构，其目的就是做到特色小镇价值链的综合价值突破。

1. 特色小镇价值链的综合价值扩张

推动核心点：

特色小镇价值链的综合价值扩张包括以下五个步骤：①拓展核心产业；②产业价值链链式整合；③空间价值链多元化发展；④综合型整合——链式多元化协同发展；⑤进入与控制操作。

（1）拓展核心产业

特色小镇管理者常对特色小镇的产业发展方向产生疑惑，很大原因是受特色小镇原有产业历史沉淀的影响；也可能是小镇在其他方面有一定优势，希望能够发展其他产业类型；还有很多小镇找不到自身的优势产业。而更多的困惑来自特色小镇在发展过程中感受到产业发展市场很小或者发展阻力很大，这些都会使管理者疑惑："到底应该从事什么产业，哪种产业才是这个特色小镇的发展方向？"

要解答特色小镇的核心产业方向问题，以及特色小镇产业拓展与产业重构的问题，就需要对价值链进行纵向或者横向分析，或者同时使用这两种方法，帮助特色小镇拓展核心产业以外的产业扩张思路。所谓**特色小镇的"纵向整合"，是指特色小镇价值链前向整合和后向整合，即特色小镇向价值链的上游和下游延伸，通过这种方式来建立特色小镇的优势地位。**对于**特色小镇的"横向整合"，不同人有不同的理解。从价值链自身出发，对于原有的产品进行价值深化，比如扩大产能从而降低成本，增加利润额，通过技术创新、优化采购及销售系统提升服务质量，从而提升产业价值。这样的"横向整合"，相对比较狭义。可以从产业结构及产业关联上增加横向价值，包括核心产业的优势增长，也可以是核心产业的辐射、衍生及关联产业价值链的增长，实际是空间区域的价值转化与增长。**比如，在深化产业特色小镇价值链的同时，深化配套产业价值链以及核心产业的衍生服务产业，就是**"横向整合"**的典型代表。

中国特色小镇 The Chinese Characteristic Town

当然，在优化价值链的横向与纵向整合的基础上，特色小镇还需要优化"一般价值链"的内部体系，其核心是形成软环境价值。包括管理体系、财务体系、法律体系等多方面的价值活动，也包括人力资源管理所形成的价值活动以及文化氛围、创新精神所形成的隐性价值与"无形价值"。

（2）产业价值链链式整合

特色小镇通过向产业价值链的上游或下游延伸，在自身的运营范围内加入交付端的客户活动或者采购端的供应商活动，实质就是延展产业链的存活空间。尤其对于生产制造型的特色小镇，可以向研发及销售体系化转型，形成产业价值链的逆向生长。

现阶段的中国产业价值链，更多的组织是处于"中国制造"的产业价值链低端，而数十年的产业价值的积累，销售能力的提升，以及人才的储备，已经可以让中国产业从"中国制造"向"中国智造"及"中国创造"方向升级。特色小镇的产业起点也从原有的农业产业形态向产业承接转化。利用原有乡镇企业奠定的产业基础，充分利用国家价值链、区域价值链，通过优化产业集群及产业结构，向价值链上游升级。特别是可以借助国家战略的科技开发型产业与资本金融，逐步走向世界舞台。

（3）空间价值链多元化发展

很多时候，组织对于多元化的认识就是运营与现有价值链不同的某项业务。多元化产生的因素可能与某种特殊的能力或核心业务本身的资产有关，这种多元化常常被人称为同心多元化。

作者观点

在特色小镇的建设过程中，通过空间价值链的优化及组合可以形成相关多元化的发展。特色小镇的多元化产业结构存在横向整合即空间价值融合的过程，新产业和原有核心产业之间显然存在潜在的协同作用，这两种产业之间可能拥有共同的设施、资产、渠道、技能，甚至机会。而这种"有形"与"无形"的价值关联，构成了特色小镇的空间价值链。

波特教授对"无形"和"有形"的相关性做过区分。所谓无形相关性，是以适用于各项业务的某种功能、资源或管理技能为基础，比如本书后面将谈到的特色小镇——横店，几次主导产业的转型过程中就存在无形相关性。有形相关性是指真正在"价值链上共享各种活动"的业务，例如，同一个销售团队销售不同的产品。

推动核心点：

在特色小镇的产业多元化发展中，产业的某些核心优势，或者原有产业带动下的某些产业机会（哪怕这种机会是地产或者小额融资），都存在产业的市场推动与关联推动。多元化的产业发展，必须认识到产业集群结构之间的相互关联与价值转化。换言之，特色小镇的两项产业之间哪怕表面上不存在任何关联，实际上其产业价值内部一定存在深度关联，尤其是区域空间价值之间存在深度的产业价值融合。遗憾的是，很多特色小镇的管理者以及政策制定者并没有意识到这个问题的重要性。

（4）综合型整合——链式多元化协同发展

很多特色小镇不缺乏资金及技术，反而具有极强的产业综合吸引力，可以采用链式整合与产业多元化综合协同发展。这种发展模式能使特色小镇进入新产业价值链的整个网络中，甚至更快地与周边区域形成竞合关系，并带来更多的推动力量。

推动核心点：

特色小镇的链式多元化协同发展很容易形成多产业价值中心，而且这种多产业价值中心的内部关联会促进产业创新，甚至会促使副产业多元化：一项业务延伸至另一项业务，"纵向"整合或"横向"多元化。组织从上游、下游、侧游三个不同的方向开展运营；特色小镇通过开发其核心产业链的试制品、制成品和副产品，建立起一系列空间价值链网络。晶体状多元化则将前一个产业价值链推向极致。

中国特色小镇 The Chinese Characteristic Town

特色小镇的链式多元化协同发展既会让原有产业价值链在左右、上下方向增加价值，更会让产业价值链得到创新，形成相互交错的多产业价值链网络结构。这种类似于晶状体的增长模式，会形成特色小镇不断拓展的核心竞争力与持续发展力。

（5）特色小镇进入与控制操作

特色小镇的链式整合或者多元化可通过组织内部发展、联合与并购等方式实现。换言之，特色小镇能够通过自主发展或者联合推动拥有特色小镇价值链的某种产业力量，促使特色小镇进入新的产业价值链空间。内部发展、联合、并购都需要主导控制权和对多元化产业的价值引导。特色小镇还可以采取多种操作模式对价值链进行组织整合及组织优化，如表1－2所示。

表1－2　特色小镇进入与控制操作模式

主导控制权和对多元化产业的产业主导权	内部发展
	并购
部分主导权和控制权	多数、少数
	合伙制
	合资
	交钥匙（临时控制）
没有主导权、部分控制权	许可证经营
	特许经营
	长期协议

2. 特色小镇价值链的重构突破

现阶段很多特色小镇所主导的产业存在严重的产能过剩问题或者已经是夕阳产业，需要进行价值链重构。价值链重构过程是一个艰难痛苦的过程，不但要面临艰难的抉择，更要面临产业的冲击，但它却又具有脱胎换骨的神奇功效。

推动核心点：

　　特色小镇的价值链重构可以通过以下几个步骤完成：①撤退优化；②重构特色小镇核心价值链，包括定义、重组、重置三种形态；③重新定义特色小镇价值链；④重新组合特色小镇价值链；⑤战略重置核心价值链。

　　（1）撤退优化

　　特色小镇产业价值链存在巨大问题时，首先需要实行与上述多元化操作相反的构思：削减产业，逐步"撤退"，收缩业务范围。比如，停止出售副产业价值链产品，减少晶体状的空间价值链结构。有时，特色小镇以及相关组织需要放弃或清算产业价值链的核心业务，或者剥离某些产业价值链业务。当然，这些操作也可能是为了未来核心产业价值链的发展而进行的战略性收缩。

　　（2）重构特色小镇核心价值链

　　重构核心产业价值链就是寻找特色小镇更为有效的价值增长方向。特色小镇的发展不仅依托产业，更主要的是依托产业发展的方向、阶段及规模。重构或者设计特色小镇核心产业价值链，需要对特色小镇发展进行顶层产业设计。

　　特色小镇在确定、区分、经营和扩展核心产业价值链时，需要不断巩固有发展价值的产业价值链体系，更要重新定义和塑造特色小镇价值链，即对特色小镇价值链体系进行重新构思。随着特色小镇的不断发展，经历各种扩张、整合、多元化等活动的"风浪"，一些特色小镇可能会失去"自我"，迷失方向。

　　此时，重新构思就成了巩固与发展特色小镇价值链最有效的方法：不仅要对产品、细分市场甚至新产业价值链的多余部分进行合理化，而且对上述所有元素以及其他因素进行综合——这正是重构特色小镇核心价值链的实质。可以通过定义、重组、重置三种形态设计重构战略。

　　（3）重新定义特色小镇价值链

　　定义特色小镇价值链，实际上是对某一项产业价值链所做的视角定义与发展定义，对特色小镇的发展愿景以及价值链结构进行整体构想。比如同样是主题公园，在中国曾火爆一时，但没有几个真正成功，迪士尼乐园却因为其独特的价值链体系，成了世界级主题公园的经典。本书在第四章也将迪士尼作为特色小镇价值链构造的经典案例进行研究。特色小镇价值链需要从多个方面进行界定，包括特色小镇发挥的功能、服务和市场、制造的产品等。国内众多特色小镇对于价值链的构造及价值逻辑，要么过于狭义、具体，比如江西有一个小镇定位在只生产中低端仿古实木家具；要么对价值链的定位过于宽泛、模糊，比如笔者曾接触的一个小镇，希望转型发展的产业是大金融服务。

特色小镇的重新定义，不仅需要外部的专业机构给予科学建议，更需要执行者和政策推动者能够从产业价值链的结构主体与产业价值外延两方面来评估特色小镇价值链推进的可能性，逐步明晰特色小镇的新价值链体系。

（4）重新组合特色小镇价值链

中国有许多知名的企业集团都会实行产业多元化，这与中国的产业氛围有极大的关系，产业系统成为交易投资组合的元素。中国很多特色小镇的规划及建设发展都遵循这样的思路：通过一个产业概念，把重点放在地产投资上。这已经成为众多特色小镇发展的常态。笔者非常不赞同这样的发展模式，虽然这种模式有"横向整合"的思路，但与前面关于"横向整合"的论述，属于完全不同的发展思维。

"横向整合"的关键是希望优化或重新组合特色小镇的价值链系统，尤其从空间价值链出发，以某种方式重新组合不同价值链单元，在有限的条件下将各种产业价值链重构为一个整体，多个产业价值链从形式或概念上形成可以相互融合的整体。比如，原有的通信业务合并成信息业务单元，或者大数据管理单元，形成新的产业价值链，以及全新的发展方向，从而鼓励及推进产业价值链创新、技术突破以及具有扶持作用的政策形成。现阶段的众多特色小镇管理者，明显缺乏"横向整合"意识。

特色小镇的价值链重新组合多以价值链中的共同活动为基础，通过具体、实际的价值链挖掘，可能会形成特色小镇价值链当中的互补产品。如同汽车生产厂商除了汽车销售外，还存在大量的零配件销售及汽车服务业务。当然，特色小镇价值链的重新组合也可以做减法，解除影响整体价值链发展的因素，形成不断优化的"科学系统观点"，即特色小镇价值链创造和价值链服务升级都是紧密相连的。

（5）战略重置核心价值链

特色小镇发展的"重心"，是聚焦核心技能与文化内核是否具有不断发展的核心动力。有些产业的价值链会随着产业的生命周期逐步消亡，而且这种趋势不可抵挡。据报道，曾经因改革开放发展起来的华西村如今"负债累累"，其根本原因之一就是产业发展十分落后，无法适应市场发展。同样，随着特色小镇价值链的转化，产业的"重心"也会以各种方式发生变化。

面对特色小镇核心价值链重置的状况，首先，可以沿着产业价值链的上游或下游移动，并最终将价值套现或者提升。这样，特色小镇的重要功能就可能发生转移，比如从传统生产型产业集群向设计及营销的价值链高端升级转化。其次，特色小镇可以转向某个新的产业领域，该产业价值链可能与原有产业价值处于或不处于同一个阶段。这样的转变颇具风险性，因为每个产业都有内在的产业规律及价值系统，甚至存在隐性价值关联，比如人力资源结构。对于这样的情况，可以充分利用空间价值链的融合作用，通过独特的行业思维和行为方式，最终向新核心主题转移，比如从单一功能产业拓宽至新的多功能产业，这种情况在组织发展过程中尤为突出。比亚迪公司从生产电池转向生产以新能源为主的汽车，路虎公司从生产拖拉机到生产高档汽车，而宝洁公司也是通过这种方式从一家肥皂公司转变为一家个人护理用品企业，这些都是核心价值链重置的成功案例。

十、特色小镇基于价值链的变革动力

特色小镇需要不断提升价值链的价值，也需要不断调整价值链的产业结构，更需要通过空间结构建设，创造特色小镇的整合吸引力。这一切都需要对特色小镇价值链不断优化，不断变革，尤其在科技高速发展的今天，唯一不变的就是变化。

特色小镇的变革，不仅需要调整外部环境以及政策结构，很多时候还

需要形成从内而外的主动变革结构，或是通过市场力量形成由外向内倒逼改革的动力。但无论是哪种力量来主导，都是特色小镇成长的重要动力。

对于变革，特色小镇的政策制定者、组织推动者以及特色小镇的关联企业，都要有主动变革的思路与被动变革的态度。特色小镇的变革模式有很多种，比如自下而上的变革、自上而下的变革，或中心主导、多力协调的变革等。成功的特色小镇，多会主动进行自上而下的变革。各种变革模式虽然主导力各不相同，但是变革思路、方法非常相似，这里**重点论述自上而下的变革**，以帮助特色小镇变革者进行构思变革。

很多人认为自上而下的变革是由高层领导推动的变革，实际上，特色小镇的变革思路，首先需要顶层设计者对产业发展进行构思。在中国的城镇化建设中，虽然很多乡镇是通过零散的产业个体逐步形成一定规模的产业集群，但更多情况下是由产业"领导者"与政府"推进者"共同形成产业主导力量。

特色小镇的变革过程更像是摸着石头过河的探索过程，虽然这个变革过程没有预定的发展轨迹，而且包含有不同目标及利益的众多组织单元，比如企业、个人以及政府组织等不同利益单元，但自上而下的目标变革就像化学反应一样，使特色小镇具有面对风险的能力与努力前行的动力。虽然操作方式与操作手段、操作方法都不尽相同，但都可以达到变革的目标。

推动核心点：

自上而下的变革，多采用两种操作模式：一种通过外部因素诊断推进，主动进行特色小镇价值链变革；另一种通过制造或者实际存在外部主导因素，迫使特色小镇进行自上而下的产业变革。

1. 特色小镇自上而下主动变革的高效步骤

特色小镇的自上而下变革并没有预定的发展轨迹，但针对特色小镇价值链的形成机理，借鉴组织管理的变革思维，可以针对特色小镇自上而下的主动变革提出高效推进的六个步骤，以有效回避变革中的阻力，尽快形成特色小镇价值链的核心竞争力。具体步骤如表 1-3 所示。

表1-3　特色小镇自上而下主动变革的"六个高效步骤"

①通过联合诊断特色小镇产业价值链及产业价值链发展动力因素推动变革行为……通过协助对特色小镇各产业组织及空间价值结构中的现有问题、改进计划达成共识，由政府部门政策性导入及产业组织领导者独立启动或者协同启动具有价值链再造或者价值链提升的变革……

②通过组织融合及文化融合共同发展特色小镇共享开发的价值愿景，用于获取价值链竞争优势而开展的组织、管理与文化融合系列推动活动。一旦核心组织单元着眼于产业价值链的再造与提升领域，逐步形成问题分析方法，特色小镇管理者或者组织主导参与者就能带领特色小镇往价值链匹配的方向发展，从而确定特色小镇各个组织单元的角色和核心任务……

③特色小镇通过环境引导及软文化等因素引导培养对新产业价值链愿景一致的企业以及个人认同感，以及培养新产业价值链实施和推进愿景的技术能力与产业发展信心……

④通过行政手段或者组织者领导力等向特色小镇的所有相关组织、企业及管理部门传播新产业价值链振兴理念，形成协同推行的标准及要求……甚至采用强制手段在组织单元内迅速实现，通过政策及协同力量达成共识目标，并形成颇具诱惑力与威胁力的奖惩制度，当变革对速度有较高要求时更要如此。这里尤其注意创业与创新所形成的内部核心推动力，鼓励企业及组织努力找出个体适应新产业发展的方式和在新产业链价值中的定位，同时通过开放的心态，吸引一批新产业价值链中的企业与个人，主动淘汰一批落后产能的问题企业与个人……

⑤通过规范政策推进及相关组织建设激活产业动力，并注意产业创新与升级长期化……以确保革新的成果能够得到长期的保证……

⑥依据在特色小镇产业价值链过程中发现的问题，审视、调整、优化特色小镇政策及组织模式。特色小镇产业价值链变革需要形成有效的动态优化的价值链结构与体系……形成以创新与创业为核心的竞争环境……同时形成特色小镇科学的监督、审视变革的价值链推动形态与组织体系，构筑特色小镇核心价值链可持续发展的核心竞争力……

资料来源：Beer, Eisen+at, and Spector, 1990：161-164. 作者尝试融入特色小镇价值链价值形成过程，并对整体内容进行调整。

2. 特色小镇外部动力影响下的自上而下变革步骤

很多时候，无论企业、组织还是个人都不喜欢主动变革，而是会在遇到问题后，被迫进行拯救性变革。虽然这种变革缺乏对危机意识的预警思考，但在特色小镇未来的发展过程中，这种情况会更加常见。

对于这种状况，哈佛商学院的约翰·科特教授为《哈佛商业评论》撰写了《领导变革：为什么转型努力失效》一文，提出了"转型的八大步骤"。实际上，特色小镇如果想在外部环境变化中找到突破方法与发展思路，就需要通过有效的转型，做到特色小镇价值链的转化与提升。对于外部动力影响下的被动变革，首先需要组织领导者从自上而下的视角，对产业价值链进行重新界定，并推进特色小镇建立一套全新的系统，为特色小镇新价值链进行有效服务。具体操作如表1-4所示。

表 1-4　特色小镇外部动力影响下，自上而下变革的八大步骤

①制造紧迫感。特色小镇可以充分利用社会资源，甚至形成行业智库，定期审视市场和竞争现实；识别和讨论现实危机、潜在的危机或主要机会。

②建立强大的变革指导组织或者联盟。赋予组织及联盟足够的权力以及领导变革力量；鼓励组织及联盟的以价值链为核心的创新精神与团队精神。

③制定特色小镇产业价值链发展愿景。建立特色小镇具有战略发展潜质的价值链构造愿景，帮助、引导改革力量；为实现这一战略愿景制定特色小镇全新价值链行动战略。

④宣传和传递特色小镇新价值链的发展愿景。用所有有效渠道传播新形象和新价值；通过价值链改革的精神领袖、行政力量以及联盟的榜样力量培训及提升新产业价值的系列行为。

⑤联合组织、企业及资源单位共同构筑特色小镇新产业价值远景，并尽量做到协同行动，努力清除革新中的障碍，改变严重破坏新价值链价值形成的系统和组织；鼓励接受风险和创新与创业的革新思想，并且组织系列化行动。

⑥计划并实现短期目标。特色小镇在产业价值发展过程中需要制定产业价值链分阶段目标和计划，迅速提高绩效；实现产业价值链的绩效改进；绩效的激励体系要渗透到对人才的吸引以及超额的价值回报上。

⑦通过体系及文化巩固，改进并催生更多的特色小镇价值链变革。稳步改变与特色小镇新价值不对应的系统、结构和政策；聘请、引进、提升和发展那些能够实现新产业价值链价值提升的人才；采用新的技术、项目、主题和代理，重新激活特色小镇价值链构造体系的活力。

⑧将特色小镇新价值链的政策与方法体系化、制度化。形成特色小镇新价值链与特色小镇成长、发展之间的深度关联；寻找有助于培养创新精神、企业家精神和确保新价值链价值不断提升和改进的方法和手段。

资料来源：Kotter，1995：61. 作者尝试融入特色小镇价值链价值形成过程，并对整体内容进行调整。

十一、激活特色小镇从存活到夺目的"神秘力量"

特色小镇作为新型城镇化发展的一种重要载体，具有极强的现实研究意义。不同的学者对此做了不同方向的研究，有的侧重融资结构，有的侧重产业孵化，更多的侧重政策研究及规划设计研究。但这些研究似乎无法有效解决特色小镇发展中的核心问题。因为特色小镇涉及众多学科，由于发展侧重点不同，特色小镇的发展问题显得尤为复杂。

研究特色小镇的价值链，其核心就是研究特色小镇的价值创造过程、形成的机理，就是针对各特色小镇的形成过程、关联因素、发展因素寻找内在的价值关联——关联的本身就是价值链。价值链的融合是在网状的价值模型中找到有效的关联点，包括一般价值链、全球价值链、国家价值链、产业价值链以及空间价值链等各类价值链体系。价值链的侧重不同，

价值侧重也不尽相同。核心竞争力的推动，会让各种价值链之间形成某种默契。这种默契的关联会深度影响特色小镇的发展方向，尤其运用产业价值链和空间价值链，可以有效解决特色小镇的产业定位、区分、升级以及重构等问题。特色小镇价值链竞争力的构造，多使用波特教授的一般战略与竞合关系的互动作用理论。特色小镇的差异化战略，可以帮助特色小镇寻找价值链的竞争优势。五力模型作为产业价值链的分析工具，可以有效构造行业价值链的竞争优势。对特色小镇的价值链形态以及价值链转化等问题的思考，目的就是打造核心竞争力。价值链有效地解决了特色小镇从生存到发展过程中的核心问题，找到特色小镇的发展动力，为政策制定者、企业家以及地方政府提供了有效的工具。这种"神秘的力量"，是打开特色小镇问题研究的"神奇钥匙"。

第二节　特色小镇的内在动力形成：
创业、创新与企业家精神

一、揭开创业与创新的神秘动力

"大众创业、万众创新"这一口号自李克强总理在 2014 年天津夏季达沃斯论坛提出以来，成了企业发展及区域经济发展的明星词汇。坚持创新驱动发展战略，扎实推进"双创"，不断激发市场潜在活力与社会创造力。"创业"与"创新"已然成为区域经济发展的内部核心动力。

北京、深圳等地相继开展了"双创"活动。如今"双创"已成创新驱动发展战略的重要载体，共享经济、"互联网＋"等概念层出不穷。"双创"成为一种精神，一种发展动力。"创业"与"创新"成为国务院以及地方政府工作的核心。李克强总理不断在各种场合呼吁"双创"，宣传双创价值，不断强调："双创"既是小企业兴业之策，也是大企业昌盛之道。

• "大众创业、万众创新"，核心在于激发人的创造力，尤其在于激发青年的创造力。青年愿创业，社会才生机盎然；青年争创新，国家就朝气蓬勃。

——2015 年"五四"青年节前，李克强给清华大学的学生创客们回信

• "双创"是推动发展的强大动力，是扩大就业的有力支撑，是收入分配模式的重大创新，更是促进社会公平的有效途径。

——2015 年 9 月 10 日，李克强总理出席大连夏季达沃斯论坛开幕式并致辞

• 推动大众创业、万众创新，需要打造支撑平台。要利用"互联网＋"，积极发展众创、众包、众扶、众筹等新模式，促进生产与需求对接、传统产业与新兴产业融合，有效汇聚资源推进经济成长，助推"中国制造2025"，形成创新驱动发展新格局。

——2015 年 9 月 16 日，李克强总理主持召开国务院常务会议

• "双创"既是小微企业生存之路，又是大企业繁荣兴盛之道。希望工人、技术人员和社会创客群通过"互联网＋"推动中国品牌、装备走向世界，展现竞争力，创出中国金字招牌。

——2015年9月23日，李克强总理考察河南洛阳矿山机械厂

• 大企业员工和草根创业者通过创新创业都可以成为更多财富的创造者和拥有者。这既是收入分配结构调整的重要内容，也促进了社会公平正义。"双创"为众多人提供了公平竞争的机会，让有能力的人通过自身奋斗获得上升通道。

——2015年10月19日，李克强总理参加全国"双创周"活动

• 必须把创新驱动放在更加突出的位置，更多依靠人才资源支撑，以大众创业、万众创新增强发展新动能，促进经济中高速增长、迈向中高端水平。

——2015年11月30日，李克强总理在北京会见中国博士后青年创新人才座谈会代表

• 我们这次既然确定了"双创"示范基地要在一些领域先行先试，那就要把大家切实关心的问题理出来。不能光"吼一嗓子"，还要有"金刚钻"。不能光给"双创"示范基地戴个"帽子"、铺个"面子"，还要有实实在在的"里子"。

——2016年4月20日，李克强总理主持召开国务院常务会议

• "双创"是实施创新驱动发展战略的重要抓手，是推进供给侧结构性改革的重要体现，是培育新动能的有力支撑。

——2016年10月12日，李克强总理在深圳主持召开2016年全国大众创业万众创新活动周中外创客领袖座谈会

• 众多创业者聚集起来，显示出我们国家民族创造的智慧和力量。创意无极限，创业无止境。希望你们把创意脚踏实地变为现实。

——2016年10月12日，李克强总理在全国"双创周"深圳主会场

• "双创"不仅带动了大量就业，促进创新驱动发展战略深入实施，它也是一场改革，因为它抓住了"人"这个生产力当中最重要的因素，让人的聪明才智和活力充分展现出来，让大家有改变命运、获得纵向上升的平等机会。

——2017年3月15日，李克强总理在人民大会堂金色大厅会见采访

十二届全国人大五次会议的中外记者并答问

• 内部"双创"小团队不仅调动员工积极性，更提高大企业的市场敏锐度和竞争力。这是大中小企业融通发展的新模式。

——2017年7月31日，李克强总理考察中国电信

为什么非要突出"创业"与"创新"？"创新"与"创业"到底有怎样的动力因素？为什么特色小镇的内在动力会是"创业"与"创新"？到底什么是"创业"与"创新"？如何在特色小镇的建设与发展中运用"创业"与"创新"？以上是本节论述的理论要点。

（一）创业：美国的秘密经济武器

人们往往认为美国的强大是因为拥有强大的经济控制能力，拥有众多的大型公司，拥有货币战争的统治权。这些说法都没有错，但是奇特的是美国政府以及公司都在影响着世界的发展方向，而企业的发展似乎引导着世界的潮流。

曾经的企业巨人代表是国际商用机器公司（IBM），曾经占据商用计算机超过70%的市场份额，资产负债表上的现金比其他计算机公司加在一起的销售总额还要多！所有人都理所当然地认为：不可战胜的IBM将永远存在，并且只会变得更强大。

当比尔·盖茨在20世纪70年代末创建微软公司时，IBM在同类公司中独占鳌头。但是，到了20世纪80年代末和90年代初，IBM又一次震惊了世界，因为它面对后起之秀，如苹果公司、莲花发展公司（Lotus Development Corporation）、戴尔公司、Gateway2000、微软公司及其他公司的竞争，业绩出现了剧烈滑坡。它的员工人数缩减了将近一半；它的股票直线下落，并陷入混乱当中；它成了产业革命的牺牲品。正如罗伯特·索洛所说："是你知道但并不真实的事情害了你！"

而引起这样的产业革命的动力，才是长久以来人们对美国经济内在本质的认定：从创造创业机会到创新，再到企业家精神，创业家与他们构造的全新价值链体系成为美国经济持续增长的秘密经济武器。其实这正是一个国家，一个区域，一个企业，当然也包括本书所研究的特色小镇的内在动力因素。

1. 创业：美国公共政策中的新中心议题

关注创业与创新，是国家及组织关注经济发展及社会进步的内在动力。美国的创业如同革命一般鼓舞着不断追求发展的人们，创业与创新已经成为美国经济发展的核心因素。

创业对美国经济做出了巨大的贡献，使得它正式成为与其他社会经济政策同样重要的议题。1999 年美国创业学委会（National Commission Entrepreneurship）的成立使人们认识到，需要建立教育体系来帮助立法者、政府官员和政策制定者了解创业对经济的贡献与潜在动力。2001 年 4 月哈佛大学约翰·肯尼迪政治学院的政策与创业研讨会上，该委员会对于创业的推进工作得到了极大的认可。包括政府官员、国会议员、参议员、创业者、CEO 及学者在内的与会人员与演讲者达成共识，他们一致认为：创业理应占据政策议程的中心位置。更令人鼓舞的是，2001 年 6 月，成立已久的美国参议院小企业委员会（U. S. Senate Committee on Small Business）更名为"小企业与创业委员会"（U. S. Senate Committee on Small Business and Entrepreneurship），这向世人发出了一个非常明显的政策信号。美国州长联合会（National Governor's Association）也将创业列入会议与政策讨论。

美国的公共政策与创业活动之间的紧密联系越来越重要。美国政府及政治家们已经意识到了这种联系，并且开始强调创业将给国家和全世界带来更大的持续性繁荣。

2. 创业与创新：带给美国的巨大改变

有一位获得诺贝尔奖的经济学家，其获奖原因是他用数据"证明"了：**世界上任何一家不超过百人的企业都不会影响经济和政策制定，大企业是经济支柱和新就业机会的提供者。**而麻省理工学院的研究员戴维·佰奇（David Birch）却用他的研究成果推翻了这个结论，并得到了相反的结论：**1969—1976 年，新的小型成长型企业创造了本国经济 81.5％的新就业机会。这种情况每年周而复始地发生。**举例来说，自 1980 年以来，美国中心企业已经创造了 3400 多万个新就业机会。这个结论使得美国政府及其政治家、研究者和企业界深感惊讶。因为戴维·佰奇发现了美国就业的实际因素，也可能发现了推进美国经济发展的核心动力。

美国促进小企业管理司关于企业结构及人数的统计显示，雇员少于500人的小企业占到企业总数的99％，提供了大约75％的新增职位。*INC* 杂志估计小企业雇用了大约一半以上的美国员工。实际上美国连续四年创业企业雇员人数增长超过20％。1994—1998年这些创业型企业提供了500万个新增就业机会。

这些创新企业蕴含了巨大的发展机遇与发展动力，脸书、苹果、微软等公司都是在这样的发展氛围中成长起来的高科技企业。以微软公司为例，这个20世纪70年代末成立的企业，在短短几十年间，数次问鼎全球财富榜第一位。1980年时，微软公司的收入只有800万美元，员工只有38人。但到了2000年年底，它的销售额达到了218亿美元，员工人数超过31000人，股票总市值达到3623亿美元。

"创业"与"创新"两个核心主题，不断改变世界产业价值链的格局，创造了更为广泛的就业环境与就业模式。在20世纪60年代，大约四分之一的人在"财富500强"企业工作。20世纪80年代，五分之一的人被"财富500强"聘用。20世纪90年代末，在"财富500强"工作的人只占十四分之一！

"创业"与"创新"创造了美国巨大的发展动力，表现在引发区域经济快速增长，创造大量就业机会以及创造新企业从而增加新资本与新经济增长点三个方面。

首先，引发区域经济快速增长。在高速发展地区，技术和创业中心的爆炸性发展就是由创新与创业引发的。从硅谷和波士顿扩展到北卡罗来纳州的三角带、得克萨斯州的奥斯汀、科罗拉多州的丹佛区、印第安纳波利斯、哥伦布、安阿佰和佐治亚州的亚特兰大，任何一个新兴的高增长地区都是由成长型的小公司首先带动起来的。

其次，创造大量就业机会。美国的大量研究反复验证了创业对就业有积极的推进作用。1997年一篇关于就业的研究报告指出：一般来说，小企业是就业机会的创造者，因为几乎所有企业开始时都很小（由于资源的限制），总是需要发展壮大以应对竞争。小企业创造了75％的新增就业机会。

最后，创造新企业从而增加新资本与新经济增长点。美国就业机会以及经济增长多来自新公司的诞生和成长，20世纪最后25年里新公司爆炸式的发展态势更是令人震惊。据估计，美国在 20 世纪 70 年代中期，每年诞生的各类新公司大约 60 万家，是 19 世纪总数的三倍。1994 年，政府和研究人员收集的大多数统计数据显示，美国每年新创立企业约为 110万～120 万家，新公司数目增长 5 倍，这段时间美国就业机会旺盛的增长势头主要归功于此。1996 年 8 月美国独立企业联盟（National Federation of Independent Businesses）公布的研究结果称，每年各种新企业的诞生数可能是 350 万。

很多人认为创业就是创建新企业，但实际上，创业包含的内容比这要多得多，虽然创业不是推动经济和社会发展的唯一重要力量，但创业促使人们去追求并实现他们的梦想；去蹒跚学步，一次次地尝试；去探索他们想要的生活方式和生活地点。实际上，创业本身就是一堂人生的幸福课。

二、创业与创新的几个基本概念

（一）创业和创业机会

> **价值要点：**
>
> 特色小镇的建设与发展本身就是创业，如同美国曾经的硅谷、奥斯汀小镇一样，无论政府还是企业都需要用创新思维，激发经济协同发展的新动力。深度了解创业，就是打破原有的思考路径，寻找发展机会和推进成长的动力源泉。

创业是一个过程，是个人和组织识别并追求创业机会，通过创业机会提升组织价值与个人价值的过程，实现方式就是创建企业或个体。创业是个宽泛的概念，并不是指简单地创建新公司。杰夫里·提蒙斯（Jeffry A. Timmons）对于创业的定义：创业是一种思考、推理结合运气的行为方式，它为运气带来的机会所驱动，需要在方法上全盘考虑并拥有和谐的领导能力。这个定义将创业与领导力融合在一起，尤其强调对领导力内在价值的研究，也就是常说的企业家精神。而熊彼特（Schumpeter）教授对于创业的定义，则将企业家与创新相关联。根据熊彼特的理论，企业家的作用是"改革或改变生产模式，运用开发一项发明或一项新技术的可能性：制造一个新的产品，用新的方式制造一个旧的，开辟一个新的原材料来源或一个新的出路，重组一个产业"。

有关创业的研究实际上成为发展动力的研究，尤其突出表现在对创新与企业家精神的研究。笔者所读的博士院校专门开设了创业学课程并成立了专门的创业学实验室，对"未来投资"项目进行深度研究，并在法律、经济和管理之间的交叉点上挖掘创业学的深化价值。通过观测站和网络的创建帮助政府及中小企业推动创业发展，形成新经济形态，并积极参与国际市场竞争。实际上国内外知名高校在创业学以及关联的新产业经济学等方面的努力，会有效推进产业及经济的发展。**特色小镇可借助外部科研资源建立发展智库，通过外部视角挖掘特色小镇背后发展的因素。**对于创业，可以跳出原有的概念局限，得到以下的定义：**创业是搜寻、评估和开发机遇，由一个企业家或一个创业团队以建立、接管或业务开发活动为目的，通过实施战略愿景发展一个组织，并有助于创造价值。**

创业行动可以在不同的领域中进行，无论是高科技还是社会公益，甚至是地区建设，其中就包括特色小镇的建设。不同的是组织结构的关注深度与复杂程度，如小企业、多元化跨国公司、协会和网络等的创业关注要素就不尽相同。

作者观点

创业成功的关键就是机会的寻找，机会是创业的原动力。很多时候我们说"选择比努力更重要"，其实就是在寻找机会价值。认识和开发创业机会就是创业的本质，就是发现那些别人没有看到的机会，或是他们没有认识到的潜在的巨大商机。

创业是一个过程，是在已有商品、服务、生产方式中发现价值提升的机会，通过新产品或新生产方式代替原有模式，寻求自身的发展空间。因此，**参与创业的公司或者组织会特别重视个人创新和持续创新能力。**正因如此，**针对创业过程的侧重点不同，创业分成了创新（Schumpeter）、组**

织创造（Gartner）、**价值创造**（Bruyat）、**机会**（Shan）**四个学派。**

很多时候，人们只会将创业放在企业层面，实际上创业是一种经济引擎，帮助驱动全球性竞争格局中的国家经济。创业和创新对于参与国际竞争的公司很重要，对于刺激经济发展，从而提高公民生活水平的国家也十分重要。

（二）创业者

创业者（entrepreneur）是一些个体单元，他们独立行动，或者作为组织的一部分。他们发现创业机会，并且敢冒风险，开拓创新来追逐这一机会。创业者可以是独立的个人，也可以是在组织中任何层级上服务的人。因此，高层管理、中层管理、一线管理者、员工和那些生产公司产品的人或者服务人员都可以成为创业者。华为公司的组织变革、海尔公司的众创平台构想就是基于这样的理念，创造"以奋斗者为本"的价值理念。

单元角色与思维的转换，尤其以"创业""创新"为组织成长动力，是特色小镇内动力因素的突破，不但能激励特色小镇管理者改变服务思维，更能推进个体单元更好地参与其中。

价值要点：

事实证明，成功的创业者都有创业意识。一个有创业意识的人会重视市场的不确定性，并且不断寻找能够引起重要创新的潜在机会。创业意识所形成的潜能会不断引起持续的创新，哪怕是餐饮以及竞争激烈的夕阳行业，都有可能引发技术创新与服务创新。一个个体单元的创业成长意识可以成为组织竞争优势的来源之一。

霍华德·舒尔茨，星巴克公司的创立者，他和他的管理团队就拥有强烈的创业意识，比如，让音乐成为星巴克顾客体验中有意义的一部分，这就是创业意识所提供的新产品与新体验。用舒尔茨的话来说，"音乐世界一直在变，而星巴克和在星巴克里听的音乐将会一直成为这个创业的创新改革者，这要用热情、投入甚至一点实验来保持住这个地位"。为了延伸到音乐市场，星巴克公司与音乐市场的 CMG 公司联盟，来推销它新的音乐商标。星巴克公司已将其产品延伸到了其他娱乐形式中。

激发创业者的激情，更主要的是激发创业环境的形成。这是特色小镇首要打造的重点工作，尤其对于知识与技能的普及与推进，迫使特色小镇中每一个创业者以及政府工作人员，不断提升学习素养及知识结构，从而不断激发创业意识的形成，只有这样才会在特色小镇的每一个成长环节提升价值。事实证明，每个组织接触到新知识时，都会对原有价值体系形成更强的创新力。虽然，现实中理论与实践存在严重脱节的现象，但是通过知识分类，寻找符合特色小镇包括企业、个人与政府等个体单元的专业知识与操作技能，可以创造良好的环境氛围，激活特色小镇发展动力，促使特色小镇高速发展。

（三）创新

彼得·德鲁克说过："创新才是保护组织，使组织基业长青的最好方法，它是管理者的职业保障和事业有成的基础。"对于创新与创业的推动，德鲁克这样论述："无论是在一个现有公司，一个公共服务机构还是在一个由个人发起的新公司，创新都是创业能力的一个特殊功能。"此外，德鲁克还表示"创新是创业者寄以产生创造财富的新资源或赋予现有资源扩大财富的方法"。因此，要想在竞争环境中获得成功，创业与创新的关联性激发至关重要。很多时候，不能创新的组织将停滞不前，尤其在高科技领域。无论苹果公司还是华为公司都用事实证明，要想成为市场领导者，必须定期根据消费者需求更新产品。这意味着，创新应该成为一个公司、组织甚至政府所有活动固有的组成部分。

知名学者熊彼特在其经典著作中提到**组织会致力于三种类型的创新行为：发明新产品、发展新产品、优化新流程**。创新是使发明成为商业化的过程。创新开始于创造发明。因此，一项发明会使一些新的东西成为可能，而一项创新会使新产品的价值得以实现，从而构造一套有效的价值链体系。当然，创新并不应该仅限于产品或者专利，更应包含服务、商业模式等形式的创新，而**商业价值是被用来判断创新成功与否的关键**。

模仿是采用其他组织优势的类似创新，模仿通常会使产品或流程标准化，使模仿产品以更低的价格面市。模仿产品缺乏个性，更多的是从规模经济及流程进行创新，有时会在特色优化上下功夫，模仿式创新对现阶段特色小镇产业同质化问题的解决非常关键。

创业对创新行为尤为重要，因为创业是发明和创新中间的关键点。在美国，发明创新在组织的三种创新行为中是最为重要的。许多组织能够提出发明构思，但却难以通过创新使这些发明商业化。约80％的研发活动发生在大型组织中，但是这些组织只产生了不足50％的专利数量。

价值要点：

专利是一种战略资产，有体系地研发技术专利与产品专利将成为组织的重要竞争优势，特别是在知识密集型行业，能让相对有效的研发形成商业价值。商业价值成功实现的路径多数出现在创业组织。

如前所述，创新是组织通过创业精神寻求的商业价值实现路径，通常也是组织竞争优势的重要来源。特色小镇要想在充满竞争的环境中找到自身的生存空间，就必须通过不断创新打造特色小镇的价值。很多研究以及事实证明，在全球行业中，竞争中的组织在创新上投资越多，其取得的回报也就越多。

（四）国际化创业

特色小镇在定位及整个发展过程中，一定要有国际化思维，尽管中国的市场足够大，但依然要突破特色小镇一般价值链的束缚，打造具有国际产业优势的特色小镇。哪怕是文化旅游类特色小镇，也需要构筑国际化创业体系。

国际化创业是为了发展某类产业的竞争优势，创造性地发现和挖掘国外市场的产业特色或产业机会。正如定义所指，创业是一种全球性现象，几乎1/3的高度发展的新公司在其生命周期的早期便进入国际市场。大部分大型公司都拥有国外运作项目，非常注重国内外市场的产业互补与互动。尤其在中国"一带一路"倡议的推动下，特色小镇以产业价值链传导的方式进入国际市场，会更快地发展特色小镇产业基础与产业特色。

虽然国际化创业具有众多风险，受到包括政策风险、汇率因素、市场效率、企业发展的基础设施配套以及市场规模限制，但是国际化创业思维，会帮助特色小镇走得更远。尤其在特色小镇产业价值链的国际适应性、特色小镇产业创新、特色小镇品质提升等方面具有极强的战略价值。

特色小镇产业价值链的国际投资及引资水平是国际化创业的一个重要维度。事实上，在全球化起势不断扩大时，许多新组织已经"天生全球化"。研究显示，进入国际市场的新组织会增加组织内部新技术的学习，继而提升组织绩效及国际化融合度。这样会不断加强产业价值链的创造能力。因此，国际化创业数量将会在未来不断增多，特色小镇则可以借助"一带一路"等政策走向世界，将技术与资金引进来，把产业价值输送出去。

特色小镇尤其需要建立国际化视野与国际化创业的文化精神，尤其要注意建立进取心和团队合作精神，以及大胆创新的文化氛围，以此鼓励创业行为。

如果想让一个特色小镇的产业体系变得具有创造性，必须提供有效的政策扶持和激励体系来激发特色小镇内组织及成员的进取心，但要成功激活创新，就要促进组织对于创新的拥有权，并推进法律协助与专利辅导的创新支持系统。此外，国际化创业需要拥有特殊技能和资源的人，让这些具有领袖精神的"企业家"带领组织在充满荆棘的创业过程中，不断搏杀，奋勇前行。

国际化创业最好有具备国际化背景的组织领导者，能够增加进入国际市场的可能性，尤其可以增加组织在国际市场成功竞争的可能性。通过持续学习，通过在国际市场操控下所形成的范围经济和规模经济，特色小镇内的新创业型组织和特色小镇核心产业主导的国际多元化产业集团常常在国内市场也是有力的竞争者，而国际化视野的创新力是特色小镇与这类组织及企业在国内外市场成为佼佼者的关键。

三、基于战略创业的特色小镇价值创造

（一）战略创业与创新

战略创业是从战略角度进行的创业活动。当进入战略产业时，组织中的人员会集中寻找外部环境中的机会，尤其是通过创新来寻找发展机会。

在未来的发展格局中，以市场发展为核心，不断优化价值链的价值创造体系，形成持续成长的创业文化，是战略创业的核心精髓。尤其在新的市场与环境中，依托资源整合寻找机会，并通过成功创新追逐机会，在资源不断重组的今天，可能成为特色小镇及其关联组织赖以生存以及持续成功的内在核心发展因素。战略创业可以帮助特色小镇持续不断地发现新机会，迅速进行创新，并付诸行动。

价值要点：

特色小镇对于政府及企业等组织都是战略创业的过程。从政府申报开始，就已经开始尝试建立战略创业的构想。特色小镇构造战略创业体系，首先构想其优势领域，包括优势领域的经济状况与产业体系。其次，注意战略资源、政策、人才及资金等多方面扶持，尤其注意依靠自身或引导性行为进行优势创新，因为这种创新很可能会成为特色小镇赖以生存以及发展的关键。

基于特色小镇战略创业的优势创新，需要从两个角度展开，并依托系列化行动得以有效落地。首先，通过特色小镇内部活动进行创新，也可以通过战略合作联合创新，例如产业联盟及战略联盟等形式。如果条件合适，尤其对于企业，还可以通过兼并及股权收购等方式获得相关产业公司的产业创新能力及创新许可。其次，特色小镇的创新突破，需要有资本意识与产业价值链意识，尤其对于政府组织，要有驾驭与建设创新价值体系的战略思维，既要扶持产业延展及扩张，又要防止恶性收购等风险的冲击。

促进及发展特色小镇战略创业的整体创新，需要政府与企业组织都打破常规的开发建设模式，通过新的政策与模式，比如 PPP 模式、PMC 模式、EPC 模式等（后续章节将详细介绍），推进特色小镇优势创新，融合外部企业资源与政府资源，通过开发平台推进外部创新。

特色小镇中的创业与创新，要注意时间与空间上的分层。首先，对于时间分层，既要注意大资本与核心产业构筑产业价值链之间的价值关联，也要注意特色小镇通过企业集群深化价值链延展，形成产业集群。时间分层需要注意推进重心，可以由易到难，也可以由难到易，但产业发展节奏一定要侧重产业优势核心，逐步对产业价值进行深化延展。

对于空间上的层次管理，需要从两个角度入手：

第一是产业体系，需要注意中国产业发展的重要节点，根据特色小镇所处的地理因素及产业配套因素，形成产业结构的核心构造。这种中心向外辐射的形态，能够形成产业升级与转化的可能，否则很容易受到产业动荡的影响，甚至极大地影响特色小镇的发展乃至生存。东莞、佛山及中山等城市的下属产业镇区，比如虎门、小榄、古镇等区域，由于产能饱和以及国内外的产业冲击性影响因素，曾经受到了极大的冲击。

●●●● 作者观点

特色小镇并不是有了产业就可以存活与发展，尤其现阶段的中国，已被全球价值链低端锁定为代加工区域，如果不能进行有效的产业创新及升级，极容易受到外部因素的冲击，可能会导致产业淘汰，以及产能转移。

第二，要注意空间价值的创新，尤其注意合理推动第三产业发展，从区域的主要服务配套建设开始，逐步向现代化服务创新体系转化。整个空间价值创新过程，可以依托大中小型企业搭配式发展，逐步建立服务型、生产型甚至高科技合资型的多层次企业模式，并构造多层次的产业空间。

推动核心点：

战略创业会一直贯穿特色小镇发展的始终，不同阶段的战略创业的侧重内容有所不同。战略创业核心在于激活内部动力与外部发展动力。战略创业的决策要素不是简单地创造企业，更多的是主动地创造价值增长机会。

所以，要从更广义的角度理解创业概念，以及战略创业的意义。创业可以是一种长期的陪伴；可以是战略联盟，共同发展；也可以通过股权激励模式进行协同创新。而这些行为的根本目的是提高业绩绩效和增加价值增长的机会。

（二）通过战略创业创造机会价值

价值要点：

特色小镇价值链的创造过程，很大程度取决于战略创业的价值生成。辨别战略创业机会，寻找机会价值，其实才是特色小镇的首要工作。

辨别机会时，有目的地寻找战略通常要比拍脑袋猜想的成功概率大很多。而且对于资源禀赋等因素的分析，会有效提升特色小镇创新性的培育。要依托创业意识不断寻找机会，并不断将机会价值进行内化，成为特色小镇发展的核心优势。特色小镇机会寻找及机会创造的过程，虽然具有一定的冒险因素，但是不断识别机会的能力与战略创业的灵活性，可以激活特色小镇的创新力与风险应对能力。

另外，实施战略创业的特色小镇，相对而言更具长远的战略眼光，也容易形成特色小镇的综合发展引力，从而获得更多的资源与能力去开发已确定的机会。

价值要点：

具有发展潜质的特色小镇一般善于从战略创业的角度寻找机会，而不是简单地从资源优势处寻找机会。尤其在产业革新飞速发展的今天，特色小镇不仅需要认识和开发的机会，还要在具有竞争优势时维持并发展机会价值。

特色小镇建设初期必须学会如何获得竞争优势，并不断开展"优势寻求"行动，对于有一定规模的特色小镇则必须重新学习与辨识创业机会，通过"机会寻求"的技巧，发现与创造更多的机会价值。

对于价值创造过程，最好有战略创业的行动构想，从而针对可能存在的问题构思解决方法。发现特色小镇在整个发展过程中的创业机会，并通过机会分析建设特色小镇发展体系，对于特色小镇管理尤其重要。这种模

中国特色小镇 The Chinese Characteristic Town

式可以对特色小镇内部发展因素及外部影响因素进行统筹，从而构想合作、收购等目标的战略实施手段。整体目标的设定，可以帮助特色小镇发展渐进式创新或者激进式创新，形成可持续发展的综合推动力。

作者观点

让特色小镇具有科学化的创新性，是特色小镇发展的内在核心动力。

特色小镇需要在统筹者、管理者、企业组织与相关人员间建立一套创业体系。统筹者与管理者可以优化对资源的管理，特别是人力资源和社会资源管理。特色小镇需要开发针对产业领域及空间价值发展的人力资源吸引力，因为获得并维持竞争优势的基础是具有专业领域的人力优势。同时，整合社会资源同样重要，社会资源是特色小镇在国内和国际市场上开展有效竞争的基础，为了有效地发挥特色小镇的竞合优势，政府及企业组织都需要接近合作伙伴来建立互补资源，尤其在特色小镇建设前期更需要侧重产业优势与社会资本的资源合作。

特色小镇的整个发展过程具有众多创业机会，但是在不同的阶段创业的要求、组织的结构、产业的层次以及工作的重点都不相同。特色小镇的创业重心一般基于产业发展方向与综合配套发展方向两个核心要素。两个要素的创业市场大小，决定了特色小镇未来规模的大小以及整体的发展深度。具有前瞻性的战略创业推进，可以更好地促进特色小镇的发展。

优秀的特色小镇，一般都会以区域为核心，盯准国际市场的创业机会，注重进入国际市场的战略创业构想，突出战略创业的双向推进作用，比如通过国际市场的经验借鉴，能够学到新的技术和管理实践，并把知识传播到特色小镇及相关组织中去，从而获得有助于特色小镇及产业集群核心成长的动力。

众多研究发现，具有国际运作思维的企业与组织更具备创新性与竞争力。对于现阶段的中国，更需要大、中、小型企业有规律地走向国际市场，并以新的思维与构想融入全球价值链中。

特色小镇是城镇化推进过程中的创新型产物，重点需要挖掘人力与社会资本，充分利用国内和国际市场的商业机会，并从这些市场上获取新技术和社会资源，从而获取特色小镇的比较竞争优势。

> **价值要点：**
> 　　特色小镇实践战略创业需要决策者及管理者具有以产业集群为基础的平台战略思维。创新本身并不是简单的技术创新，也包括商业模式等方式的创新。事实上，国际上很多小城镇及领先企业就是通过改变商业运作的组织规则，取得了巨大的成功。

　　比如法国依云小镇，就是以"水"为主题，以国际市场为基础，创新产业结构与商业模式，构造复合型产业集群，成就了国际知名的复合型产业小镇。中国阿里巴巴集团也是通过商业平台及商业模式的变革，缔造了阿里巴巴产业帝国。

> **价值要点：**
> 　　确立一个持久并具有广泛开放性的目标能够促进特色小镇及领先企业的竞争优势。

　　比如腾讯公司与移动公司都具有广泛的客户基础，但产品战略目标不同，产品发展情况大不相同。腾讯的微信与移动的飞信几乎同时作为免费移动端通信工具出现在大家的视野中，但是发展的开放性与价值目标的差异，使得微信不断发展，成为现在广泛使用的移动通信软件，构造了腾讯公司未来巨大的发展商机，而飞信却淡出人们的视野。这正是战略目标的巨大差异导致的最终结果。

　　"双创"的持续推动会导致在未来的数年中，越来越多的个人及企业团体参与"创业""创新"的大潮，也有众多的创业者被潮流淹没。但是，无论如何，战略创业中的个人与公司成功的可能性会更高。特色小镇也一样，只有通过战略创业才有可能摆脱生存问题，找到真正的发展动力。

　　特色小镇的成长基础就是认识到机会价值。决策者、管理者、相关企业必须去发掘能够成为特色小镇核心竞争力和相对竞争优势的能力。认识机会价值的过程是特色小镇的发展基础。虽然这种行为本身不足以创造巨大的财富，也不足以随着时间的推移，让特色小镇及相关企业得以幸存，但是，成功地利用机会价值，可以帮助特色小镇发展那些有价值的、稀少的、难以模仿的并且不可替代的能力。同时，通过这种创新能力的培养使特色小镇获得一个乃至更多的竞争优势与机会价值。

如果特色小镇没有竞争优势，仅仅靠地产等基础建设模式拉动其经济增长，那么这种增长就是暂时的，所谓的成功也是暂时的。特色小镇应重点推动具有创新价值的产业，它们可能蕴藏极强的发展潜质，因为战略创业本身就是尽量占据产业生命周期的前端。尤其面对"颠覆式创造"的产业创新，特色小镇必须采用竞争行为把战略优势引入市场，并保持其核心地位，以此获得一段时间内的竞争优势。这些行动结合就是战略创业的行动准则。

推动核心点：

战略创业的创新型推动存在个体与组织两个因素的相互作用，个体是战略创业的中心引导因素，核心表现为企业家精神。组织是推动人力体系以及产业体系的核心，核心表现为组织成长力。两者相互作用，缺一不可。

四、企业家精神与特色小镇价值创新

（一）企业家精神

2017 年 9 月 8 日，中共中央、国务院印发了《中共中央国务院关于营造企业家健康成长环境　弘扬优秀企业家精神　更好发挥企业家作用的意见》，这是中国政府首次通过文件的形式聚焦企业家精神。

企业家是经济活动的重要主体，企业家群体以独特眼光、独特思维以及独特精神引导着企业的发展方向，是中国经济发展过程中的弄潮儿。中国政府通过文件形式关注企业家群体，其实质是通过弘扬企业家精神，推进中国经济发展的内在动力，通过创新驱动中国经济发展新战略。注重企业家关切，引导企业家预期，规范企业家行为，激励企业家创新，激发市场活力，加快创新发展的重大举措，对实现经济社会持续健康发展具有重大深远的意义，对特色小镇的建设发展具有极强的推动力。

什么是企业家精神？企业家精神的内在实质是什么？企业家精神的推动，对于特色小镇具有怎样的战略意义？这些是研究特色小镇内动力因素的关键。

"企业家"是由法国经济学家巴蒂斯特在 1800 年首次提出的。他认为企业家可以使经济资源的效率由低转高。**"企业家精神"是企业家组织建立和经营管理企业的综合才能的表述方式，它是一种重要而特殊的无形生产要素。**后来西方学者将企业家及企业家精神的定义拓展到组织行为、心理及社会分析等领域。很多学者还将企业家精神应用到改造政府服务工作与社会管理工作上。这种政府功能改造思维，非常符合中国特色小镇政府管理者与相关企业的运用与实践。

熊彼特认为："企业家的职能就是实现创新，引进新组合。"而"创新"是"一种创造性的破坏过程"。彼得·德鲁克在《创新与企业家精神》一书中承继并发扬了熊彼特的观点，提出企业家精神中最主要的是创新，并把企业家的领导能力与管理等同起来，认为"企业管理的核心内容，是企业家在经济上的冒险行为，企业就是企业家工作的组织"，企业家精神对于组织的成功非常重要。

价值要点：

　　总结德鲁克、熊彼特等学者的观点，可以将企业家精神简要总结为以下八个要点：①创新是企业家精神的灵魂；②冒险是企业家精神的天性；③合作是企业家精神的精华；④敬业是企业家精神的动力；⑤学习是企业家精神的关键；⑥执着是企业家精神的本色；⑦诚信是企业家精神的基石；⑧做一个服务者是企业家精神的要点。

中国特色小镇 The Chinese Characteristic Town

> 企业家精神就是以"创新"为核心驱动下的"创业"精神，
> 它本身就是组织发展最强大的内部推动力。

精神是一种思想形式，是驱动智慧思考的意识形态。企业家精神是企业家这个特殊群体所具有的共同特征，包括这个群体所具有的独特个人素质、价值取向以及思维模式，是对企业家理性和非理性逻辑结构的一种超越、升华。

1. 创新：企业家精神的灵魂

创新必须成为企业家的本能，是企业家通过艰苦工作的结果。企业家创新精神体现了优秀企业家能够发现他人所无法发现的商业机会，能够运用一般人所不能运用的资源、找到他人所无法想象的办法。从产品创新到品质创新，到技术创新、管理模式创新、市场创新、组织形式创新，等等。每个细节都可以体现思维的创造力和整体过程的把控力。

创新本身就是在复杂多变的竞争环境中，甚至细小的夹缝中，找到自身的生存空间。只有具有创造性的企业家，才能够在市场、土地、人力、资本等要素中，找到发展壮大的机会，找到财富的源泉。不断寻找新的商业机会，不断开拓新的商业模式——这种不安分、冒险的特质，才是成就经济发展的源泉动力。

2. 创业：企业家精神的实践

创业，是企业家精神的实践。创业欲望和创业能力，本身就是一种资源和竞争力。创业并不仅仅是吃苦耐劳、积极进取、执着坚持、顽强奋斗、突破常规、敬业敬职、勤俭节省等综合素质的集成。它所承载的，更多的是具有冒险意识的实践精神和对资源的创造性整合。

一位杰出的企业家，首先是一位具有创造性思维的理性冒险家。对于企业家而言，不敢冒险才是最大的风险。优秀的企业家往往是理想的战略家，他的冒险精神实质上是具有"超前意识"的，能够把控商机和扩大成长机会。在日常的行动中，企业家精神在很多细节上都可以得到充分的体现：战略制定与实施、资金及生产规模管理、新技术开发与运用、新市场开发与维护、产业类别的增加与淘汰、产品价值扩展战略等，都可以体现实践中的创业精神。

创造性地整合资源，不但需要胆量，更需要果断的决策力、学习创新力以及控制力。这种控制能力是一种综合素质，包括充分利用组织体系，善于任用人才，甚至利用无限的想象力，开展"偏执"的创造。

3. 企业家精神：核心竞争力的重要来源

彼得·德鲁克认为："所谓公司的核心竞争力，就是指能干别人根本不能做的事，能在逆境中求得生存和发展，能将市场、客户的价值与制造商、供应商融为一体的特殊能力。"核心竞争力从某种意义上讲，是企业家精神的一个反映或扩展。企业家精神对核心竞争力的巨大作用在具有远见卓识和非凡的魄力与能力的企业家那里得到集中体现。无论美国的比尔·盖茨、韦尔奇、乔布斯，还是中国的任正非、马云、马化腾等人，都以其独特的企业家精神，成为这个时代的英雄。

企业家特殊的地位，决定了企业及相关组织的核心价值观，对于组织创新、管理创新、价值创新等冒险活动有着积极的主导作用。企业家精神的影响力，对核心竞争力起着关键性的主导作用以及调节作用。很多时候，企业家精神比资源、能力以及制度等优势更具竞争优势。

以色列就是依托强大的创新力与创业力所构成的企业家群体精神在贫瘠的土地上，培育出以科技为核心的竞争力，创造了影响世界的经济奇迹。华为公司，作为中国科技领袖的代表，2002 年是其生存和发展最为困难的一年。在经济周期性衰退的影响下，华为的管理问题、市场问题都不断爆发出来，华为公司已经丢失了发展的强势，在资金上捉襟见肘，很多员工对华为公司的发展持怀疑态度："华为的冬天"真的来了。总裁任正非提出："什么叫成功？经九死一生还能好好地活着，这才是真正的成功。"任正非对华为公司进行了大刀阔斧的改革，先后进行了人员结构调整、产业结构调整、内部组织调整。也正是这一年，在资金短缺的情况下，为规避风险，任正非决定加快华为走向海外的步伐，为华为公司未来的高速发展开辟了更加广阔的市场。华为公司最终渡过冬天迎来春天，就是靠企业家精神以及文化凝聚起来的组织力，不折不扣、坚定不移地执行企业的每一个决策。企业家精神不但能构成公司内在的发展动力，更能够为公司外部发展创造机遇，这些都是企业家精神锻造下的核心竞争力。

4. 企业家精神：特色小镇建设的根基

特色小镇建设是个复杂的系统工程，需要超强的资源聚集能力、产业创新开发能力以及整体运营与协调能力，这些能力相互作用，缺一不可。主导推动特色小镇成长的政府与相关组织，必须有创业意识，有企业家精神，要有打造特色小镇长期发展的精神追求。从业务能力、综合素质、机遇挖掘，到整体创新能力的培养，将是特色小镇成长的基础。

作者观点

实际上，特色小镇本身就是提供创业机遇的创新平台。建设特色小镇，就是将具有企业家精神的人和具有企业家精神的优秀企业通过政策、产业、梦想等因素，聚集在一起。

杭州的"梦想小镇"就是特色小镇的典范。它的目标就是在 3 年内集聚 1 万余名创业者，打造 2000 个以上的创业项目，聚集基金及相关管理机构 300 家。又如以美国格林尼治基金小镇为样板打造的"玉皇山南基金小镇"，其发展目标是在未来 5 年内引进和培育 100 家以上、辐射带动周边 300 家以上的各类私募基金、私募证券期货基金、量化投资基金及相关财富管理中介机构，管理资产额超 5000 亿元以上。

（二）六大主题构造的企业家精神

企业家精神的培养更像是一种修炼，修炼具有个人特质的领袖精神。由六大主题构造的企业家精神，及其引导下的态度与行为，可以主导组织的内部变革。

特色小镇的建设，需要注重以"创新"为主题的"创业"行为，需要通过企业家精神构造特色小镇积极发展的内在动力。而内在动力的培养不仅限于企业，政府更需要培养这种精神。要敢于改革体系，深度优化产业，构造"共赢"思维，培养服务意识，激活特色小镇内在成长动力。

企业家精神虽然部分来自天生的品格，但是如同"创新"一样，通过学习与应用也可以后天形成具有独特竞争力的企业家精神。六大主题构造的企业家精神，是培育创业与创新能力的有效路径。

推动核心点：

主导企业家精神的六大主题分别为：责任感与决策力，领导力，执着于商机，对风险与不确定性的宽容度，创造、自我依赖和适应能力，超越别人的动机。通过这六大开放性主题所获得的态度与行为，可以提升特色小镇"创业与创新"的内在动力，培养具有自身特质的企业家精神。

六大主题及态度与行为引导下的企业家精神要点，如表1—5所示。

表1—5　六大主题及态度与行为引导下的企业家精神要点

主题	态度与行为
责任感与决策力	顽强、具有决断力，能够迅速地承担责任并行动
	有高度危机感，并有高度目标感
	解决问题的恒心，持之以恒的改良行动
	愿意承受个人牺牲
	投入
领导力	具有主动精神的人；具备自身的人格吸引力
	团队的建设者和英雄的创造者；善于鼓舞他人
	待人如待己
	愿意帮助所有一起创造奇迹的人分享财富
	诚实、可靠；建立信任感；公平行事
	出色的学习者和老师
	耐心、具有紧迫感
	信任队友，相信团队，具有群狼意识
执着于商机	对把握客户的需求有敏锐的认识
	执着于市场价值的发现
	执着于创造价值与提升价值

主题	态度与行为
对风险与不确定性的宽容度	承担预计过的风险
	注重风险最小化
	愿意作为风险分摊者以获得"共赢"式发展
	对风险与不确定性的宽容度；对于管理效率的矛盾处理
	容忍不确定性与组织结构的缺陷
	容纳压力与冲突
	能够不断解决问题并对解决方案进行整合
创造、自我依赖和适应能力	不受旧习束缚，思维开放，开放思考
	不断通过行动摆脱现状
	通过调整和变化主动解决问题者
	快速的与持之以恒的学习者
	创造、自我依赖和适应能力 不害怕失败，并面对解决失败所带来的各种问题
	能够"提取细节"并归纳总结形成创造要素
超越别人的动机	目标－结果导向；从而实现长远但现实的目标
	有达成目标与成长的驱动力
	能够面对因动荡所造成的各种冲击
	人与人之间相互竞争并相互协同支持
	意识到劣势与优势
	有主见并不断努力超越别人

1. 责任感与决策力

顽强、具有决断力，能够迅速地承担责任并行动，比特色小镇推进过程中的任何一项因素都更重要。有了责任、决心和行动力，可以克服不可想象的障碍，并大大弥补其他因素所带来的不足。企业家及相关角色人（如成功的产业管理者）都有自身的风格、个性和道德标准，但也有共同点，就是他们从来不会放弃。

几乎所有创业组织都要求承担完全责任。因此，企业家及相关角色人一直生活在巨大的压力之下——开始是为了寻找生存的机会，然后是为了继续站住脚跟，最后是为了发展壮大。一家新企业或者组织需要创业者把他们的时间、感情和理想都奉献给企业或组织，尤其是民营企业或者自有资本成长的组织。他们将资产的一大部分甚至全部，投资于自己的企业，愿意只拿利润不拿薪水，甚至面临亏损的状况，笔者也是这群人中的一员，倍感成长的艰辛。**创业主导的企业家精神需要很强的竞争意识：只有在任何事上都积极竞争才能找到生存空间，并获取胜利！**

特色小镇的建设与发展过程，就需要这种竞争意识。将全部竞争能量都用于对付外部竞争者和实现特色小镇的发展目标。特色小镇除了在政策驱动下会面临众多同类产品竞争、产业冲击以及资本等众多因素的影响外，内部也会面临发展信心及人员等各种因素的影响，如果不能通过企业家精神的引导力量构造团队的凝聚力和团队精神，最终就会毁掉整个团队，而这一切都取决于决策力。

实际上，具有企业家精神的创业者，能够有效地完成设定的目标。在面对困难时，企业家们极有恒心。这些卓越的企业家最大的优势就是有别于常人的眼光，具有精准的判断力与决策力。这对特色小镇的发展极为重要：知道什么能做，什么不能做，可以寻找有效的发展方向；面临困难甚至绝境时，会执着坚持，不断探索，并且知道通过什么路径，寻找怎样的资源解决现有问题。

2. 领导力

这里的领导力是基于企业家精神构造的成长要素，是相对于团体而言的综合性因素，其本质就是影响力。

领导力是个综合的管理过程，是基于个人心理向周边人员心理扩散的一个过程。如同人格魅力一样，具有特殊的吸引力。众多学者将这种领导力因素概括为态度、行为、认知三个方面。因此，可以构建基于创业者、团队以及外部环境影响的领导力推动要素。如表1—6所示：

表 1—6 企业家精神构造的领导力推动要素

企业家精神构造的领导力推动要素	
带头的创业者	
自我觉醒	具有现实主义者的态度，而不是无所不能的态度
性情诚实	值得信赖，他的话就是承诺 不知道时会承认自己不知道
节奏的制造者	表现出高昂的精神状态以及紧迫感
勇气	能够做出艰难的决策：设定高目标并为之拼搏
沟通技巧	在市场中能与企业团队及其他企业参与者保持有效的对话
团队参与者	精通人员管理与团队建设技巧
企业团队	
组织类型	带头创业者与企业团队在参与性的环境中融合在一起
伦理行为	坚持商业伦理，严格履行
信任感	承诺能够兑现，或者做得更好
关注点	关注企业的长期发展策略，但是实现的战术是灵活的
绩效/奖赏	产生高水平的绩效，当表现更突出时会得到公平、公正的奖赏
适应性	对产品/技术周期的快速变化做出反应
外部环境影响	
委托人的需求	组织的需求要满足，企业服务的其他公众的利益也要满足
以往的经验	以往的大量经验可以被有效应用
指导	其他人的特长可以发挥利用
问题解决	新问题能够很快解决或优先处理
价值创造	高度承诺为投资人、客户、雇员以及其他股东创造长期价值
技能重点	市场技能高于技术能力

资料来源：Adapted from Alan D. Grant, "The Development of an Entrepreneurial Leadership Paradigm for Enhancing Venture Capital Success", *Frontiers of Entrepreneurship Research*, 1992, ed. J. Hornaday et. al (Babson Park, MA：Babson College, 1992)

从领导力的形成过程来看，其主要是通过领导过程、领导行为、领导能力、领导知识和领导情境等方面共同推进而成。根据作用大小，领导力可以分成三个层次，如图 1—11 所示。

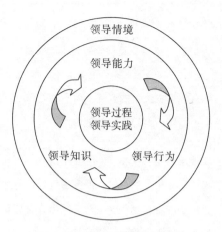

图 1-11　领导力的作用影响

领导力是企业家精神的核心要素，在管理过程中重点体现为综合素质。在特色小镇建设方面，领导力更多地表现在综合协调能力、统筹推进能力等方面，尤其体现在领导力构造的五力模型上。

推动核心点：

特色小镇领导力的五力模型包括前瞻力、感召力、影响力、决断力与控制力。这五种力量相互交错，共同构筑了领导力的核心素质，也构成了领导力面临的三个核心领域问题：带头的领导者、企业或者项目团队、外部环境影响。

成功的企业家都有很强的能力，不仅自己具有较强的问题解决能力，更具备向别人施加影响的能力。企业家善于化解冲突，知道什么时候用逻辑说理，什么时候用劝说说服，什么时候做出妥协，什么时候寸步不让。为了成功地经营企业或组织，企业家要学会和许多角色——客户、供应商、资金援助者、债权人、合伙人和其他内部人相处，这些人在目标上常常会有冲突。只有当企业家成为一个调停者、磋商者以及战略规划者时，才会获得成功。

强大的企业家精神需要彼此之间相互支持、彼此扶植，而不仅是相互竞争。一些管理者、政府官员喜欢表现出很强的控制欲，想要影响他人并向别人显示权力，总想把伙伴压制在自己的管控之下，甚至想独享资源。

这些行为无法吸引志同道合的人与之合作共赢。尤其在特色小镇这种复杂产业结构的推进中，更没有办法聚合资源，创造成功。因为独裁、敌对和自私的企业管理者以及政府管理者很难吸引渴望做出成就、担负责任并为结果努力工作的人才，并且很难留住他们。

打造具有竞争力的特色小镇，靠单干几乎是不可能的，必须积极建立具有开拓精神的团队，构造创业氛围，并用这种神奇的力量"造就梦想，成就英雄"，吸引企业以及专业人才，创造属于这个时代的传奇。

3. 执着于商机

成功的企业家总是会发现或创造商机，通过对机会的把握，不断积累自身资源或资金。很多时候，大家都会有这样的困扰：商机的真实价值在哪里？

商机与危机并存。寻找商机的过程，其实就是突破危机的过程。只有对行业、客户和面临的竞争十分熟悉，才可能在各种商机中找到发展的重点。这是企业成长的关键，更是特色小镇发展的重点。商机的寻找，虽然具有很大的偶然性，但可以通过六大因素的考察，找到商机，并规避危机。要寻找特色小镇的商机，可以先对这六大因素进行考量。

①**资金**：是否有足够的资金让事业启动与周转。

②**关系、业务渠道与商业模式**：挖掘所有关联关系，以及现有渠道和商业模式，并找准有效的盈利突破口。

③**经验及趋势**：对所从事的产业及产业价值体系有深度的了解，并针对市场趋势构造发展优势，形成长期创新的推动力。

④**潜在客户**：估计现有市场以及可能发展的市场中有多少人或组织会成为客户。

⑤**行业性质**：从事的产业受到哪些政策保护与限制，产业进入资格与条件；有一些产业处于灰色地带，游走于法律边缘，需要注意安全防护。

⑥**人力资源**：招募到合适的专业人士，有效地调动并共同发展。

4. 对风险与不确定性的宽容度

针对风险，首先需要知道，风险在哪里；其次，对于风险所导致的问题要有宽容度。虽然这看似悖论，但其实是企业家与创业者的核心成长动力。

对于开创事业，包括特色小镇的打造，需要有一个正确的认识：**成功**

的企业家与创业者并非赌徒，而是有计划地冒风险。在面对风险时，应该全面地评估风险的大小，并且尽可能让各种可能事件朝着有利方向发展。并通过有效的角色制定及动机挖掘，通过个人及组织规避风险及不确定性。如表1−7所示：

表1−7　角色制定中的目标动机

角色	动机
个人成就	渴望通过个人努力获得成就并把成功归因于个人原因
风险规避	渴望规避风险，极少冒险
寻求行为结果	渴望反馈信息
个人创新	渴望引入创新的解决方法
规划和设定目标	渴望思考未来并预测未来可能性

资料来源：John B. Miner, Entrepreneurs, "High Growth Entrepreneurs and Managers: Contrasting and Overlapping Motivational Patterns", *Journal of Business*, Venturing 5, p224.

　　面对风险与失败需要有良好的心态，但更要有规避的措施与方法。特色小镇具有重资产、多产业结构等风险因素，尤其需要注意风险控制。

　　风险控制是针对可能出现的风险，采用各种措施和方法，减少风险事件发生的可能性，或者降低已经出现的风险损失。**特色小镇多采用损失控制、风险转移两种方法来控制风险**，主要通过制定特色小镇前期构想、风险控制措施等方法来降低风险损失。损失控制过程包括事前、事中、事后三个阶段。事前控制主要是为了降低损失概率，事中和事后控制主要减少实际发生的损失。现阶段特色小镇的建设对于风险控制的关注严重不足，尤其不注意事前风险控制，这为特色小镇的整体发展埋下了巨大的隐患。

　　特色小镇的另一种风险控制方法是风险转移，主要通过结构层次的资源对接、法律以及商业模式创新等方法，进行风险转移。

推动核心点：

　　特色小镇可以按照三个步骤进行风险转移。首先，根据客户群体分层，针对特色小镇的发展阶段及产业需求，依托类别招商、产业层次管理，进行风险转移。其次，通过合同、契约以及保险等方式降低

风险。最后，通过创新设计运营模式，比如借助 SPV、PPP 等合作模式降低特色小镇的建设风险，提高资本效率。

特色小镇的风险控制，可以通过以下四个步骤进行管理：

①**建立风险管理与内部控制体系**。

②**完善特色小镇风险控制体系**。风险控制体系可以通过目标设定、风险识别、风险评估、风险应对、风险控制、风险监督等六个阶段进行控制管理，并针对风险要素建立优化管理要素控制系统。可以尝试通过智能管理、大数据等模式优化特色小镇的建设。

③**通过不定期风险管理现状诊断，不断优化风险控制要素**。对特色小镇的治理结构、内外部因素、风险体系、风险防范管理能力、管理层风险管理控制能力以及人力资源体系等方面进行诊断，发现战略风险、财务风险、市场风险、运营风险以及法律风险等因素，不断改进管理系统，优化风险控制功能。

④**有效形成风险控制策略**。特色小镇在风险控制中，更多的是从风险发生的产业及区域，进行风险管理控制，可以通过"绩效－成本－风险"三个方面搭建风险平衡控制的管控构思。

特色小镇风险控制管理构造如图 1－12 所示。

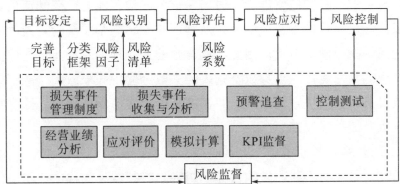

说明：双向关联表示通过管理手段进行关联；
     单向关联表示工作程序定期执行或者根据特别需要执行。

图 1－12　**特色小镇风险控制管理模型**

虽然，风险控制可以极大地降低风险损害，但是"不确定性"的失败，更需要有宽容度。良好的氛围就是不断创新与创业的沃土。"宽容失败"就是鼓励创新，美国硅谷小镇以及以色列的发展奇迹就是在包容失败的环境中，逐步发展壮大起来的。正如美国"硅谷精神"所示，"失败是我们最重要的产品"，"宽容失败比创造成功更为重要"。

"宽容失败"包括三个核心要素：①汇聚人才群体，提供成长环境；②总结宝贵经验，在创新过程中不断成长；③良好的机制保障，营造"宽容失败"的良好氛围。通过三个要素的构造，可以帮助特色小镇的健康成长。

5. 创造、自我依赖与适应能力

成功的企业家一般都有超常的判断力与自信力，面对繁杂多变的市场，都会有特有的判断与适应能力。很多人将这种能力称之为创造、自我依赖与适应能力。成功企业家的成就与他们自身的控制力和影响力有关，他们可以直接影响最终结果。

具有企业家精神的管理者具有察觉、"提取细节"和"高度提炼"的能力。他们不满于停留于现状，是毫无休止的革新者。同时，他们是高度依赖自我的革新者，是革新的主导者与推进者。他们会积极寻求主动权并采取主动，愿意把自己置于承担经营成败责任的位置，并且喜欢主动解决问题。他们也喜欢通过这种方式提升自身的影响力。这正是特色小镇发展过程中特别需要的能力。

具有企业家精神的管理者同时需要很强的适应能力，要知道自身的问题所在。通过积极搜索反馈信息，从错误和挫折中学习经验，同时对尚未遇到的问题找寻解决办法。因此，具有企业家精神的管理者也是优秀的听众和快速的学习者，从自身以及别人的失败经验中吸取教训，能更好地发现导致自身和他人失败的因素，并在将来避免类似问题发生。这个特性让严重挫折变成一场修炼。

6. 超越别人的动机

超越，是人类不断追求的目标。胡塞尔将超越现象称作"第一哲学"，企业家精神就是通过创业与创新不断寻找超越别人的动机与机会。很多成功的企业与企业家，甚至政治家，都通过同类目标的寻找，不断寻求超越

的动力，特色小镇的建设也是如此。尤其在特色小镇建设的前期阶段，可以通过对国际知名特色小镇的学习与模仿，找到发展与超越的动力以及成长因素。

成功的管理者会不断对比别人的成功优势，通过内心强烈的愿望驱动，根据自己定下的标准去竞争，追寻并完成富有挑战性的目标。马斯洛在研究人类需求理论时发现，通过超越得到自我认可，是人类发展的关键因素。通过竞争，寻找获取成就的动机，是成功企业家非常具体的表现。他们从创建企业及组织的挑战和兴奋中产生个人动力，并满足其对成就——而不仅仅是地位、金钱和权力——的渴望。但有趣的是，当他们的成就达成时，地位与权力也自然得到了。

特色小镇的发展就可以利用超越别人的动机，设定切实可行的高级目标，使特色小镇的管理者与建设者集中精力，仔细挑选商机。目标和方向有助于确定行动的效果，并提高特色小镇发展的绩效。可以通过利润、销售额、股票价格上的变化衡量特色小镇的发展成就。

建设特色小镇，要能清醒地认识到自身及其合作伙伴的优缺点，周围影响的竞争因素以及其他环境因素。对于特色小镇能做什么、不能做什么，要持冷静而现实的态度，千万不要眉毛胡子一把抓，什么都想做，这是众多特色小镇发展过程中的通病。

打造特色小镇就是要有"清醒的认识"与"乐观而现实的行动"。值得注意的是，特色小镇建设一定要有长期发展的信心，为此创业几十年，甚至上百年的决心。只有这样的特色小镇才不会受命运、运气或其他外部力量的控制；只有这样的执着坚持，才会让特色小镇有精神与骨气。这种不断追求超越的性格会使特色小镇拥有获得成就的超凡能力，拥有不断成长的源泉动力。

7. 其他令人向往的态度和行为

除了上述六大影响因素外，以下几项因素对企业家精神也有巨大的影响。不同的企业家拥有超越常人的商业经营能力，甚至在某些方面具有天生的才能，拥有极大的发展潜力。

（1）精力、健康与情绪稳定

企业家与组织管理者们都会面临超强的工作压力和极高的技术要求，

这使精力、身体和心理健康管理变得十分重要。在中国，众多企业家与组织管理者不是被困难与问题打倒，而是被健康与自身的情绪折磨。面对健康、精力与情绪，他们甚至变得无力抵抗。在某种程度上，这可能是组织发展中最大的风险，乔布斯的遗憾与叹息，其实已经敲响了警钟。因此，要注意饮食习惯、锻炼和休息，保持最好的状态与良好的情绪。

除了对自身优缺点的清醒认识外，成功的企业家与组织管理者还需要认识到，潜在的孤独感、压力，甚至是极度的沮丧，都源自风口浪尖上的生活方式以及不断超越别人的驱动力。如果不能有效处理精力、健康与情绪稳定的问题，事业上就很有可能出现不可预测的危险，甚至是灾难性的失败。

（2）创造力和革新精神

创造力，是一种综合性本领，是由知识、智力、能力及优良的个性品质等多个因素综合构成的，是产生新思想，发现和创造新事物的能力。创造力的构成与环境、文化有着密切的关系（美国与以色列就是因为环境的塑造，有着较其他众多国家更强大的创造力）。创造力的高低，是由人才、管理者素质、制度环境等综合因素决定的。

革新是个体或团体从思想、行动上的改革创新，**革新的重点首先是思维革新，其次是寻找创新点，获得新效果**。很多时候，革新也会促使制度、体制上的改变，甚至出现一场自上而下的变革。

（3）智力

智力和概念化能力是优秀企业家与管理者的极大优势。智力通常被认为包括以下要素：①抽象思维与推理能力；②解决问题的能力；③获取知识的才能；④记忆力；⑤对环境的适应能力。

实际上，智力还不只与数字、语言或科学能力有关，还与包括空间能力、人际交往、内心平衡技巧、语言能力在内的众多因素有关。现实中，情商成为人们关注的焦点，它被视为事业动机与团队协作的重要组成部分。我们应重视人际关系能力，以提升情商对成功的影响。商业嗅觉、企业家的感觉和直觉以及"老鼠般的狡猾"也是特殊的才智，同样是企业家精神的重要内容。

（4）能力的激励

远见是一种天生的领导素质，它富有超凡的魅力，大胆而鼓舞人心。伟大的领导者与杰出的企业家一样，都具有超凡的远见。很多时候，具有发展力的事业，具有引导力的文化氛围，都能够激发团队的创造力。团队中每个人都有自身能力的发展需求，领导者可以通过培训激励和工作内容激励满足团队成员的需求，使其承担更大的责任、更富挑战性的工作，为其提升到更重要的岗位创造条件。如果能让团队成员从事其喜欢的工作，就会产生这种激励。实际上，优秀企业家与组织管理者的目标和价值观都将建立起一种氛围，使所有随后发生的工作需求都能顺利进行，鼓舞士气，并对组织能力的塑造产生巨大的正面影响。

五、特色小镇内在核心驱动力：创业精神构造与创新思维构造

社会上很少有人提出组织创业，而更多地关注创业组织。对于特色小镇而言，开展组织创业，是发展成长的根本性方法。这里需要明确：什么是组织创业？为什么组织创业对于特色小镇而言是根本性的方法？

（一）特色小镇如何开展组织创业——创业精神的价值构成

组织创业的字面意思，已经说明了特色小镇建设的两大要点。

第一，组织创业是以组织为核心要素，进行多结构、多层次的**特色小镇创业与发展**。这说明特色小镇的发展思路，不能仅仅局限于规划设计、产业形态以及发展政策等问题。它的侧重点集中在组织结构的建立上，**其实质就是打造资源整合平台，通过组织融合与组织创新，以创业思维构筑战略平台，从而达到长期的可持续发展**。平台的创业组织构造应该由政府、企业、产业组织（行业协会、科研机构等）、个人等多因素组合。从组织到个体，形成创业的多种可能。这里需要有集成思维，而不是简单的产业构造思维。

以产业形态构造特色小镇，并不是特色小镇的唯一思路。实际上以组织创业为核心的特色小镇构想，反而具有更长远的推动力。

第二，组织创业重点需要以企业家精神为主导，构建优势互补的团队组织，并针对阶段的推动重点，开展分目标的创业行为。建立优势互补的特色小镇创业团队是特色小镇成功的关键。团队是特色小镇发展的基础核心，需要"主内"与"驻外"的不同人才，耐心的"总管"和具有战略眼光的"领袖"，技术与市场等方面的人才也不可偏废。特色小镇组织创业的阶段性构造非常重要。不同阶段中特色小镇的开发建设重点不同，所需要的资源、产业诉求以及建设要求都不相同。

在特色小镇建设的初步阶段，许多领导者喜欢将重点放在整体概念规划与基础设施建设及地产项目开发上。虽然这样的构思可以短期内提升整体 GDP，但并不能有效地提升特色小镇的综合发展能力。

特色小镇的整体推进一般分为三个阶段：起步阶段、发展阶段以及成熟阶段。

①针对特色小镇的发展与推进，起步阶段的重点应是特色小镇的产业构思与建设构想。将有限的资源放在特色小镇的吸引力构造上，主要是专业人才与新创业型企业的汇聚。当然，这些企业可以是具有行业影响力的企业。同时推进整体规划、基础建设、产业招商等配套因素。虽然基础建设与进驻存在一定程度的矛盾，但有效结合、重点开发，依托开放性政策思路推进特色小镇建设，比相对低回报率的巨型基础建设投资更具有现实操作意义。

推动核心点：

现有的特色小镇建设，应该充分使用长尾理论等产业构思，因为核心资源已经被大中城市占有，分解特色小镇的特色吸引力本身就是需要耐心与执着来推进的工作，绝不能怕麻烦，甚至害怕发展周期过长。

特色小镇绝不能简单地通过大量建筑施工以及房地产来推进整体发展，更不能以特色为概念，开展大型工程建设与房地产开发，这样一方面增加了地方财政压力，一方面造成了房地产产能过剩，对于特色小镇以及区域发展都不是最好的发展办法。

②在特色小镇的发展阶段，积累了一定产业发展基础或者综合协同发展基础后，反而需要加强特色小镇的基础设施建设与房产建设，推进综合发展。尤其要突出第二与第三产业的协同发展，增加产业关联，并增加增长型大型项目的投入。特色小镇的发展阶段尤其要注意与周边区域的协同，形成一定的产业集群，并逐步通过国际化视野扩大特色小镇的发展需求。

③特色小镇的成熟拓展阶段，除了完善原有基础建设以及产业建设外，更主要的是引导产业的创造力。文化行业要引导文化趋势；旅游行业要构造具有区域特色的吸引力与产业联动力；而科技产业、工业产业则需要升级产业价值链，促进产业开发，提升产品品牌的价值。最终实现产业集群协同发展与产业引导作用。

这个阶段还须深化现代化的配套服务业，形成产业体系组合与产业层次搭配，逐步发展不同类别行业的整体优势，以防止单一产业出现问题，对特色小镇的发展造成巨大影响。

1. 组织创业的基准要素——创业精神

在众多行业的发展中，有两个发展趋势越来越明显。一个趋势是现有组织、企业和众多新兴的专业化竞争对手为角逐某些细分市场而展开激烈的竞争。另一个趋势是，产业技术进步迅猛，导致很多需求发生了巨大的变化，客户的需要不断与时俱进。在这种情况下，很多组织可能在短期内就被淘汰出局。我国很多从事代加工产业而成长起来的小城镇也曾经辉煌一时，但由于产业转移，如今已是物是人非。比如东莞、佛山以及中山等很多产业小镇虽然存在产业基础，也保留了时代留下来的产业集群优势，但优势转移后，同样会被时代抛弃。这些先例已经给特色小镇的发展敲响了警钟。

面对这些变化，特色小镇必须要有风险意识，必须保持革新与发展的持续创业精神。很多国家、地区与企业，都通过价值创新以及不断的产业创造，实现规模的增加与利润的增长，取得了巨大的成功。变革、创新和创业正是组织创业形成的持续成长动力。

特色小镇建设，无论政府，还是企业，都需要有创业精神才能推进特色小镇发展。构造创业精神，其实是组织创业的灵魂所在。也正是这种精神，才能创造深度发展的产业力量与持续进取的精神力量。因此，让创业精神制度化是特色小镇及相关企业在发展过程中的一种重要发展思维。

（1）创业精神的基本认识

创业精神（entrepreneurship）是一个过程，是创业者的主观世界中，那些具有开创性的思想、观念、个性、意志、作风和品质等。激情、积极性、适应性、领导力和雄心壮志是创业精神的核心要素。创业精神一直是时代的主旋律，它鲜明的开创性不断鼓舞着一代又一代奋斗者。无论企业或个人，还是特色小镇这类新型城镇经济体，如果想得到长远的发展，都需要具备最基本的创业精神。

创业精神包括有梦想、有野心、能实干、重坚持四个要求。首先，创业聚集着众多人的梦想，而梦想是走向成长与成功的动力源泉。其次，创业是充满野心的拼搏。只有不敢想，没有不敢做，即使面临强大的对手与更大的困难，也要勇往直前。在中国，有众多潮汕商人都非常成功，其根源就是"敢为天下先"的野心与拼搏。**再次，不仅敢想，更多实干，立即行动，执着付出。**即使面临100%的付出，只有1%的收获，也愿意义无反顾。**最后，创业是一种坚持，越成长越坚持。**正是这种精神，才构造了一个又一个传奇，个人的成功如此，特色小镇的发展也会是如此。

创业精神构造了三个核心主题：首先，是对现实的判断与对机会的追求。尤其在科技不断变化的今天，更需要把握一切可以利用的机会。**其次，创业精神的核心就是创新。**特别是特色小镇，更需要新产品、新服务、建设发展的新思维与新方式，用以支撑特色小镇的长远发展。**最后是价值增长。**这是一种不满足于"现状"的执着，不满足于现有的规模，不满足于现有的产业与成绩。希望通过努力，不断寻找新趋势和机会，不断创新价值体系，不断推出新产品、新经营方式以及新产业模式。

（2）如何培养特色小镇创业精神

在中国，很多特色小镇的主要推动人员并不具备创业精神，尤其在政府组织层面。有些人认为：只要赶上时代步伐，"风口上的猪都可以飞上

中国特色小镇 The Chinese Characteristic Town

天空"。实际并非如此，创业精神才是企业、组织、个人，乃至特色小镇成长的原动力。很多特色小镇一开始就缺乏创业精神等的内动力支持，认为只要通过招商、融资，以及企业进驻等方式就可以奠定特色小镇的发展基础，其实这是危险成长的信号。很多时候，人们希望通过"高效管理"等技术模式替代创业精神。这种模式会让发现和追求机会的能力逐渐退化，主动与激情渐渐消失，变得没有执着坚持与拼搏的动力，甚至对各种各样的机会视而不见。其实，这都是缺乏创业精神的表现。

价值要点：

特色小镇在时代潮流中，需要不断呼吸创新和激情的空气。尤其在这个信息大爆炸的时代，很多时候会出现环境的迅速变化，使产业及组织资源结构发生本质的改变。然而，大部分特色小镇的管理者并没有意识到这个问题。他们既不清楚何时需要改变，应该做出哪些改变，也不知道如何实现这些改变，没有感到压力时更是如此。

比如东莞虎门镇在改革开放后，成为国际服装加工与贸易中心，经济规模的增长，让虎门镇飞速发展，但由于国际服装市场的变化，虎门镇服装加工产业受到了极大的冲击。位于湖北荆州的沙市曾经是中国知名的轻工业城市，是中国暖水瓶的制造基地，但随着产业结构发生变化，沙市的产业受到了摧毁性的打击。这些都是对市场缺乏应对、缺乏创业精神所导致的后果。

特色小镇需要构想一套创业体系，以便参与人员将注意力集中到创新价值的挖掘上，同时还要将政府与企业的行为指向创业精神的打造上，从而实现特色小镇对创业精神的聚焦式构想。

作者观点

创业精神的聚焦式构想，是培养特色小镇创业精神的核心，是基于组织优化推进的一套体系，其集中体现在特色小镇的产业或者区域的整体运营上，包括市场战略、人员态度状态、产业以及结构和控制系统等方面。

创业精神的聚焦式构想并不是为了探索新的增长而打乱现有计划，而是为了提升组织内部的成长动力体系而进行的优化，以提升寻找和利用机会的能力。这需要开放式创新思维，将创业指定为特色小镇成长的方式，以便在组织内部宣扬创业精神。

推动核心点：

特色小镇的"创业精神"需要培育甚至引入一位或几位"成功"的独立创业者，借此向组织"注入"创业精神。创业行为需要管理者充满激情，乐于推动创业项目，而管理特色小镇的政府更需要平衡与统筹创业资源，构造创业的战略平台……这里很容易导致一个特色小镇运营中普遍存在的问题，就是管理者会遵循一种机械式或表层式的结构流程，特色小镇主导者善于撰写吸引眼球的商业计划即项目申报资料，但是团队缺乏创业品质。

因此，特色小镇的管理者在推进"创业"战略平台时，可以内部选聘一位具备主动性、创新能力、变革领导力等创业特质的人员领导这项任务，并通过组织力量，协助项目及任务达成目标。通过政策奖励或者激励性奖励推动聚焦式的创业精神的形成，起到积极的示范作用。

在特色小镇的管理体系中，可以通过绩效评估等方式激励创业团队的打造。以浙江省为典型代表，其在逐步建立标准化的绩效评估体系，通过指标考量特色小镇推进成果。尤其在投资结构方面，注重财务控制体系的使用。虽然这很好地推动了重资产投资的标准，但同时，特色小镇的发展也会受到频繁的干预甚至容易被误导。其实这是特色小镇需要深度研究的课题，就是通过标准化的体系构造，形成融合软文化因素以及内动力因素的科学管理体系，实现目标制定，企业及人员激励，目标实现、监督和组织控制等目标的激发性促进。

但现有阶段，很少有人尝试通过创业型思维研究特色小镇的发展体系，而更多注重向大型产业集团与资本集团发起邀约，通过大资本进入拉动特色小镇建设，通过领袖企业形成产业集群，这是较为安全的产业建设构想，是特色小镇有效实现的路径之一。但笔者认为，特色小镇需要通过

中国特色小镇 The Chinese Characteristic Town

在变革过程中创造资源和能力，构造一个更为宽广的行业变革战略平台，从而更利于产业升级及资源汇聚，形成长久发展的特有竞争力。

2. 组织创业的发展要素——组织范围内的创业精神

创业的本质是通过创新实现财富创造和维系增长的目标。特色小镇的组织创业是在特色小镇体系内，企业、团队以及个人在特色小镇的资源要素条件下，不断追求机会的过程。组织创业是将创新视为合理应对和解决组织问题的方法，并将这种精神方法有效地融合到组织环境制度化的实践当中。这些实践方式可以促使特色小镇营造出具有共同目标的使命感和价值观，从而建立未来的美好承诺，激发热情，确保特色小镇为实现其使命而聚合所有的技术和商业技能。此外，组织创业有助于在企业内部形成一种鼓励员工创意、激发创新热情的文化。

推动核心点：

特色小镇的组织创业，需要根据特色小镇的经营规模、竞争环境和产业结构，从一系列产业及发展构想中选择一个最佳方案，达到特色小镇产业价值链构造的目的。在系列的构造行动中，一方面构造特色小镇具体部分的聚焦式活动；另一方面试图在特色小镇组织体系内汲取创业精神的其他动力，从而构造由浅入深的"表层创业"与"深层次创业"。

特色小镇创业精神的构想，需要通过不同项目进行组织转化，有时需要借助特色小镇产业平台或者相关企业内部创新来实现商业组织创业精神的构想。通过特色小镇各类组织的"内部创业"与"外部创业"，形成特色小镇平台战略的创业价值更新。这类价值更新可以促使组织在其商业或企业战略层面实现价值创新与增长，达到特色小镇整体价值链的成长，这种成长过程其实就是价值创新的过程。

特色小镇的"深层次创业"，更需要挖掘特色小镇发展的本质因素，这种"深层次创业"模式可以将最先进的分析技术，信息和控制系统等深度价值激发出来。通过具有针对性的项目达成"深层次创业"优化目标，激励特色小镇内部通过发现盲点进行不断思考，通过对问题的思考，获得预期结果。当面对项目不确定性的时候，尤其需要获取可行性方面的准确数据，客观解决"深层次创业"的难点问题。

创业精神的聚焦式构想，就是为了解决政府与企业之间深层次组织差异的方方面面，从组织的使命开始，涵盖战略、结构、系统、过程、技能和态度。在政府的创业学构想中，对政府与企业的冲突进行聚焦式研究，找到双方竞合的关键因素与有效解决方案。

特色小镇"创业精神的聚焦式构想"，需要在两个方面重点操作：一个是打造组织氛围，另一个是创业精神制度化。

（1）打造特色小镇创业精神的组织氛围

特色小镇需要创造一种组织环境，鼓励企业、组织及个人大胆地去追求机会，同时要创造宽容失败的环境氛围。在这种环境中，通过机会的遴选，让特色小镇的发展机会"浮出"水面。

推动核心点：

特色小镇创业精神的组织氛围可以从三个方面来打造：第一是将特色小镇的产业升级及产业链延展作为推进重点。第二是融合特色小镇的综合性发展特征，将特色小镇中的各类因素整合起来，其本质就是根据特色小镇的发展需求进行优化，以特色小镇优势引导创业精神。特色小镇内部企业可以通过独特的方式将其现有能力关联起来，哪怕是快速的逆向复制能力以及快速规模化等促进能力，从而形成竞争对手难以模仿的竞争优势。第三是通过现有技术知识和综合知识，以平台价值实现新产品的价值跨界和新服务的商业化。组织氛围打造的关键是创业环境的宽容性与潜在风险的规避思维。

创业活动暗含巨大的不确定性，对此，特色小镇管理者不仅需要具备快速处理信息的能力，还要建立特色小镇特有的宽容性环境氛围，这种氛围的营造模式，将在第二章继续深入说明。

当然，宽容性环境氛围建立在控制机制的基础上，避免创业者不负责任的行为，并遏制创业活动的潜在风险。通过创业过程的监督与协助提升创业团队的薄弱面，提升特色小镇产业体系构造的成功率。在推进中，可

中国特色小镇 The Chinese Characterised Town

以通过专业人士创建专门的项目基金与产业智库，提升特色小镇推进效果，确保组织与外部环境保持充分互动。寻找效率和性能不足的地方，制定特色小镇价值链提升的最新解决方案。因为价值链上的任何一环都可能有所创新，而不仅局限于传统意义上的新产品和服务。

（2）特色小镇创业精神制度化。

特色小镇的内部创新和活力管控可以激发特色小镇的成长效率。这取决于特色小镇政府团队的集体统筹力与对特色小镇产业的控制能力。如果政府团队通过政策优势帮助企业大幅度地提升竞争力，则较易取得卓越的业绩，并且很容易形成特色小镇的创新竞争优势。

通过创业精神制度化持续获取竞争优势，包含三个方面的内容：

第一，设计一种有利于创新的政策体系，并且能够自主开展创业运营的组织情境，营造有助于产生创业行为的组织文化。

第二，通过创业愿景的价值构想为创新活动提供一种总体方向，尝试构造具有统御价值的顶层设计。

第三，确保前景可观的项目在不确定的发展过程中获得所需的资源管理与风险支持。

创业精神制度化的关键是构建可以相互交流信息的组织环境。此外，建立鼓励创新的文化，促使潜在价值和机会通过整合特色小镇价值链激发价值创新。

（二）特色小镇的价值创新与再造——开放式创新

创新体系的价值构造，实际上是推进与发展特色小镇的内核。创新模式有很多种，比如：模仿创新、扩展创新、自主创新、原发创新、渐进式创新、整合式创新、破坏式创新、微创新、封闭式创新、开放式创新、颠覆式创新等。每种模式创新都具有自身的适用环境以及适用产业。特色小镇的特有环境，是以政府为重点，建立在开放性创新的基础上的。特色小镇及关联企业侧重开放性创新与颠覆性创新为基础的价值创造。

这里以开放性创新与颠覆性创新两种创新模式为论述点，重点论述开放式创新在特色小镇的价值作用。

1. 封闭式创新与开放式创新的思维转化

封闭式创新与开放式创新是两种相对的创新模式。虽然都以创新为核心目标，但是却是两种不同的思维结构。

封闭式创新的实质是将封闭资金供给与有限研发力量相结合，**其目的是保证技术保密、独享和垄断**，直接结果是大企业的中央研究机构垄断了行业的大部分创新活动。封闭式创新是一种"漏洞"形式创新，也有人将封闭创新称为"漏斗创新"。封闭式创新模式如图1—13所示。

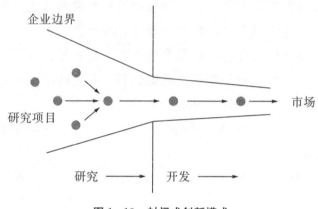

图1—13　封闭式创新模式

现阶段，很多企业依然以封闭式创新为核心，主要因其专利性、保密性等优势。但在新兴行业与互联网等行业中，这种模式由于开发时间及开发资金等方面的限制，很难具有绝对的领导优势。尤其在破坏性创新中，极容易遭受巨大的伤害。

开放式创新以封闭式创新为基础，两者最大的不同在于思维模式的不同，从深层次的发展构造看，两种创新的未来商业模式与发展方式截然不同。特色小镇的产业发展构想多以开放式创新为基础。两种创新随着时间的推演，其区别会越来越明显。

开放式创新主要借助互联网思维，将原有传统封闭式的组织创新模式开放，引入外部的创新力量。尤其在技术高度发展的今天，区块链等新技术的应用使点对点的开放性创新成为可能，且开放性创新的安全问题也有了很好的技术支持。

中国特色小镇 The Chinese Characteristic Town

开放式创新不仅是针对技术的创新，它本身就是对于商业思维以及商业模式的一次革命。也正是这种开放式的创新性思维创造了"共享经济"与"免费经济"等全新的商业模式，"开放式创新"正成为经济发展的一种主导模式。

开放式创新是将外部创新与外部市场化渠道的作用，同封闭式创新模式下的内部创新与内部市场化渠道进行有效融合，形成有效的价值关联，均衡协调内部和外部的资源进行创新。这种创新不仅仅把创新目标寄托在产业价值链上，还积极寻找外部资本、技术特许、外部研究、技术合伙、战略联盟以及风险投资等新型的商业模式，用于尽快地把创新思想变为现实产业体系中的价值利润。开放式创新模式如图1—14所示。

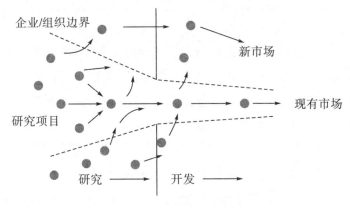

图1—14　开放式创新模式

特色小镇的价值链构造，以及价值链发展机理，推动开放式创新构造的复合型产业平台，通过产业价值链体系构造特色小镇发展的创新基因；依托整体结构创新模式构造特色小镇成长因素，这种成长因素可以是商业模式，甚至是产业结构的创新。

特色小镇的开放式创新，重点通过价值链的价值分解，重点分解产业流、资本流、信息流三大价值流构造，形成产业技术、商业模式、资本合作模式等方面的开放式创新构想。通过激活价值流中的各环节要素，让开放式创新的价值充分地展现出来。特色小镇还可以通过开放式创新，让现有产业价值链中的外部资源优化内部的产业价值系统，形成更具优势的产业集群，达到综合价值创新与价值提升的目的。

2. 特色小镇开放式创新的价值形成与价值路径实现

开放式创新的优势是以价值链为基础，创新价值流动，这里不仅包括产业价值，还包括资本价值与信息价值，也包括文化价值等价值体系。封闭式创新重点依靠内部创新，信息流动率低，资本介入较少。

特色小镇具有重资产，产业结构相对复杂，信息量大，影响区域广，发展需求巨大等特点，非常适合开放式创新路径。特色小镇的体系创新与产业创新需要打破传统的规划思路，从产业价值链与空间价值链中找到核心发展价值，依托与特色小镇发展相关的企业、大学、社会机构、科研院所等外部组织，构造如高科技、文化旅游产业等极具特色的产业系统、管理系统、信息系统以及人才系统。

> **价值要点：**
>
> 　　特色小镇在运用开放式创新时，需要制定长期的创新战略。创新战略不仅需要深化特色小镇内部企业及组织的创新价值系统，更需要不断从外部寻找技术、信息及资本等资源，并将其行动聚焦在三个基本领域：资本支持、孕育创新与创新商业化。

（1）特色小镇的开放式创新的多资本结构支持

针对特色小镇生命周期的不同阶段、不同对象，需要引入不同的资本支持结构。比如，初创型的组织与企业，重点通过引入风险扶持性资金进行推动与支持，包括风险投资公司、天使投资者、企业风险投资实体、私人股权投资者和小企业投资公司（SBICS）等。除了提供金融与资本的服务外，特色小镇需要为特色小镇的关联组织提供有价值的帮助，以规避常见的发展风险，实现路径可以由专家团队、产业智库以及政府相关部门拟定。

特色小镇对于产业价值链体系与空间价值链的价值需求，可以通过对其资本价值流的创新型合作来实现，比如股权融资模式、PPP 合作模式等。这部分内容会在本章第三节以及第四章第二节详细论述。

（2）特色小镇的创新孕育

特色小镇创新价值的生成，不仅仅集中在研发机构，还可以通过政府组织、企业、团队、个人等路径得以孕育创新，也可以通过大学以及企业研发实验室等机构进行探索性的创新产业研究。很多时候，探索出的副产品就有可能成为新的产业价值来源，这需要特色小镇的创新管理者拥有一双发现商机的眼睛。

特色小镇还可以根据不同时期的产业与战略发展需求与社会及相关机构进行相关领域的合作，包括资本合作、技术合作、技术授权等众多模式，有时甚至可以通过股权合作与产权合作方式将创新聚焦在这个产业领域。

为了获得绝对的竞争成功，特色小镇可以建立起专注某一产业价值系统的解决方案，并与相关资源方充分沟通，从而获得最大资源支持，并获得绝对竞争优势。比如英国的 Sinfin 小镇，仅一台 Trent900 航空发动机就要卖 3000 万美金，而它绝对的技术合成优势，使其无法被世界上任何一个地区替代。

（3）特色小镇的开放式创新商业化

特色小镇的开放式创新还体现在将价值商业化方面。特色小镇价值商业化需要做好两个方面的工作：**特色小镇创新营销体系与特色小镇价值管理中心**。

特色小镇创新营销体系是通过特色小镇组织系统推进，建立整体价值转化系统。其最大特征是通过市场力量将特色小镇市场化并实现获利。创新价值既可以是自身的，也可以是其他人的。

创新营销体系能够对现有以及潜在的市场需求进行更大价值的挖掘，通过产业价值与市场作用，将全新价值通过甄别而带入特色小镇价值链体系内。这种创新营销体系，可以深入融合广泛的技术网络，并通过竞合关系的价值管理，取得有效的价值收益。

特色小镇价值管理中心：特色小镇的整体操作是以自身为中心，建立综合价值平台。特色小镇价值创造的过程是以平台战略为中心的价值吸引力构造过程。特色小镇价值管理中心的构想，是基于特色小镇政府角色，通过提供大量服务和支持，将最好的创新产品与巨大的创新需求有效地展示给客户与供应商。

特色小镇价值管理中心是通过价值体系管理以提升整体价值体系，从而得到更长远的发展。价值管理中心需要建立不同层次组织之间稳固的发展关系，并根据特色小镇的发展需求，对这些关联组织及关联资源实施管理。

特色小镇开放式创新需要长远规划。特色小镇的发展依赖长期的创新发展，甚至要有百年成长的概念构想。如同哈佛大学的成长历程一样，将世界上最好的资源汇聚在一块区域，用开放创新的积极心态不断挖掘成长的机会。只有这样，才会创造极大的成长动力。开启开放式创新的新逻辑，通过内部管理创新与外部营销创新紧密结合，才能为价值创造提供新方式与新思维，为特色小镇获取持续的价值收益创造新机会。

3. 特色小镇基于开放式创新下的颠覆式创新思考

颠覆式创新，就是创造性的破坏，创造新的框架。相对而言，颠覆性创新很难，接受颠覆式创新所构造的新框架更难。颠覆式创新是创新与颠覆两种思维的同时融合。

在科技型和中小型企业聚集的特色小镇，尤其需要在开放性创新基础上进行颠覆性创新，从而突破特色小镇的发展瓶颈。颠覆式创新在传统创新、破坏式创新和微创新的基础之上，通过概念颠覆以及流程再造，逐渐改变，最终实现颠覆，是一个由量变导致质变的过程，从而创造全新的模式与全新的价值链体系。

颠覆式创新，并不一定通过高科技以及原创形成，更多体现在不同思维模式与追求异于传统的解决方案上。特色小镇中的颠覆式创新，是对现有市场格局的一种破坏性突破，是在原有产业结构与空间资源分配中，找到自身新的存在空间，从这个角度而言，特色小镇本身就是颠覆式创新的产物。这种颠覆可以在低端市场以及低端产业链中进行，也可以对原有产业集群进行整体改造。在产业价值链与空间价值链的价值体系中，无论是通过加法、减法还是乘法等商业模式与技术模式的创新，都是以颠覆式创新思维打破固有格局，突破瓶颈，最终获得新的发展。这是在开放式创新的基础上，以强大的核心资源整合能力、创新盈利模式、高效服务品质，构造特色小镇颠覆式创新的新价值链体系。

中国特色小镇 The Chinese Characteristic Town

第三节　特色小镇的资本推动因素：
资本与金融的后台支持

　　　　特色小镇的核心工作就是做好价值链整合，这里需要对三个主要价值流进行贯连，分别为产品流（产业流）、资本流（资金体系）、信息流（资源与发展数据），三者构成了特色小镇价值链的主要价值表现。三大价值流相互推进，互为价值，管理特色小镇价值链，就是管理三大核心价值流。

　　如图1—15所示，产业流是价值链的核心，资本流则是价值链重要的支持系统，同时是价值链价值的反映。价值流包括产业融资方式、资本结构、特色小镇产业衍生品、特色小镇PPP模式与相关模式等主要内容，资本的推动力可以帮助政府及企业在特色小镇建设中达成有效的合作推动模式。

　　信息流，是特色小镇市场推进、产业发展的关键，是特色小镇科学治理的内价值因素，尤其在现代科技不断发展的今天，信息流的价值显得更加重要，从本质上讲，信息流是特色小镇的机会创造与价值创新。大数据管理以及智能化运营都是信息流的重要推进形式，可以有效推进特色小镇的高速发展。而新的发展趋势，决定了要用新的思维构想特色小镇的发展思路与治理模式。关于信息流对特色小镇的推进，将在本书第五章及相关章节进行论述。

　　本节重点论述资本流的核心构成与管理模式。

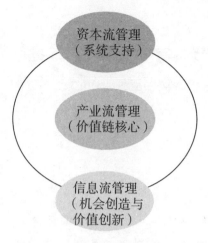

图 1—15　特色小镇主要价值流

一、资本结构来源及其概念

资本作为衡量价值的指标，在特色小镇推进中起到了系统支持与控制管理的作用。推进特色小镇的发展，应该让资本成为系统支持的重要工具与管理控制工具，而不能成为发展的约束。充分利用资本，就需要对资本的要素概念以及功能作用进行深度了解。

资本，包括有形资本、无形资本、金融资本和人力资本。在金融学领域，通常用来代表金融财富。资本运动的主体是价值，资本可以称为处于运动中的价值。在运动中资本不断改变形式并使其价值增值。

特色小镇的资本主要指金融资本。作为价值的衡量工具，资本在推动特色小镇的发展中起到了三个主要作用：第一，**价值中介**，是衡量产业流与信息流及其相关价值的基本工具。第二，**运动转化**，资本作为特色小镇的核心因素，通过生产与流通的转化形成价值，而这种价值会随着运动不断流转。第三，增值性价值控制工具，通过对资本流向的控制，可以有效地促进特色小镇价值增值，可以通过资本结构控制发展速度，获取结构利润。

推动核心点：

在特色小镇的不同发展阶段，其资本的类别需求与融资渠道来源并不相同。前期一般会以产业资本以及基础建设资本为主，国内特色小镇多以基础建设资本为主，而资金方多为地产开发商，这是导致特色小镇地产化的一个重要因素。现阶段特色小镇地产化现象过于严重，这与资本来源和资本功能有着重要关联。特色小镇中后期资本多为商业资本、产业资本、借贷资本、银行资本、股权资本等多种模式。对于发展相对成功的特色小镇，其融资渠道与融资难易度都有主导性优势，当然也会受到中国资本市场环境的影响。

推进特色小镇的发展，需要重点推进资本流的运作与管理，尤其**注重时间管理与空间管理两个方面的工作**。对于时间管理，突出管理各阶段资本周期与资本需求。空间管理，注意管理资本的结构、归属与损益等因素，并以此为基础，**做好资本运作与资产重组两项重点工作**。

第一，资本运作。针对特色小镇的重资产特性与长周期发展特性，需要通过资本的科学运作与资本转化运动，实现价值增值、效益增长。**特色小镇可以通过发行债券（包括可转换公司债券）、发行股票（包括债转股模式）、配股、增发新股、转让股权、派送红股、转增股本、股权回购（减少注册资本），企业的合并、托管、收购、兼并、分立以及风险投资等模式实现资本运作**。

第二，资产重组。特色小镇在不同的发展阶段，针对不同的发展重点，通过整合产业链体系、优化资产结构、改善财务状况，对特色小镇的资产进行剥离、置换、出售、转让，或通过合并、托管、收购、兼并、分立等手段进行资产重组，以实现资本结构或债务结构的改善，实现特色小镇价值链的不断优化与价值的不断提升。

二、特色小镇依据资本模式的常见融资方式

特色小镇的开发建设投入高、周期长，前期一般没有多少资产可以进

行抵押贷款。基于此，需要对特色小镇的建设构想与资本因素等进行综合考虑。

推动核心点：

建立以特色小镇项目产业为核心的资金池，是推进特色小镇发展的关键。产业资金池的建立，是基于资本流的关联企业，包括产业价值链的上、下游企业与资本中介等相关组织。通过资本运作与资本重组，针对股权、债券以及合作模式创新等方法促进特色小镇资本流的价值融合。

特色小镇基于资本流的融资思考模式如图1—16所示。

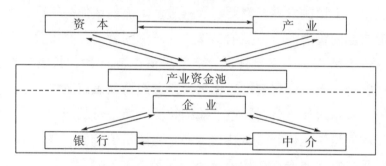

图1—16　特色小镇基于资本流的融资思考模式

本书对特色小镇融资的常见模式进行总结，作为政府及组织对特色小镇融资设计的参考。要注意的是在特色小镇发展的各个阶段，融资体系与运营体系的重心并不相同，会随着各阶段的目标不同而逐步变化。

价值要点：

特色小镇建设的前期阶段，建议以股权融资为主，债权模式为辅，以产业及基础建设资本为主要资本来源，可以针对证券等资本中介市场引入资本证券化等模式。针对特色小镇中期以及后期的发展，可考虑资本多样化，用以优化资本来源。这个时候要多加注重对资本的吸引作用，强化特色小镇的发展兴奋点，形成良性的资本生态链条。

特色小镇的现有融资模式包括：PPP 融资、基金（专项、产业基金等）管理、股权众筹、信托计划、政策性（商业性）银行（银团）贷款、债券计划、融资租赁、证券资管、供应链金融等模式。特色小镇市政建设引入社会资本的模式还包括 BOT、BT、TOT、TBT 等模式，这些市政建设模式是 PPP 融资模式的演化，具有相似性。

融资模式需要注意企业、银行与金融中介三者之间的关联，通常以股权、债券为基础，通过十余种常见融资模式，构想特色小镇的阶段融资策略，其中 PPP 融资、基金（专项、产业基金等）管理、债券计划三种模式是现有特色小镇前期融资中常使用的模式。

1. PPP 合作模式

PPP（Public－Private Partnership），**即公私合作模式，是公共基础设施中的一种项目融资模式**。在该模式下，鼓励私营企业、民营资本与政府进行合作，参与公共基础设施的建设。也因此 PPP 狭义上可理解为一系列项目融资模式的总称，包含 BOT、TOT、DBFO 等多种模式。

推动核心点：

在特色小镇的开发过程中，政府与选定确认的社会资本签署 PPP 合作协议，按出资比例组建 SPV（特殊目的公司），并制定公司章程，政府指定实施机构授予 SPV 特许经营权，SPV 负责提供特色小镇的建设运营一体化服务方案。

PPP 合作模式具有强融资属性，金融机构与社会资本在 PPP 项目的合同约定范围内，参与 PPP 投资运作，在特色小镇建成后，最终通过股权转让的方式，退出股权实现收益。社会资本与金融机构参与 PPP 项目的方式也可以是直接对 PPP 项目提供资金，最后获得资金收益。

2. 产业基金及母基金模式

特色小镇在导入产业时，需要产业基金做支撑。**产业基金一般以产业资本为主导**，这里主要由产业企业以及特色小镇政府启动 PPP 产业基金或母基金为主导，也可以引入国际产业资本，但是需要注意其安全性以及产业控制等综合因素。

现阶段的专项基金模式，主要有三种主导类型。

第一种是由社会企业主导的 PPP 产业基金。企业为重要发起人，多数是大型实业类企业集团，这类模式中基金池出资方往往没有政府，资信度和风险承担都在企业方。但是企业投资项目仍然是政企合作的 PPP 项目，政府授予企业特许经营权，企业的运营灵活性大。笔者所参与的使用产业基金及母基金的特色小镇项目，多采用这种模式，而且也较为成功。国家实施的"千企千镇"构想，也是希望通过这种模式推进地方小镇的产业发展。但需要注意的是，如果出资方为地产集团，则很容易在一开始就形成特色小镇地产化现象。对于特色小镇地产化的控制需要对土地使用比例进行严格的管理控制，以降低产业结构风险，但可以充分利用地产的基础建设作用，极大地促进特色小镇的发展速度。

第二种是以金融机构为主导，由金融机构联合央企或地方国企成立的基金，专注于投资特色小镇。一般由金融机构做 LP，做优先级，地方国企做 LP 的次级，金融机构委派指定的股权投资基金做 GP，也就是基金管理公司，对特色小镇进行投资及管理。该类型笔者接触较少，可以作为未来特色小镇推动的模式探索，科学推进。

第三种是政府主导。这种模式一般具备两个条件：一是地方政府资金相对比较充裕，二是地方政府比较强势。这种特色小镇发展模式具有很强的地缘因素，一般出现在大中城市核心区域以及周边区域，特色产业明显，并且地方政府主导力很强。这种模式一般由政府（通常是财政部门）发起，政府委托政府出资平台与银行、保险等金融机构以及其他出资人共同出资，合作成立产业基金的母基金，政府作为劣后级出资人，承担主要风险，金融机构与其他出资人作为优先级出资人，一般是 1：4 的资本杠杆比例形成结构资金池。特色小镇的具体项目须由金融机构审核，还要经过政府审批，基金管理人可以通过基金公司（公司制）或 PPP 基金合伙企业（有限合伙制）管理，也可另行委托基金管理人管理基金资产，这种模式下政府对金融机构要有稳定的担保。

3. 发行债券模式

特色小镇项目的公司在满足发行条件的前提下，可以在交易商协会注册后发行项目收益票据，可以在银行间交易市场发行永（可）续票据、中期票据、短期融资债券等债券融资，也可以经国家发改委核准后发行企业债和项目收益债，还可以在证券交易所公开或非公开发行公司债。

4. 资本证券化（ABS）

资本证券化（ABS）是一种新兴的融资模式，是特色小镇融资的重要发展方向。**资产证券化是指以特定基础资产或资产组合所产生的现金流为偿付支持，通过结构化方式进行信用增级，在此基础上发行资产支持证券（ABS）的业务活动。**特色小镇的建设涉及大量的基础设施、公用事业建设等，基于我国现行的法律框架，**资产证券化存在资产权属问题，但在"基础资产"权属清晰的部分，可以尝试使用这种金融创新工具，对特色小镇融资模式也是一个有益的补充。**

5. 股权投资基金模式

特色小镇股权投资基金是基于特色小镇 SPV（特殊目的公司）及其特色小镇进驻企业进行的股权投资，包括多种结构公司以及不同时期的公司——种子期、初创期、发展期、扩展期，它们所对应的股权投资基金可分为天使基金、创业投资基金、并购基金、夹层资本等。天使及创业投资的基金建立多出现在创客小镇及新兴产业小镇，也会出现在新进入特色小镇的初创型企业。并购基金多为产业资本，用于优化或者融合产业链。并购基金主要专注于对目标大企业进行并购，其投资手法是通过收购目标企业股权，获得对目标企业的控制权，然后对其进行一定的重组改造，持有一段时间后再出售。夹层资本，是指在风险和回报方面，介于优先债权投资（如债券和贷款）和股本投资之间的一种投资资本形式，通常提供形式非常灵活的较长期融资，并能根据特殊需求做出调整。而夹层融资的付款事宜也可以根据公司的现金流状况确认支付。

6. 股权或项目众筹模式

股权或项目众筹模式是"共享经济"的资本创新模式，众筹模式具有低门槛、多样性、依靠大众力量、注重创意等特征，是一种向群众募资，以支持发起的个人或组织的行为，比较适合新兴特色小镇，如创客小镇、梦想小镇。在特色小镇的运营阶段引入这种模式，用于特色小镇创新项目与特色小镇新产品设计，都具有非常好的效果，而它的金融创新思维又会促进相关产业受众的价值吸引，具有更深远的召集意义。众筹的标的既可以是股份，也可以是特色小镇的产品或服务。股权众筹是特色小镇所属项目的公司出让一定比例的股份，根据需要数量及需求，面向大众投资者，等份出售。投资者通过出资认购入股公司，获得未来收益。

7. 收益信托模式

特色小镇项目公司委托信托公司向社会发行信托计划，募集信托资金，然后统一投资于特色小镇中的特定项目。通过项目的运营收益、政府补贴、收费等多种收益组合形成委托人收益，金融机构也通过对项目提供资金而获得资金收益。

8. 贷款模式

贷款是最常见的融资模式，也是资产结构配置的重要方式，主要是通过已有资产进行抵押贷款，对于特色小镇政府与关联公司也是最常用的融资发展模式。这里需要提醒注意两个要点。

第一，要充分利用国家专项基金。国家专项基金是国家发改委通过国开行、农发行，向邮储银行定向发行的长期债券，特色小镇专项建设基金是一种长期的贴息贷款，是特色小镇较为优质的融资渠道。

第二，注意特色小镇项目转化。特色小镇内的公司可以努力使其运营的项目纳入政府采购目录，这样可能通过政府采购融资模式获得项目贷款。延长贷款对现金流稳定的项目存在明显利好，同时容易进入贷款审批"绿色通道"，提升获得贷款的速度与企业公信力。

9. 融资租赁模式

融资租赁实质上是指转移与资产所有权有关的全部或绝大部分风险和报酬的租赁。这种模式可以作为特色小镇资产优化的有效管理模式。这种模式有三种主要方式：**①直接融资租赁，可以大幅度缓解特色小镇建设期的资金压力，降低特色小镇的资本风险；②设备融资租赁，可以解决购置高成本大型设备的融资难题；③售后回租，即购买"有可预见的稳定收益的设施资产"并回租，这样可以盘活存量资产，改善企业财务状况，尤其适合售后回租的模式。**综合使用融资租赁模式可以优化特色小镇在该领域的金融配置。

10. 供应链融资模式

供应链融资是把供应链上的核心企业及其相关的上、下游配套企业作

为一个整体，根据供应链中企业的交易关系和行业特点制定基于货权及现金流控制的整体金融解决方案的一种融资模式。这种方式对特色小镇的产业价值链融资具有很好的借鉴作用。供应链融资解决了上、下游企业融资难、担保难的问题，而且通过打通上下游融资瓶颈，还可以降低供应链条融资成本，提高核心企业及配套企业的竞争力。可以用于**特色小镇供应链融资的主要是应收账款质押、核心企业担保、票据融资、保理业务等**。

在实际操作中，特色小镇的融资方式不止有以上十种，可以通过资本流的价值转向，有效地进行资本模式转化，也可以利用企业及金融中介机构创新与有效融资组合创造全新的融资模式。在特色小镇项目的初期阶段，要有效利用空间价值链与产业价值链的价值关联，深化特色小镇产业终端，建立多种融资结构组合，积极促进特色小镇价值链的价值提升。

三、特色小镇资本流动的兴奋点与食物链循环

全国特色小镇如雨后春笋般地成长，有的被资本不断追逐，有的却连最基本的投资都无法引入。除了区域、产业等因素影响外，更多的是管理者对资本流动的规律以及资本的引入设计并不了解。

这里存在两个问题：一个是投资方到底在想些什么，一个是如何通过科学手段评估小镇的价值前景。针对这两个问题，笔者想论述一个观点：**特色小镇的资本流动的兴奋点与食物链循环**。

对于任何一位投资者来说，"进入、回报、退出"都是必须要考虑的问题，投资特色小镇也不例外。对于"资本流动的兴奋点"与"食物链循环"，特色小镇的建设与运营人员往往没有得到重点关注，但它们确是特色小镇资本引入的核心因素。

作者观点

资本流动具有逐利性，虽然在模式上开拓了"共享"思维，其核心依然遵守"丛林法则"，其兴趣的侧重点在于：安全性与综合营利性。投资者会直接评估特色小镇"建立—投资—收益循环"的运作过程。对于资本结构与不同投资者的偏好，其资本市

场食物链的循环也不尽相同。但他们会共同关注一个问题——
"特色小镇为什么会存在，它为谁而存在"。

这些问题的答案对于"特色小镇融资、建立团队、发展以及收获退出"的融资结构路径的设计具有十分深刻的意义，或许也可以缩短这些关键因素的推进时间。

如图1—17所示，资本流动转化的兴奋点是特色小镇吸引融资的关键。最开始要确定特色小镇在"最好的市场空间"中具有巨大的商机，这可以对"最优秀的管理团队"产生吸引力，速度以及快速变化的敏捷性能够吸引"最好的资本来源"，这些能够给特色小镇增加价值。

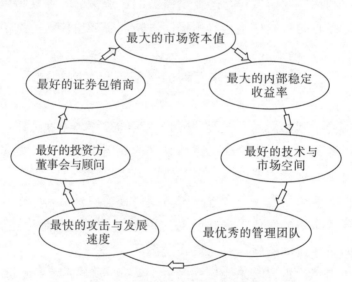

图1—17　资本流动转化的兴奋点

特色小镇对于资本的吸引，除了兴奋点的因素外，还需要关注"食物链"这一特质。这里引入食物链这一概念，是因为在资本市场领域中，越来越细分市场，针对发展阶段及发展产业类别引入有效的资本资源。很多时候，特色小镇的地方政府以及企业花费了大量的时间寻找投资资源，但收效甚微。要改变这种状况，就需要清醒地寻找资源，需要了解"资本"本性，以"宏观"构想对食物链中的参与者进行归类，并寻找"丛林中"的价值。这是特色小镇建设中非常关键的工作，甚至延续到特色小镇建设的整个过程当中。

推动核心点：

　　特色小镇需要避免浪费时间追逐不适宜的风险投资方，如果投资不当，不但不能帮助推进特色小镇的发展，甚至会阻碍及破坏特色小镇的发展。

价值要点：

　　寻找与使用资本，需要转化角色，从资本方的视角来识别商机。资本方会根据投资回报、投资风险、投资规模等数个指标评估特色小镇及相关企业的投资价值。这就需要特色小镇在引入资本的初期将产业与发展构想清楚。实际上就是将可持续发展的价值链的价值所在挖掘出来，并针对各种资本特质进行价值匹配。

　　资本的类别有很多种，合作方式也有很多。对于特色小镇，资本结构会因为产业体系变得更加复杂，主要是因为特色小镇的价值链体系可以分解为多个不同的发展项目。有效利用产业发展潜质，突破历史成本估值，充分利用公允价值的评值模式，利用资本杠杆、债券、私有化交易为基础的合作衍生方式，以及资本周期性回报、特色小镇资本风险评估等金融工程的专业理论，对于特色小镇资本的整体推进进行路径设计。

　　虽然，特色小镇的建设工作在全国开展得如火如荼，但是大多数企业并不愿意主动进入特色小镇领域，相关的产业类企业也不太愿意投资特色小镇。那么，特色小镇产业与资本问题的结点到底在哪里？

　　从资本的"兴奋点"与"食物链"两个角度，审视特色小镇的产业与资本问题。首先，特色小镇投资周期较长，对于资本而言，有效控制回报周期与回报率是投资方不得不考虑的问题。现有的特色小镇大多是通过一个主题概念，尝试一些核心资产运营，比如文化旅游、养生养老、休闲度假等。这些资产运营周期长，投资风险大，债券类以及依托杠杆投资的资本集团对此会非常谨慎，尤其在特色小镇的建设前期更是谨慎。其次，由于产业优势匮乏，很难吸引产业资本，多数会吸引地产类企业参与地产投资。

地产类企业虽然具有开发建设及大资本投入的优势与经验，但缺乏产业运营经验，对资金的周转率要求也很高。如果在一定周期内无法做到资金快速回笼，就会出现巨大的开发风险。因此，地产类上市公司以及众多地产集团对项目资金回收有标准的周期要求，会有 ROE、ROI 考核，尤其金融风控资本周期及资本安全要求会更加严格。虽然特色小镇对于很多地产企业而言，具有相对优惠的土地资源，但由于地段、人口及经济等多方面因素，地产公司对特色小镇的开发同样非常谨慎。尤其在首轮投资后，地产公司未见到资金快速回笼，就会出现后续投资资金放缓或暂停的状态。

以地产为主导的特色小镇既要鼓励企业投资，又要严控土地指标与相关考核标准。这是因为地产企业无论以何种名义构想特色小镇的特色产业与商业模式，工作重心都会放在拆迁安置、基础设施建设等土地一级开发为重心的内容上，对于产业的投入，仅仅是地产投入的配套投入。如果推进过程中形成快速回笼资金，地产企业就必然加大房地产开发速率；如果地方政府不能将开发资金转化为产业投入，就会陷入特色小镇地产化陷阱。而在无法短期回笼资金的情况下，地产企业会构想特色小镇成为后期土地储备，减缓或暂停开发，这些都是特色小镇地产化的具体表现。此外，特色小镇开发需要在规划审批、土地指标、土地价格、基础设施配套等方面获得地方政府的大力支持，为此地方政府会以极低的成本出售土地，地产企业与地方政府会以土地成本为核心展开资本博弈。出现这种现象的核心因素是地产企业对于特色小镇的产业运营能力不足，甚至没有产业运营能力。地产企业最多只能进行产业招商，以此作为特色小镇进一步发展的后续推进路径。

现在多家银行已经收紧房企开发贷，部分银行已将房企的开发贷周期由两年期的中期贷款改为一年期，甚至半年期的短期贷款。这增加了地产企业通过银行进行融资的难度与成本，提升了企业风险。这与特色小镇的投入周期长，希望能获得大额、低成本的融资形成了巨大的矛盾冲突，因此连地产企业都不敢轻易投资特色小镇。

笔者并不反对通过地产企业引导特色小镇的发展，但要慎重选择资本的"兴奋点"与"食物链"。这既需要慎重选择地产企业资本，又需要建立具备可持续发展价值的特色小镇价值链，尤其要突出产业价值链与空间

中国特色小镇 The Chinese Characteristic Town

价值链两大核心价值链。特色小镇毕竟不是单纯地搞工程建设或者卖房子，还要做好相关的产业策划、资源整合、商业运营，对特色小镇整体的操作能力要求非常高，谁来统筹特色小镇的发展是首要问题。

特色小镇的资本流的融资模式，是在产业流与信息流关联的基础上，通过 PPP 模式、基金模式等构造特色小镇的产业资金池，根据各种资本模式形态，由政府牵头开发资本流运营平台。运营平台的关键作用就是通过资本统筹与控制促进特色小镇的和谐发展。

为此可以利用资本来源、功能以及资本模式，与特色小镇各发展阶段有效结合。以基金为例，前期可以设立开发基金及机会型项目基金，用于投资前端开发以及基础项目开发，完成前端开发周期，基金功能则侧重后期资产运营，盘活及提升资本价值。在设计资本运营模式时，尤其要注意特色小镇的开发周期与各种关联资本完善合理的进入与退出机制设计。是通过证券、股市等交易进入，还是通过股份上市、股份转让、股份回购等模式退出，都需要进行科学的构思与设计，特别要注意资本证券化在退出机制中的运用。

四、特色小镇 PPP 模式与集成融资框架构思

PPP（Pubic—Private—Partnership）是一种公共设施建设的机制，其特点是能有效地利用私人资本和管理技术，建立政府公共部门和私人部门之间的合作经营关系。

特色小镇 PPP 模式相关论述中会经常出现以下符号概念：

PPP：公私合营（Public—Private Partnership）

BBO：购买—建造—经营（Buy—Build—Operate）

BOO：建造—拥有—经营（Build—Own—Operate）

BOOT：建造—拥有—经营—移交（Build—Own—Operate—Transfer）

BOT：建造—经营—移交（Build—Operate—Transfer）

BT：建造—移交（Build—Transfer）

BTO：建造—移交—经营（Build—Transfer—Operate）

SPV：特殊目的实体/项目公司（Special Purpose Vehicle）

BVSS：最佳价值来源选择（Best Value Source Selection）

CAPM：资本资产定价模型（Capital Asset Pricing Model）

DFL：财务杠杆系数（Degree of Financial Leverage）

DOL：经营杠杆系数（Degree of Operating Leverage）

DSCR：偿债覆盖率（Debt Service Coverage Ratio）

D/E：债本比例（Debt/Equity Ratio），即债务资金与权益资金的比例

EBIT：息税前利润（Earnings Before Interest and Tax）

E/D：本贷比例（Equity/Debt Ratio），即权益资金与债务资金的比例

FCF：自由现金流（Free Cash Flow）

IRR：内部收益率（Internal Rate of Return）

LLCR：贷款期覆盖比率（Loan Life Coverage Ratio）

NPV：净现值（Net Present Value）

O & M：委托运营（Operation & Maintenance）

PFI：私营主动融资（Private Finance Initiative）

ROE：权益回报率（Return on Equity）

SCS：社会节约成本（Social Cost Savings）

VNM：效用函数（Von Neumann and Morgenstern）

WACC：加权平均资本成本（Weighted Average Cost of Capital）

AHP：层次分析法（Analytic Hierarchy Process）

ATP：套利定价理论（Arbitrage Pricing Theory）

（一）特色小镇 PPP 模式及相关项目合作延展模式

PPP 模式包括 BOT、BT、TBT 等多种模式，特色小镇使用 PPP 模式，关键要抓住 PPP 模式的实质与核心特征。PPP 模式是政府和社会资本的一种合作模式，这种模式原本由政府出资转向社会资本承担设计、建设、运营、维护基础设施的大部分工作，并通过"使用者付费"及必要的"政府付费"获得合理的投资回报。政府部门负责基础设施及公共服务价格和质量监管，以保证公共利益最大化。

PPP 合作模式，会让政府与社会资本之间形成**伙伴关系、利益共享、风险共担三大特征**。

PPP 模式的运用，会让政府与资本方的合作关系发生变化，促进目标统一。市场化机制会让项目以最少的资源，实现最多、最好的产品或服务的供给。由于公共利益与共享利益之间的矛盾，需要在项目运营中平衡利益因素，既要防止风险，又要防止个体利益最大化。PPP 模式除了伙伴关系外，还具有利益共享、风险共担两大特征。现有特色小镇项目绝大多数采用了 PPP 模式，主要目的是充分利用社会资本，借助社会资本的灵活性在产业孕育、项目建设成本上发挥优势作用。PPP 管理模式的逐步成熟，迫使国内众多学者及研究人员开始关注管理模式指标化以及项目管理模式创新，并促使 PPP 模式从投融资向管理控制与管理创新方向转化。

本节重点论述 PPP 模式及其衍生模式，并基于 PPP 融资模式实施设计，结合产业流、信息流进行融资治理构想。在第四章笔者还将以企业视角构想 PPP 模式及相关合作模式，并对各种模式实施进行操作说明，突出价值链对特色小镇融资及治理的控制作用。

推动核心点：

　　PPP 模式包括金融融资合作模式与非金融融资合作模式两种。金融融资合作模式包括 BOT、BOOT、BTO、ROT、DB、DB-FO、BOO、BBO（含 BLOT）、PFI、股权/金融投资等十种主要模式；非金融融资合作模式包括作业外包、O & M、TOT、股权产权转让、合资合作五种主要合作模式。

第一，PPP 模式的金融融资合作模式。

PPP 模式有广义与狭义之分，主要因为**公私合作应用范围很广，从短期管理到长期合作，涉及资金、规划、建设、营运、维修和资产剥离等各个方面。**PPP 模式是根据项目的需求进行模式设计。现阶段主要包括以下几种合作模式：

①**建造、经营、移交（BOT）**——私营部门的合作伙伴被授权在特定时间内融资、设计、建造和运营基础设施组件（和向用户收费），期满

后，转交给公共部门的合作伙伴。

②**建造、拥有、经营、移交（BOOT）**——私营部门为设施项目进行融资并负责建设、拥有和经营这些设施，待期限届满，民营机构将该设施及其所有权移交给政府方。

③**建设、移交、经营（BTO）**——民营机构为设施融资并负责其建设，完工后将设施所有权移交给政府方，随后政府方再授予其经营该设施的长期合同。

④**重构、经营、移交（ROT）**——民营机构负责既有设施的运营管理以及扩建/改建项目的资金筹措、建设及其运营管理，期满后将全部设施无偿移交给政府部门。

⑤**设计建造（DB）**——私营部门的合作伙伴设计和制造基础设施，以满足公共部门合作伙伴的规范，这种合作往往是固定价格，私营部门合作伙伴承担所有风险。

⑥**设计、建造、融资及经营（DB－FO）**——私营部门的合作伙伴设计、融资和构造一个新的基础设施组成部分，以长期租赁的形式，运行和维护新的基础设施。当租约到期时，私营部门的合作伙伴将基础设施转交给公共部门的合作伙伴。

⑦**建造、拥有、经营（BOO）**——私营部门的合作伙伴融资、建立、拥有并永久地经营基础设施。公共部门合作伙伴在协议上发表声明，并持续监管。

⑧**购买、建造及经营（BBO）**——一段时间内，公有资产在法律上转移给私营部门的合作伙伴。类似这样的模式还包括建造、租赁、营运及移交（BLOT）等。

⑨**民间主动融资（PFI）**——PFI是对BOT项目融资的优化，是一种政府部门根据社会对基础设施的需求，提出需要建设的项目，通过招投标，由获得特许权的私营部门进行公共基础设施项目的建设与运营，并在特许期（通常为30年左右）结束时将所经营的项目完好地、无债务地归还政府，而私营部门则从政府部门或接受服务方收取费用用于回收成本的项目融资方式。

⑩**股权/金融投资**——私营部门合作伙伴，通常是一个金融服务公司，

投资建立基础设施，并向公共部门收取使用这些资金的利息。

第二，PPP 模式的非金融融资合作模式。

①**作业外包**——政府或政府性公司通过签订外包合同的方式，将某些作业性、辅助性工作委托给外部企业或个人承担和完成，以期达到集中资源和注意力于核心事务的目的。一般由政府方给作业承担方付费。

②**运营与维护合同（O & M）**——私营部门合作伙伴，根据合同，在特定的时间内运营公有资产。公共合作伙伴保留资产的所有权。

③**移交、经营、移交（TOT）**——政府部门将拥有的设施移交给民营机构运营，通常民营机构需要支付一笔转让款，期满后再将设施无偿移交给政府。

④**股权产权转让**——政府将国有独资或国有控股企业的部分产权或股权转让给民营机构，建立和形成多元投资和有效的公司治理结构，同时政府授予新合资公司特许权，许可其在一定范围和期限内经营特定业务。

⑤**合资合作**——政府方与民营组织（通常以现金方式出资）共同组建合资公司，负责原国有独资企业的经营。同样，政府授予新合资公司特许权，许可其在一定范围和期限内经营特定业务。

特色小镇在使用 PPP 合作中，多采用有 BOT、BTO、BOO 等几种模式，这些模式主要适用于可通过收费获取部分回报的准公共物品性质的公共服务设施。政府需提供一定的补贴，付费水平和补贴量标准则可以根据公共服务设施的服务规模和质量状况，使单位产品、服务付费价格、补贴量略大于社会平均成本，保证企业略有盈余。这样，增加私人企业建设经营压力，激励其节约成本、提高公共服务质量，也使政府的财政压力不至于过高。

价值要点：

特色小镇融资是综合性、多结构性融资，对于相关项目的风险控制，应该分担给对该风险具有控制和应对能力的一方，从而使整个项目的综合风险降到最低，以达到"帕累托"最优。

为此，需要对特色小镇的资本来源与资本过程进行控制，建立有效的特色小镇财务控制框架，通过综合集成融资模式达到特色小镇的资金管理与资金吸收功能。

（二）特色小镇综合集成融资模型与模型构造的财务战略框架

1. 特色小镇综合集成融资模型

特色小镇的资本流运作，要有整体战略构思，需要融合特色小镇的产业流与特色小镇发展机会、人为主导信息流。通过资本流在特色小镇推进中的应对与控制机制，建设特色小镇综合集成融资体系。

推动核心点：

　　特色小镇融资体系可以通过投资决策控制、融资决策控制与股利决策控制形成特色小镇集成融资的变量控制。可以针对特色小镇项目的实际情况，构造有效的结构体系、运营体系以及功能支撑体系，并对应相关体系的合作模式，从而构造特色小镇不同视角的财务战略框架。

特色小镇综合集成融资模型如图1-18所示。

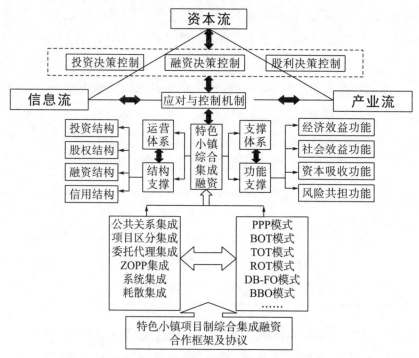

图1-18　特色小镇综合集成融资管理模型

通过资本流构造特色小镇的支持体系与管理调节因素，并以此形成财务战略框架，是特色小镇非常有效的管理与治理模式。

特色小镇融资的目的并不是简单地解决资本缺口，而是运用资本本来的价值属性，通过财务战略对特色小镇进行管理与控制调节，以达到整体价值提升的目的。

2. 财务战略框架

特色小镇及相关企业建立财务战略框架，是在构造财务战略与筹资战略，通过具体流程寻找推进发展的资本逻辑关系，以便有的放矢地处理其棘手的成长问题。特色小镇以商机引导为核心，通过特色小镇发展战略，构造财务需求、融资资源、交易结构以及财务体系。

如图 1—19 所示，抓住特色小镇发展商机并且确认商机，就是特色小镇在市场经济发展过程中不断成长壮大的过程。**财务战略框架需要以产业链与信息链为基础，通过整理发展项目，有效拓展与发展特色小镇整体价值链。按照营运需求（即营运资本）与资产需求（创建企业或增加设施、设备，研发及相关资产）两个核心因素考察融资需求。制定财务战略，就是创造性地识别金融资源，制定筹资计划，安排发展结构，留出成长空间，最终通过创造信息流的机会，提升整体价值链。**

财务战略框架受国家政策、资本市场等多种因素的影响，但在设计财务战略时更多的是通过自身战略规划，以有效解决特色小镇融资问题为目标，通过财务管控，形成一个良好的发展环境，从而推进特色小镇价值链的价值增长。现阶段的财务战略设计需要有资本意识，并且运用好资本杠杆，解决特色小镇运营中的资金发展瓶颈。但是资本流仅仅是特色小镇价值链系统的支持工具，切不可夸大其作用价值，导致本末倒置。

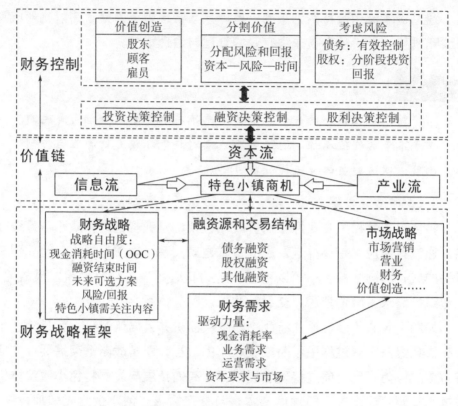

图 1-19　特色小镇财务战略框架

（三）财务战略框架下的资本重要构成因素

构建特色小镇财务战略，要有三点战略思维：**第一，要有国际视野**，不仅市场可以国际化，资本也要国际化，充分利用国际融资模式，并科学、安全地引入国际资本。**第二，要有资本统筹型的战略思维**，特色小镇要有大资本结构构思，注意搭建资本平台，并与特色小镇的关联组织一起构造良性的资本融资结构。**第三，要有"创业型"组织思维**，尤其是地方政府要转变角色，对资本、人才等发展模式都要有新思维，充分挖掘与利用自身优势，形成特色小镇独特的发展动力。只有这样才能吸引产业与资本，促进特色小镇良性发展。

另外，还要注意两个防止：**第一，防止过度的资本引导，防止过度的资本投资，防止资本避实向虚**。要注意特色小镇过度重资产化，注意区域城镇化与特色小镇特色城镇化的区别。很多特色小镇一开始宣称投资几十亿、上百亿元，也有不少企业在特色小镇的确进行了重资产的基础建设投资，但回报甚微。另外，有部分金融投资机构，借特色小镇设立项目，大搞金融基金，其目的只是设立金融工具，资本推动避实向虚，这种现象在特色小镇的投资中时有发生，非常危险，需要十分谨慎。特色小镇的发展要遵循自然规律与社会规律，需要资本与特色价值链有效结合，防止过度的资本引导、过度的资本投资以及资本避实向虚。**第二，防止单一融资模式的过度使用。**资本的目的是有效辅助特色小镇的健康发展，在价值链体系中起到系统的支持作用。**融资结构需要多样化，而不是单一化。解决的关键是建立有效的退出机制**，使不同类别的资本在特色小镇不同的发展阶段，起到与之相匹配的价值作用。如同食物链一样，构造资本的价值生态系统。依托单一企业发展以及单一融资模式发展，无论资本有多雄厚或者融资模式多复杂，都存在极大的安全隐患。

这里可以综合组织融资视角，结合国际资本特点，在财务战略框架下设计资本运作平台以及常见融资模式（非合作模式），帮助特色小镇管理者以及相关企业做好资本管理。

1. 特色小镇资本运作平台战略

特色小镇需要综合性的战略发展思维。在资本运作领域不仅需要建立融资体系，更需要建立以特色小镇为中心的融资平台，即基于价值链的资本运作平台。

推动核心点：

特色小镇的资本运作平台除了寻找发展资本，更需要建立目标不同的"平台系统"，有选择地扶持企业，并汇聚社会资本进入特色小镇。平台可以由融资平台、投资并购平台、孵化平台、服务平台、支持平台等几个主要需求平台构成。特色小镇需要运用金融思维，通过资本运作平台解决发展中的几个重点难题：定位（战略规划）、模式（商业关系）、人才（股权机制）、用户（市场法则）、资金（资本运作）、空间（跨界营销）。通过资本运作平台并不是通过资本大搞基础建设，而是需要打通产业的发展动力。

"金融疏通血脉，产业创造利润"，充分使用"产业资本"与"金融资本"的有机结合，并做到"产融结合"，这是特色小镇经营发展的一大趋势，也是特色小镇走向世界的一种表现。据权威机构调查，世界500强企业中，80％的企业采取了"产融结合"的经营发展模式。

推动核心点：

实施特色小镇资本平台战略，就是充分利用资本的"食物链"，以特色小镇综合集成融资为基础，通过财务战略的构想，运用金融的思维，构建多方共生的"平台生态圈"。在整体的资本运作中实现资产运作、投资组合、内涵式资本运作、外延式资本运作、产融结合等同步进行。

第一，资产运作。发掘特色小镇资产配置优化点，促进资产的有效流动。资产运作的重心是资产结构，分为三个维度：**资产负债比例，优质资产占总资产比例，具有产业定价权的战略性资产的比例。资产运作的关键是资产管理，包括经营性资产与非经营性资产，还包括虚拟资产管理、增值性资产管理、无形资产管理。**可以通过建立特色小镇平台资金池，建立管理机构，推进特色小镇及关联企业的金融服务。特色小镇的平台资产管理要注意综合资产的管理，不仅包括资本金的管理，还包括增值性资产管理，如矿产资源、土地、管制性牌照，以及虚拟资产管理，如供应链管理、外包管理、轻资产管理等。这些资产从运作战略本质上讲都是虚拟资产管理。无形资产管理，像知识产权、人员等，这些资产将是特色小镇发展的潜质软实力。

作者观点

资产管理的重点不仅在于资产规模，还在于变现能力，否则抓不住商机。尤其是特色小镇，重资产特质非常明显，考核特色小镇优劣的重要指标，不应是投入的资本金有多少，而应该考量变现能力以及资本周转能力。这是资本的另一个关键要素：资产经营效率。

中国特色小镇 The Chinese Characteristic Town

第二，投资组合。投资具有层次性，特色小镇投资需要注意组合管理，这里包括三个方面的投资组合：①**战略性投资**，重点是看未来，包括多维度组合、专业组合、类别组合；②**管理型投资**，看重现在，包括重组、强化、产业组合、产业整合；③**财务型投资与公司理财型投资两类**，是资产增值性投资，包括短期金融产品、无风险债券、低风险资金运作等。

第三，**内涵式资本运作**。特色小镇项目包括两个要点工作：第一是现金流管理，第二是促进内部资金高效运转及使用。而**内涵式资本运作主要包括资本配置、股权流通、担保、质押、抵押与相关资本管理、内部转移定价等方面。**

第四，**外延式资本运作**。外延式资本运作主要包括：特色小镇外延式资本运作统筹，即计划，组织，协调和推动；推动商业资本、实业资本、金融资本的获得与高效运作；使用借壳、发债、资产证券化、并购、联盟等手法促进特色小镇的资本运作。

大量关于特色小镇融资方面的书籍多主张通过借壳、发债、IPO、收购、资本证券化等方式达到特色小镇的融资目的。**实际上，特色小镇资本运用的关键，是通过内部的有限资本建立资本战略平台，通过产业联盟、供应商联盟以及相关的金融资本与产业资本放大资本量，形成有效的资本经营。**

第五，**产融结合**。利用金融信息、金融工具，金融人才、金融产品，服务特色小镇产业体系，以更快、更好地形成产业集群与产业供应链，并将金融服务应用于营销，乃至研发、制造等全价值链，这是构造产融结合的关键。

可利用创新金融工具，将特色小镇的各价值链环节证券化、虚拟化。比如可以以创业投资引导基金，前后延展形成基金群，为不同发展阶段的企业提供持续的资金支持。针对种子期与扩张期的组织建立基金，主要是为了充分利用创业引导基金所带来的资金效益，以及由此产生的信息资源，为企业提供持续的资金支持，为种子期与扩张期的组织提供全方位服务。通过资本的杠杆作用，撬动以创业引导基金为核心的基金群，通过基金投资链的延展放大引导社会资金推动产业发展的力度。

资本运作平台的战略本质是对资金、资产、资本、资源四种形态的相互转化，从而溢出价值。资本运作必须以战略意图为导向，精心设计、周密策划。这使特色小镇在实施资本战略前需要谋划，并不是简单地拉投资，做招商。

对于特色小镇的资本运作的平台的创新特质，需要突出"**五个价值超越**"：①**超越现有资源的局限**。特色小镇的现有资源仅被当作实现特色小镇价值链的初级杠杆，而对特色小镇价值成长的关键是能力而非资源。②**超越内部优势**。通过不断创新构造足以胜过竞争对手的能力，而不局限于现有能力。③**超越特色小镇现金财务（现金流）局限**。形成更大范围的组合优势。④**超越既定产业的局限**。包括资本在内的跨界构想，使特色小镇核心竞争力在更大范围内进行资源整合。⑤**超越特色小镇内部既定流量规则、程序等**。通过建立包括资本在内的平台战略构造战略联盟，以更大的产业群落等形式获得更大的发展动力。

（2）特色小镇债务资本的几种融资模式

特色小镇的融资模式分为两类：股权融资和债权融资。特色小镇融资多为股权融资模式，包括 PPP、BOT 等模式，也出现了债转股的一些新型模式。实际操作中，不仅需要利用股权融资模式，也需要利用债权融资模式，以及信贷融资等间接融资模式。除了发行债权以及债务基金等外，资本杠杆在特色小镇中的安全使用也非常重要。

理解特色小镇债务资本需要厘清一个非常重要的金融概念以及该概念的重要参数——自由现金流，（预计或实际的）现金消耗率、OOC 时间（组织将何时用完资金）和 TTC（何时结束融资，及结清票据所需的时间）。

自由现金流是组织价值评估使用最广泛，理论最健全的指标，是用来确定特色小镇及相关企业外部融资需求的核心指标。本书不深度分解其概念及应用范式，主要通过这个概念搭建特色小镇融资模式的思考路径。对于特色小镇的自由现金流需要关注三个重要参数：（预计或实际的）现金消耗率，OOC 和 TTC。这三个参数至关重要，它们对特色小镇资本的投入选择，各种股权/债务资金源的议价能力有着很大的影响。

对于债务融资，一般包括以下十种模式：

第一，商业信用贷款。商业信用贷款对特色小镇及内部组织来说，是一项短期资金源。很多企业组织通过银行授信等商业信用贷款方式解决中短期资金困境。**特色小镇及相关组织获得商业信用贷款的能力取决于其管理层的素质和信誉，以及与关联供应商建立起来的供应链关系。要持续获得商业信用贷款的关键是形成良好的资金链流转，并形成良好的商业信用，尤其是在某一特定的产业领域中。**当然，信用贷款比一般抵押贷款等模式的成本要高。

第二，商业银行融资。商业银行比较倾向于贷款给那些在产业销售额、利润、客户满意度和手头订单等各方面都有良好记录的企业及组织。这种贷款模式倾向于选择无风险的贷款人——**首先关注正现金流，然后才是抵押品，同时对管理团队的素质十分看重。**这种贷款可以是特色小镇及关联组织主要的债务融资源。贷款周期多数为一年期，也有 1～5 年期，但多数会要求提供抵押，抵押品一般包括股票和房地产。

第三，信用额度贷款。信用额度是银行和借款人之间达成的正式协议，规定借款人向银行申请一年期贷款的最大额度。通常银行会收取信用额度一定比例的服务费用，以此作为以后公司向银行申请贷款时，银行保证履行贷款责任的明确承诺。信用额度可以是无担保的，但银行也可能要求以库存、应收账款、设备或其他应收资产来抵押。采取这种贷款方式的多为具有一定规模的组织或集团公司，可以作为特色小镇的备用发展金使用。

第四，远期销售融资。许多经销商或制造商向购买方提供分期付款的产品及设备，但自身却需要进行付款融资及销售融资。在这种情况下，经销商或制造商将分期付款合同按照一定折价出售并转让给银行或销售融资公司。该模式在国内出现较少，一般 BT 类项目会出现该融资贷款模式。

第五，远期贷款。远期贷款可以为特色小镇提供长期发展的必需资金，还可用于接续短期贷款，前提条件是借方有望续借。远期贷款有 3 项显著特征：由银行提供，期限最长为 5 年（有时超过 5 年）；要求定期偿还；拟定远期贷款协议时可满足借方的特殊需求和要求。

远期贷款要几年才会到期，在此期间，借方的情况和财产可能发生很大的变化，银行必须认真评估借方公司的前景和管理层。如公司及其行业的远期前景、现在和预期的营利能力以及以往业绩所表现出的现金生成能力是否能满足贷款还付要求等。远期贷款的利率可能较高，反映了长期贷款所隐含的较高风险。

第六，**不动产抵押和设备贷款**。财产指定抵押品是提供远期担保贷款的常用方式。特色小镇不动产抵押可以是土地、建筑等固定重资产。特色小镇使用这种融资模式主要用于盘活资产，拉长政府及组织资本使用期限。对于机械和设备的抵押信贷，主要限于新机械或设备，或性能较好并能售出的设备。设备贷款在日本较为常见。

第七，**条件销售合同**。条件销售合同用于为特色小镇的相关企业购买新设备提供大额融资。按销售合同规定，买方答应购买设备，交付名义定金，并在1～5年的时间内以分期付款方式支付余额。在设备购买款项全部付完之前，卖方一直拥有对设备的所有权。因此，此类销售完成的前提条件是买方完成付款。

第八，**商业融资公司**。国有大型商业银行一般是特色小镇及关联组织债务贷款的首选贷款人。但多数情况下，特别是民营企业，并不容易从银行借贷资金，需要寻找商业融资公司作为备选。在信贷较紧的经济环境下，商业融资公司一般比银行更愿意主动承担风险。**银行贷款的主要决定因素是企业的持续成功运作和偿还贷款的现金生成能力，而商业融资公司贷款的基础是资产（应收账款、库存、设备）清算价值**。如今银行关联众多商业融资公司及"影子银行"（"影子银行"是中国式商业融资公司的代表），随着借款人财务实力的增强和业绩记录的积累，成长的组织比较容易转向更有吸引力的银行融资。

第九，**代理融通**。代理融通是应收账款融资的一种方式，但它不用应收账款做抵押来借款，而是**按贴现价把应收账款出售给资金融通代理公司**。融通资金总额为抵押应收账款的折扣价。达不到代理融通信用要求的账款不会被接受为抵押品，代理融通可以让无法以其他方式获得融资的公司获得贷款，贷款额随销售额和应收账款的增加而增长。这种方式也有缺点——成本高，而且除了某些行业外，**商业信用贷款人有时会把代理融通**

中国特色小镇 The Chinese Characteristic Town

看作公司财务状况恶化的表现。

第十，租赁公司。租赁行业在最近几年获得了长足发展，租赁融资已经成为特色小镇前期及中期融资重要的资金来源与发展模式。许多商业银行和融资公司都有租赁部，一些租赁公司除了各种各样的土地及厂房租赁，还有一些则专长于某些类型的设备租赁——车床、电子测试设备等。这些都是可以立即转售出去的商品，新企业和现有组织都可以租赁。工业设备租赁的期限为3~5年，但在某些情况下可能更长，租赁一般需要支付约为租赁商品价值10%的预付款。设备租赁的利率比其他形式的融资可能高，也可能低，这要根据出租的设备、承租人的信誉和租借年数来确定。

租赁信贷的条件和商业银行对设备贷款所用的标准十分相似，主要考虑因素是租赁设备的价格、租赁的正当理由以及承租人在租赁期内的预期现金流。

租赁有几项好处：可使得年轻的或成长中的组织保留现金，减少对股权资本的需求；租赁还有税收优势，因为租赁付款可以抵扣成本；租赁具有灵活性，对于高科技等类型的行业公司极具吸引力。

第二章

国家视角：特色小镇
价值链的国家推动研究

案例引入：特色小镇产业体系形成案例

国家对于建设国家级特色小镇给出了八大要求：特色产业、创业创新、基础设施、公共服务、美丽宜居、开发主体、城乡联动、创新机制，并给予了建设指导意见。这给特色小镇的建制方向指明了发展道路，但就特色小镇价值链的发展机理与发展动力来看，还需要深度研究地区自身的特质，需要打破建制镇的束缚，突出特色小镇竞合关系的体系化建设，突出产业价值链的系统化构想，同时理解国家"三农"问题"供给侧改革问题"与特色小镇关联的实质，从特色小镇价值体系构造科学化路径的构想出发，有针对性地进行政策制定、资源梳理以及地产开发。

影响国际金融产业的传奇小镇
——格林尼治对冲基金小镇给中国特色小镇的启示

在美国，有一个地方与硅谷一样知名。只不过硅谷流行的是"二进制"（IT），这里流行的是"衍生品"（金融）。在硅谷，有神一样存在的独角兽公司；在格林尼治，有传说中的千亿美金级对冲基金大鳄。这就是格林尼治，世界级对冲基金小镇！

格林尼治是美国康涅狄格州的一个小镇，面积很小，只有174平方千米，集中了500多家对冲基金，管理着数千亿美元的资产。单单 Bridge Water 一家公司就掌管着1600亿美元资产。小镇人均收入903万美元，资产密度位居世界第一，是对冲基金的天堂。这个地方常被误认为属于纽约州，其实位于康涅狄格州南部。从地理位置来看，格林尼治在纽约的北部，在康涅狄格州最西南，南面是长岛海湾，东部与斯坦福市接壤，离纽约的曼哈顿差不多有50千米，约1个小时的路程，就像在上海浦东居住，去浦西上班所花的时间；[距离上看，比浦东机场到陆家嘴（42千米）稍微远一点]。格林尼治附近有两个国际机场——肯尼迪机场、纽瓦克国际机场。从格林尼治出发到达任何一个机场都是40分钟左右的车程。每天早上能看到很多年轻人充满朝气、衣着讲究地从纽约州赶到格林尼治上班，形成了一道亮丽的风景线。

经过几十年的发展，如今美国格林尼治小镇已经发展得极具规模，再加上它优惠的税收政策，吸引了大批的经纪人、对冲基金配套人员等进驻，其就业人数较1990年已经翻了好几番。此外，美国格林尼治小镇地理位置优越，毗邻纽约，因此许多居住在纽约州的年轻人都愿意选择在此工作，也为小镇的金融发展提供了源源不断的优秀人才。历史上，无数传奇投资家曾入住格林尼治小镇，例如华尔街传奇投资家巴顿·比格斯在康涅狄格州创立了第一家对冲基金，其留下的三册《对冲基金风云录》为后市的对冲基金投资者提供了大量的投资经验。

（一）格林尼治的成长因素

对于格林尼治小镇的成长因素，很多人将其归纳为三个优势与一个机遇。

1. 环境优势

（1）景色

走入美国格林尼治小镇，清一色的别墅，没有一座大厦，路边停的大部分是豪车，每个对冲基金企业拥有一个独立的大院，稍微远点的独占一个小楼，山水风景都是绝配。格林尼治办公公园（Greenwich Office Park）是很经典的对冲基金办公场所，很多人会来这里拍照，三层小楼，有池塘。如果下雨，池塘里的小鸭子还会躲在树下避雨。

这里很多路口都没有红绿灯，举办集会时交通靠警察指挥。警察会跟过路的行人不断微笑打招呼，仿佛相互之间很熟悉。

（2）生活设施

做对冲基金的都是有钱人，有钱人一般不差钱。美国人非常注重居住环境、旅游、教育和养老。在这四点里，居住和教育一定是本地化，幼儿园到高中期间，大部分富豪的孩子都要接受本地教育，所以本地学校是不是全国一流是一个地方经济是否发达的重要考量因素。格林尼治的私立学校质量好、学费贵。比如说布什总统的母校——格林尼治国家学校（Greenwich country day school）就在格林尼治小镇。

小镇绿树成荫、环境优美，与极度压缩的纽约相比要宜居得多。格林尼治市长顾问 Robert Lardon 此前公开表示，小镇有很好的社区服务："在这里，有很多国际品牌和餐饮（服务），基金经理人的家人和公司成员，在这里能过上安全舒适的生活。"

在格林尼治，人们的办公室和家之间的路程可能只要 10 分钟；住所附近随处都是跑步和遛狗的好去处；住房宽敞舒适，远离纽约的压抑和拥挤；有很多可以选择的好学校。小镇非常国际化，6 万多常住居民中有 27% 来自不同文化背景的国家，包括中国、新加坡等各地精英，走在街上会听到不同国家的语言。

（3）基地设施

格林尼治经过几十年的发展形成了目前的规模，可以说它是自发形成的，但其中也有政府的因素。它的**税收特别优惠**，这一点吸引了很多对冲基金企业在那里落户。对冲基金聚集区多在沿海地区，因为网速非常重要。对冲基金中心还要离金融中心近，因为牵涉银行的兑换，至少要跟一个比较大的分行有关系。还有就是它周边的经济一定要发达。对冲基金的客户希望所投资的基金离他们不要太远，把钱放在不太远的地方比较靠得住。所以对冲基金的基地建在穷乡僻壤是不行的，周边一定要是一个经济比较发达的地区。小镇所在地距离金融中心纽约仅 50 千米，这里拥有对冲基金要求的所有配套条件，能够有效承接纽约金融核心产业外溢。小镇周边还有三个机场，交通十分便利。全球金融中心纽约的区位因素也是其吸引众多基金及金融服务人才集聚的独特优势。由于毗邻纽约，许多居住在纽约州的年轻人都选择在小镇工作，也为小镇的发展提供了源源不断的高素质人才。

2. 税收优势

大房子、环境好、离纽约近几个因素，纽约有很多地方都拥有，为什么一定选择格林尼治小镇呢？

这里与地方州的**治理及扶持政策不同**，**特别是在税收政策以及地方政府的治理模式上**。格林尼治小镇旁边有一条明显的州分界线，因为格林尼治小镇是紧挨纽约北面最近的一个州，康涅狄格州离纽约最近的一个市，而康涅狄格州的经济较纽约差很多，因此在政策方面采用积极的方式，尤其在税收上比纽约低很多。

一小时经济圈，环境好，税收低，这就是格林尼治小镇作为对冲基金之都最开始崛起的三个必要条件。

在约二十年前，格林尼治小镇开始发力吸引对冲基金的时候，当地税收比纽约要低很多。一千万美元的年收入，在格林尼治小镇须缴的税（实际上是康涅狄格州的政策）要比在纽约省 50 万美元。再加上本身环境也不错，交通也方便，离纽约又不远，这些节省的税金切切实实吸引了最早的一批对冲基金企业来格林尼治小镇落户。

格林尼治小镇的物业税只有 1.2%，而近在咫尺的纽约州税率为 3%。从事对冲基金行业的人很多都有豪宅，这也促进了当地的房地产发展。同时，靠对冲基金大佬捐款，还建造了公立学校、教堂和图书馆等基础设施。

正是得益于这些天时、地利、人和的条件，格林尼治小镇的规模集聚效应得以形成，进而促进了当地的产业结构调整。在此基础上，吸引新的对冲基金落户小镇就变得相对容易，而公司搬离小镇时反而需要做一番挣扎。

基金小镇作为一种新兴的资本运作方式，可以直接打通资本和企业的连接，紧密对接实体经济，有效支撑区域经济结构调整和产业转型升级。而政府税收等因素调节，极大地促进了健康的产业价值链形成。

目前，从所得税上看格林尼治小镇和纽约的差别，包括州税和联邦税，格林尼治小镇要少 2% 左右。但是经过二十多年的产业价值聚集效应，税收差异已经不是发展这个行业的主要因素了。

3. 规模效应

格林尼治小镇，聚集了超过 500 家对冲基金，包括那些千亿美金的巨无霸基金公司 Bridge Water、AQR 等，都在格林尼治小镇。通常对于对冲基金这种机构，交易上可以远程下单，金融市场的交易所都变成了一个概念，地理位置并不重要，对冲基金应该并不在乎办公地区，为什么一定要聚集在格林尼治小镇呢？

去稍远一点、环境不差、税收更低的州发展不是更好吗？为什么一定要离纽约近呢？

实际上，对冲基金行业是对聚集效应要求最高的行业，而且落户的地方只选对的以及贵的。对冲基金这种聚集效应，全世界都一样。比如中国，私募基金集中在三个地方，北京（6000 家），长三角（上海、浙江、苏州 8000 家），和广东（包括深圳在内共 5000 多家）。其余所有地方的私募基金公司加起来都不及这三个地方的零头。

但是由于对冲基金的竞争激烈，会出现这样一种奇怪的现象。一方面，需要感受到同行们在周围，最好能经常看到一些投资大腕。但由于竞争非常激烈，大家并不怎么交往。做量化交易的西蒙斯和索罗斯住一个楼，但他们老死不相往来。

对冲基金行业聚集度高有以下几点因素：

（1）高运营杠杆，租金占成本比例低

一个管理 10 个亿的对冲基金，增长到 100 个亿，规模扩大 10 倍，但人员可能也就增加几个，办公场地甚至都可能不用扩大。因为资产管理行业不但是高金融杠杆的行业，还是高运营杠杆的行业。也就是说，一旦基础设施建好了，投研人员、风控、后台等都到位了以后，管理资金的规模弹性是非常大的，不是一个线性关系。所以虽然基金搭建的成本很高，但是随着规模扩大，可以迅速摊薄这个成本，因此，租金成本对于大基金来说，都是小钱。

在中国很多地方发展对冲基金或者私募基金，仅仅是提供房租和税收优惠，但因为人才、资金聚集、产业集群聚集等因素的困扰，无法形成聚集效应。

（2）更容易接触投资者

美国很多机构投资者选基金基本就在纽约或格林尼治小镇，其余地方都很少去。原因很简单，行业竞争优势的聚集效应。机构投资者选择对冲基金投资首先要对基金进行尽职调查，这就需要一个足够多的走访量。比如在中国，北京、上海、深圳随便哪个地方，一天就可以走访很多家具有很强运营优势的基金公司。而非聚集区的对冲基金无法大量地接触投资者，投资者也很难发现这些基金。而且，投资者维护投资组合还需要定期跟踪。所以规模效应一旦建立起来，将很难撼动地区效应的影响。

4. 千年虫和"9·11"等突发事件的影响

事实上，**格林尼治小镇能成为著名的基金小镇，除了地理、政府因素以及产业逐步聚集等因素的影响外，还有突发事件的影响，比如千年虫和"9·11"事件**。格林尼治小镇就是在这两次灾难中成长起来的。

Y2K千年虫的问题对金融机构造成了很大的影响，大家担心电脑系统出什么问题，所以很多机构，包括对冲基金机构，开始在远离纽约的地方建立数据备份中心，以便出现系统错误后可以随时恢复。数据备份通常要选择远离主机的地方，同时最好也足够便宜，格林尼治就成了首选。

"9·11"事件之后，格林尼治小镇出现了一波快速的发展，因为当时在纽约弥漫的恐怖袭击气氛和恐惧情绪，让很多对冲基金大佬开始搬离纽约，而最佳选择就是格林尼治。

这一切突发事件虽然不是格林尼治小镇成长的绝对因素，但是机会总是偏向有准备的人与地区，格林尼治小镇就是典型。

对冲基金基地建设与发展会带动很多相关的企业和组织。要建设成基金以及资本发展型的特色小镇，可以从格林尼治小镇得到许多启示。从目前中国的趋势来看，基金类产业将迎来巨大的发展空间。

（二）格林尼治给资本型特色小镇的三点启示

对冲基金被誉为资产管理领域的"皇冠"，美国格林尼治小镇因集中了超过500家的对冲基金公司而享誉世界，其掌握的财富规模更是惊人，仅Bridge Water公司就控制着1500亿美元的资金规模。虽然格林尼治小镇的成长因素无法被全面复制，但是找到格林尼治的发展动因，对建设这类产业集群的特色小镇具有积极的意义。

1. 特色小镇，"人才聚集"为核心

美国格林尼治对冲基金小镇由于优越的地理位置、优美的自然环境、优惠的政策环境和现代化的田园城市空间，吸引了大批经纪人、对冲基金配套人员等进驻。现有的对冲基金就业人数较1990年已经翻了好几倍，为小镇的金融产业发展提供了源源不断的优秀人才，同时成为格林尼治小镇活力和朝气的象征。

吸引人才、留住人才、用好人才、发展人才将成为特色小镇建设的重点。

2. 特色小镇，"价值链集群化发展"为本

价值链集群化发展与城镇环境密不可分。对冲基金喜欢"扎堆聚集"，行业内 2% 的管理费以及不低于 20% 的业绩费都为企业带来了大量的财富，同时能从土地等优质资源的不断增值、城镇开发建设等方面获得相应利润。

美国格林尼治小镇以总部经济为主导产业，大量集聚对冲基金公司，形成对冲基金聚集的产业价值链，有效推动居住与产业互动，实现土地资源利用最大化和单位面积产值最大化。通过产业价值链的培育和布局规划实现由"产镇互促"到"产镇融合"，为特色小镇建设提供了重要的思考方向。

3. 特色小镇，"特色氛围"营造

特色小镇需要借助大城市的交通、金融等资源，促进人才、资金等要素集聚，同时需要进行自身"特色氛围"的营造，包括产业价值链的配套、娱乐、居住以及其他特色需求等。比如对冲基金基地需要有娱乐设施、健身设施，最好有心理诊所。格林尼治小镇豪宅聚集，风景如画且非常安静，但这个地方没有任何娱乐设施，对冲基金的年轻人在这里没有地方放松，格林尼治小镇更像养老圣地。六十岁以上的基金经理愿意安安静静地过日子，这也是格林尼治小镇走向衰退的原因之一。纽约也有一个很有名的对冲基金企业聚集地，即派克大街，这是一个非常适合中小型基金的基地，而格林尼治小镇则更适合大型基金公司办公。派克大街的办公室都是复式楼，底下是工作室，上面是生活区。从事对冲基金的人有时候不能离开交易市场、不能离开计算机屏幕。很多对冲基金经理家里都有二十几个屏幕，屏幕都延伸到浴室里面去。从这个角度来讲，工作和生活在一个地方的复式楼恐怕是今后对冲基金的一个趋势。上下班路上的一个小时也可能发生行情的巨大变化，而从事对冲基金的特色小镇在建设过程中就需要考虑这些产业变化的因素，否则随着时间的迁移，价值链的价值转移就会不断发生。

（三）玉皇山南对冲基金小镇与中国蓬勃发展的基金产业模式小镇

中国的特色小镇战略发展至今，基金小镇已有很多。基金小镇通过集聚多种类型基金、金融机构，快速形成金融产业集聚效应，已经成为区域金融集聚和金融创新的重要空间载体，可以有效提升当地金融竞争力，完善多层次资本市场建设。

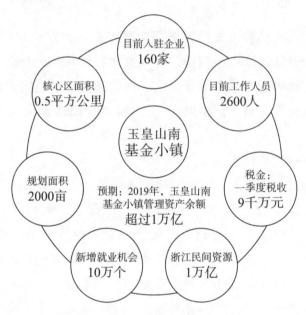

图 2-1 玉皇山南基金镇的产业构想

据不完全统计，我国 2015 年、2016 年新成立的基金小镇就已超过 20 个。因此，面对巨大的市场需求，面对产业集聚发展的趋势，面对金融创新的形势，如果想重点发展基金小镇，就需要结合当地发展需求、特色产业以及经济基础，因地制宜地做好前期调研。包括确定适不适合做基金小镇，做何种形式的基金小镇，基金小镇的战略定位与实现路径等，这些基础工作都非常重要。很多地方认为自身有一定经济基础，就可以尝试做基金小镇等产业形态，原因竟然是"比较时髦"。在实际的特色小镇推动中，只能是注重建筑形态，无法推进产业内涵，只规划土地用途，不考虑整个区域一盘棋的发展，产融结合、产城融合的发展目标也仅仅是一个理想而已。基金小镇的建设要有市场需求、政策导向、创新探索实践，更要有深耕产业的区域基础，需要在深度理解行业特性的基础上，对产业的发展进行一系列研究与规划，同时还需要做好金融风险的防范与控制等相关工作。

杭州玉皇山南对冲基金小镇就是模仿美国格林尼治小镇打造的特色小镇。而它的产业模式及发展趋势是否能经受市场的考验，能否成为"中国版格林尼治"还有待时间的检验。但它的建设思路就是深化研究格林尼治小镇的中国式实践。

1. 三大得天独厚的先发优势

（1）区位条件优越

杭州玉皇山南对冲基金小镇北距西湖约 3 千米，东离钱江新城 6 千米，至萧山国际机场半个小时车程。玉皇山南与上海的金融区位关系，类似于格林尼治与纽约的关系，与上海具有同城效应。借力和对接上海国际金融中心，按照"纽约—格林尼治"模式进行金融产业分工和协同，通过与上海重点发展的公募基金错位，可以将私募金融产业做大、做强。

（2）产业资源丰富

眼下的杭州，金融业发展水平仅次于"上北深"。而上城区金融发展态势良好，金融业增加值居全市前列。尤其是上城区股权投资行业起步较早，此前已集聚了多家股权投资企业，实力位于浙江省的前列。在长三角地区，杭州作为浙江省的省会城市和经济中心，高净值人群和企业总部的聚集度仅次于上海，这些为小镇提供了雄厚的产业基础。对于基金公司来说，已形成了良好的"金融生态圈"。

（3）自然人文融合

杭州玉皇山南对冲基金小镇内汇集四大公园——八卦田遗址公园、白塔公园、江洋畈生态公园、将台山南宋佛教文化生态公园，七处国家级文物遗址环绕，绿化植被、水系的比例高达 70%，拥有国内一流的山水人文环境，对高端金融人士具有很强的吸引力。基金小镇建筑丰富多元，都是独门独院的小楼，非常有个性。

一期建筑根据旧厂房、旧仓库改造而成。低楼层，高通透感，独一无二的背景，成为一道靓丽的风景。二期建筑将农居改建成江南民居，整治修缮后的历史建筑镌刻了岁月的痕迹。除了独特的建筑风格，小镇还有着美煞旁人的环境——坐落于玉皇山南麓，跟南宋官窑遗址、江洋畈生态公园等历史文化遗迹相互辉映，成为杭州玉皇山南对冲基金小镇美好的生活印记，构造了唯美的产业生活圈。

2. 系列化扶持从一点一滴做起

经过几年的发展，政府对玉皇山南对冲基金小镇进行了一系列的政策扶持，同时不断召集资源，有效地推动产业资源整合，成为小镇成长与发展的关键。

这些工作都是从一点一滴做起的，比如系列化的小镇财富讲堂。2015年11月28日下午，"玉皇山南基金小镇财富讲堂"系列第一期在天堂硅谷总部，西溪湿地福堤捌号成功举办。浙江作为金融大省，投资群体基数大、高净值人群多、风险癖好高成为显著特点。而中国财富管理行业仍处于发展初期，避免不了业态混乱、鱼龙混杂和监管机制欠缺等问题。因此，以普惠金融教育为主题的公益讲座具有十分显著的现实意义。不同于市场上各类金融产品的灌输式路演，本系列讲座致力于为浙江广大普通投资者带来全新的金融投资基础知识，并帮助公众在投资各类金融产品中选优去劣。系列讲座的形式受到了各方的高度重视和大力支持，其中既有浙江省国际对冲基金人才协会，浙江省金融业发展促进会和玉皇山南基金小镇等权威单位作为主办方，也有相关基金及投资企业等专业机构作为协办方。讲堂以"对冲基金的发展和未来""大宗商品期货投资概述"和"机遇资产配置的量化策略"等主题，推进了更广泛的交流和咨询。

（案例根据互联网资料，经作者调整修改完成）

本章思维建构

本章主要基于国家视角，研究特色小镇价值链落地的思考路径。对"特色小镇"的理解与审视，需要从不同视角把握不同立场，需要建立**"国家—地方政府—企业"三个利益群体融合关联的视角**。尤其是国家视角，是"特色小镇价值链"的基础成长要素，需要从劳动力、土地、制度资本以及资源禀赋四个基本要素出发，深度探究国家推动特色小镇的根本原因。尤其关注三个核心问题："供给侧"问题、"城镇化"问题以及"三农"问题，它们具有促进新型城镇化的推手作用。推手作用的本身就是尝试通过制度资本调节劳动力结构、土地使用结构，从而提高城镇化比例，促进城镇化转型。可以通过"渐进式"或"跨越式"两种推动模式对新型城镇化进行改革与创新。

区域特有的资源禀赋，会形成特色小镇的"特色"价值所在，这是基于区域文化、历史、自然环境以及人口等因素形成的动态因素，这些因素构造了特色小镇价值链的基础，是特色小镇存活的基本条件。建设特色小镇时要充分利用这些基本要素，否则再先进的制度、资本也无法解决特色小镇的存活与发展问题。

新型城镇化的发展中，城市化与乡村化的发展方向形成了特色小镇与"美丽乡村"两个相互关联的政策。特色小镇是以城市化为发展方向的价值链系统，是以产业价值链与空间价值链为基础，依托产业流、信息流、资本流三个核心要素形成的特色小镇价值链系统。国家在三个核心要素的构造中，主要是激活内动力因素——创新，并通过跨区域资源整合，即产业集群、价值网与城镇经济带等宏观因素，促进特色小镇深度价值链的关联。

同时本章还将针对国家级特色小镇的申报体系与特色小镇的培育政策进行说明。特色小镇价值链落地的思维建构如图2—1所示。

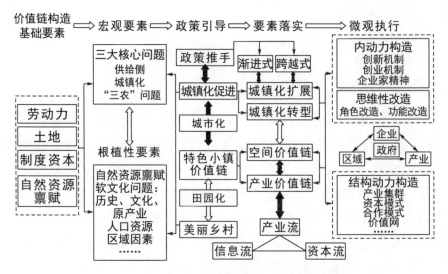

图 2-2 国家视角：特色小镇价值链落地思考路径

此外，本章基于特色小镇价值链落地的思考路径，还将重点论述创新城镇发展思维，特色小镇价值链渐进式升级，特色小镇集群跨越式升级跳板战略，基于顶层设计的城镇化系统规划统筹思考，特色小镇新型城镇化优化选择，特色小镇从制造到服务产业的调整等问题。

第一节 国家视角：特色小镇价值链落地思考路径

一、基于特色小镇价值链基本要素的国家"三大核心"问题思考

改革开放以来，中国创造了人类历史上最大规模、最宏伟的城镇化篇章。诺贝尔经济学家斯蒂格里茨曾预言："中国的城市化和以美国为首的新技术革命将成为影响人类 21 世纪的两件大事。"中国用三十余年的时间，完成了英国、美国、日本分别用 200 年、100 年、50 年走完的城镇化历程，创造了城镇化的世界奇迹。截至 2015 年年底，中国的城镇化率已经达到了 56.1％。虽然，实际城镇化率也许并没有这么高，但这意味着中国已经初步实现了从农村社会到城镇社会的转型。

> **推动核心点：**
>
> 在中国新型城镇化的整体转型推进中，通过土地制度改革、社会保障体系改革，有效解决"三农"问题、调整城镇化发展动力要素，是特色小镇政策来源的一个根本性因素。为此，特色小镇需要通过面对供给侧改革、中国城镇化进程、中国"三农"问题这"三大核心"问题，寻求国家制定特色小镇政策的目的及目标。

中国经济已经进入"新常态"，通过供给侧改革，调整经济结构，形成新发展动力，是中国经济的重点工作。特色小镇作为大中型城市与乡村之间有效衔接的"中间区域"，是供给侧改革的重点，也是供给侧改革的实验者与受益者。

特色小镇创新式发展是特色小镇发展的重要组成部分，在新型城镇化发展中占有重要的战略地位，直接影响中国新型城镇化经济的实施与执行。通过挖掘国家关于新型城镇化发展中面临的"三大问题"，并寻找解决路径，可以发现特色小镇发展的国家需求，从而有效运用国家政策与区

域价值，全面推进特色小镇价值链的形成与发展。

（一）供给侧改革对特色小镇的影响因素

国家经济领域改革中，常听到供给侧改革这一概念，什么是供给侧改革？供给侧改革会产生什么样的影响？尤其对特色小镇有怎样的影响？为什么说供给侧改革是针对特色小镇推进的核心因素？这里针对这个问题做一下要点说明。

价值要点：

供给侧改革简单说就是通过减税、紧缩货币、减少行政干预、削减政府开支、放松市场准入等政策来提高要素配置效率，培育经济增长动力，加速产业结构调整，实现拉动经济增长的目标。在供给侧改革的初期一般都难见成效，甚至对经济及产业产生一定程度的冲击，经济增长率也会放缓，但到了后期，通过系统性的制度调整，产业结构优化升级，增长潜力充分释放，经济会加快增长。

为什么要调结构，进行供给侧改革？这与中国以往的经济政策及发展方式有着直接关系。**过去的三十多年，中国经济的高速发展主要得益于需求管理政策，通过财政和货币扩张，刺激需求，促进经济增长，这是典型的凯恩斯主义管理方法。**凯恩斯认为，经济危机是由有效需求不足引起的，由于市场机制不完善，经济无法自动恢复充分就业的均衡。因此，在经济下行的时期，政府应当采用积极的财政政策，以需求管理为主要政策取向，实行"逆周期调控"，增加货币供给，从总量上刺激需求，来促使经济达到有效均衡，从而降低经济风险。**刺激需求是政策的核心着力点，短期来看，成效明显，在促进经济增长方面能够发挥很大作用。但是从中长期来看，需求管理往往会造成产能过剩、债务累积，甚至是经济增速下滑等状况。**举例而言，2008年政府推出"4万亿元"经济刺激计划，确实在经济增长，促进就业等方面产生了积极效应，但是，随着扩张性财政支出的经济驱动效力释放殆尽，其负面效应如通胀明显、产能过剩、地方政府债务升高等深层次结构性矛盾日益凸显。2008年到2014年的7年

中国特色小镇 The Chinese Characteristic Town

间，宏观杠杆率从 138% 急剧攀升到 218%，债务余额增长了 4 倍，极大地限制了中国中长期经济增长。其中一个**重要表现就是广义货币（M2）表现乏力，M2/GDP 已经超过 2。**货币对 GDP 增长的边际效应显著下降，经济对于货币政策刺激作用的敏感性下降。与此同时，伴随着经济货币化程度的不断提高，落后产能过剩、泡沫资产增多、贫富差距扩大等诸多问题日益显露。2011 年以后，中国经济增长率告别两位数增长状态，2012 年首次"破八"，到 2015 年已经"破七"，经济发展持续下滑。2016 年中国 GDP 增长速度为 6.7%，是 25 年来的最低水平，经济发展开始步入"新常态"，经济运行也面临持续低迷状态，企业效益大幅下滑、产能过剩，出现步伐迟缓、债务违约风险陆续暴露等严峻挑战。在"新常态"背景下，必须意识到，传统经济增长动力正在衰竭，过去侧重总需求的宏观调控的可用空间已显著收窄。对该问题本书不做细致阐述，仅作为结果及证据引用。

党的十八届五中全会后，中央提出了"释放新需求，创造新供给"和"在适度扩大总需求的同时，着力加强供给侧结构性改革，着力提高供给体系质量和效率"的指导方针，明确了供给侧结构性改革的经济发展新思路。**供给侧结构性改革首先突破了长期以来推行的需求管理政策所遭遇的瓶颈，通过运用紧缩的财政货币政策和合理的产业政策，通过收紧银根、结构性减税、削减政府开支、减少行政干预和放开市场准入等政策，推动经济结构优化和经济体制改革，引导和鼓励新兴产业发展，培育经济增长新动力，从供给端发力促进经济发展，形成新成长优势。**当然，在供给侧结构性改革中，中国政府根据中国经济的实际情况，在紧缩财政货币政策以及收紧银根等方面做了适度放宽，在去杠杆等方面加大了推进力度。

自 2012 年以来，在供给侧改革初期，中国经济增长速度的确变缓了，但是随着时间的推移，经济增长回复的潜力正在积聚，典型表现是以小企业为代表的新兴产业、新生力量正在崛起。实际上，经济增长是由"供给管理"和"需求管理"双轮驱动的，缺一不可。转向供给管理手段，更多是从"供给侧"挖掘增长和改革潜力，促进生产要素合理有序流动。**供给管理，就是从供给、生产端入手，针对经济结构性问题，提高生产效率、要素配置效率，提升供给主体创造财富的能力，带动经济增长。**与需求管理政策相比，"供给侧结构性改革"更注重长期的制度变革与完善政策体系，这不是短期的政策调整，更强调发挥市场主体的作用而不是政府宏观调控的作用，主张解决中长期经济健康和可持续发展问题而非短期经济波动问题。过去的经济政策一直强调生产数量的增加，而现在的经济政策则更注重生产效率的提升。

供给侧改革的重心并不是刺激生产要素供给，而是要提高要素分配和配置效率，推进结构优化和体制改革，增强经济发展的内生动力，以此实现经济增长。从理论上来讲，影响要素配置效率最重要的因素是要素在产业之间的配置，而要素在产业之间的配置取决于多重要素变量的引导。供给侧结构性改革需要设计合理的利益引导机制来影响要素在不同部门之间的配置，把要素从无效部门、低效部门引入高效部门。供给侧结构性改革的最终目的是提高要素配置效率，淘汰落后产能，淘汰僵尸企业，扶持新兴技术产业发展，这才是中国经济改革的整体思路。

作者观点

特色小镇的推进与发展，也是建立在供给侧结构性改革的基础上，依托供给侧结构性改革的财政、产业、货币政策，对特色小镇价值链进行体系构造及结构优化，并依托供给侧结构性改革，接收及提升产业价值链体系的结构性转移、价值链改革与升级。

特色小镇利用供给侧结构性改革政策框架如图 2—3 所示。

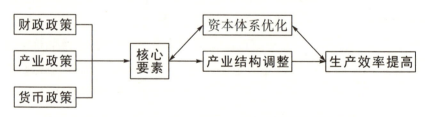

图 2—3　特色小镇利用供给侧结构性改革政策框架

财政政策方面，主要通过收入政策及支出政策进行调整。在收入即税收政策方面，首先运用税收政策的供给效应，通过调整税收，改变商品、服务和要素的相对价格，把要素从低效与无效部门挤出，引导到高效部门，典型的表现就是税务结构改革及中小企业降负。财政支出则可以加大对政策导向的新兴行业补贴，比如创新补贴、出口退税补贴、培训补贴、研发补贴等，对症下药，扶持新兴产业发展。

产业政策代表了结构性改革的方向，这是关键所在，产业政策要精准对接，适度引导。 主要应通过调整产业准入政策、放松价格管制等举措，构建"市场友好型"的产业政策。在资源配置的过程中弱化行政性干预，落实市场主体自主权，激发劳动者和企业家的积极性。在相对完善的市场环境下推动生产要素自由流动、资源再配置和新兴产业发展，推动产业结构优化转型。尤其在产业准入方面，政府需要减少行政干预，放松对垄断行业的行政管制，允许民营资本进入领域参与竞争，通过市场竞争提高要素配置效率。

供给侧改革具有借鉴意义。美国、德国、英国，都经历过供给侧改革，都曾面临与中国相同的问题，尤其在经济下行时，简单地增加货币、刺激需求并不能解决深层次的结构性问题。这些国家按照供给学派的观点，着眼于中长期经济稳定增长，用减税、收紧银根、减少管制、降低政府支出、扶持新兴产业发展等政策，推动经济结构性调整，从供给端发力解决稳增长问题，虽然均在短期内对经济产生冲击，但在中长期实现了结构升级和经济增长的目标。

2012 年至今，中央政策都倾向于摆脱粗放型增长和前期刺激所引发的经济失衡，鼓励高端制造业和新兴服务业等行业发展。因此，货币政策在内的宏观调控政策也从之前的总量宽松、粗放刺激转向总量稳健、结构优化，为供给侧结构性改革创造良好的金融环境，并通过减免税、推行"营改增"试点以及公司注册制改革等政策激发整体市场活力。通过定向降准、公开市场操作、灵活运用货币政策工具等手段，引导和激励金融机构加大对小微企业、"三农"等关系国计民生的重点领域的资本支持。

　　政府对中小企业加大扶持力度的措施催生了一大批新企业,并促进了战略性新兴产业的发展,其中战略性新兴产业增加值达到了 10%,高技术产业增速达到 9.2%,以小企业为代表的新兴产业新生力量正在崛起。

　　随着时间的推移,经济增长的回复潜力正在积聚,小企业提供了大量的新增就业岗位,这也是企业家创业成长的主要平台,是科技创新的重要力量,在繁荣经济、吸纳就业、推动创新和调整产业结构过程中起到不可忽视的力量。2012—2015 年全国新登记注册企业数量如图 2—4 所示:

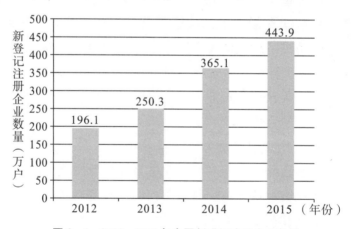

图 2—4　2012—2015 年全国新登记注册企业数量

　　特色小镇的建设与发展,直接受到供给侧结构性改革的直接影响,这里包括几个方面:

　　①**政策结构影响**。政府逐步减少行政干预,通过税制体系及政策推进建立新型投资合作关系,放开市场准入机制,促进特色小镇整体创业与创新氛围的形成。

　　②**资本结构影响**。将通过税收及产业支持政策鼓励特色小镇特色产业

中国特色小镇 The Chinese Characteristic Town

发展，同时通过紧缩货币政策控制地产类资本投入，通过新型资本合作模式创新资本使用率，并通过资本体系调节形成特色小镇产业价值链的可持续发展。

③**产业结构影响**。特色小镇产业结构有两个导向性的因素：一个是产业方向，国家将默许特色小镇接收大中型城市中的部分产业转移，淘汰落后产业机构，鼓励新兴产业发展，推进地方性与特色产业的发展。另一个是产业动力因素与组成，国家将会鼓励及推进产业的创新与创业体系的建立，鼓励个体及组织通过产业革新优化产业结构，形成区域多元化发展模式。

有效掌握供给侧改革的政策思路，实际上是对特色小镇发展的有效引导，可以指导特色小镇对产业价值链及资本的有效使用。

（二）城镇化进程对特色小镇的影响因素

全球城市面积占地球总面积不到 1％，城市人口却占了世界总人口的 60％以上。美国学者塞缪尔·P. 亨廷顿曾直截了当地说："在很大程度上来说，城市发展是衡量现代化的尺度。城市成为新型经济活动、新兴阶级、新式文化和教育的场所，这一切使城市和传统乡村有着本质的区别。"

中国正经历着高速城镇化的过程，从 1849 年到 1949 年的一百年间，我国的城镇人口数量只占总人口数量的 10％左右，直至 1978 年也只占 17.8％；1998 年，城镇人口数量不足总人口数量的 30％，中国城镇人口数量在 2010 年第一次超过农业人口数量，到 2013 年超越 52％，接近 7 亿人，这意味着中国已经成为世界上城镇人口最多的国家。据测，中国 2011 年到 2016 年每年城镇化率平均提高 1.4 个百分点，2030 年城镇化水平将达到 75.86％。中国已经进入城镇社会，已经从典型的传统农业社会转向工业社会。

中国的城镇化进程仍在继续和深化。美国经济学家斯蒂格里茨曾预言："中国的城市化和以美国为首的新技术革命将成为影响人类 21 世纪的两件大事。"城镇人口的持续扩大和城镇群发展是当前中国新型城镇化的基本特征。

李克强总理指出："目前中国扩大内需的最大潜力在于城镇化。"2014

年下半年中央经济工作会议首次提出"经济发展区域"的概念，主张将城镇化纳入优化经济发展区域布局，并提出新型城镇化一定要与所在地的资源禀赋、比较优势和产业定位相结合。

作者观点

特色小镇是中国新型城镇化的重要载体，其本质就是城镇化。其特质是产业价值、空间价值与社会治理相融合的新型城镇化推进。新型城镇化是城乡空间在城市价值推动下不断整合与重组的过程。这既表现为城市内部空间功能的变迁、规模的扩大，又表现为城市之间分工的深化和城市数量的增加，同时表现为作为城市腹地的农村参与城市发展，进而将农村空间纳入城市空间形成城乡价值网络体系的过程。

在这一过程中，必然伴随着资源要素的流动、社会结构的变迁和产业结构空间布局的调整和城乡空间形态的演变。

推动核心点：

新型城镇化演变包括两个主要方面。城乡人口比例变动是城镇化"量"的表现，更深层次"质"的表现则是产业价值链与空间价值链的演化，如城镇内部与城镇间的分工与产业布局，以及与大中小城市形成城镇网体系。城镇产业与空间价值演化已逐步成为城镇化过程中的关键问题。

推进新型城镇化的当务之急是转变思路。根据国际城镇化发展的经验，城镇化率进入 50%～70% 这个阶段将从量变转到质变。中国未来的区域、城镇增长模式也将发生根本变化，尤其是以产业价值链以及产业价值为基础产业结构的合理的空间配置，将对支撑区域增长起到越来越重要的作用。城镇化、城镇集群和区域经济一体化将成为产业布局的空间体现。

　　特色小镇在进一步推进过程中，首先面临的是社会资源争取问题，这与目前的中国城镇化发展体系有着直接关系。目前中国城镇化发展以城市集群、城镇集群的发展趋势较为明显，一、二线城市"中心"辐射性的发展趋势尤其明显。其次，城市群发展过程中的"简单均衡"或"一城独大"现象普遍存在，特大城市的单中心蔓延和人口过度集聚问题突出。以城市中心进行资源汇聚的现象在未来很长一段时间不可能变化。

　　国家核心资源还将投入"京津冀""长三角""珠三角"三大核心经济圈，并持续进行协同式发展。**特色小镇等新兴城镇化的资源投入，更侧重政策引导与模式创新。但由于城镇区域发展关联度不足，竞合无序问题尤为突出，表现为产业结构趋同，区域合作匮乏，恶性竞争加剧，资源配置效率低下等，这些都成为特色小镇推进过程中巨大的外部阻力。**

　　基于国家城镇化发展趋势，特色小镇需要开拓思维，走好自身的特色道路。结合发达国家城镇化经验，可以基于价值链的区域演化机理及经济发展规律研究，调整及优化特色小镇价值链；突出研究区域价值增值、区域结构优化、城镇各区域功能升级等，促进城镇区域重组和转型，以提升特色小镇整体竞争力和可持续发展能力。

　　这些都对特色小镇政府管理者提出了巨大的挑战，需要其拥有长远的发展眼光，尤其要有开放式创新思维与共赢的竞合思维。特色小镇要从粗犷式城镇化发展向专业式城镇化发展转化，只有从产业价值链与空间价值链的协同发展中，才能找到出路。

　　可以通过产业价值链的区域竞合发展视角与空间价值链的转型成长模式两个角度思考特色小镇的成长路径。

　　1. 基于产业价值链的区域竞合发展视角

　　特色小镇依托自身特色，通过单一或者多种产业价值链的城镇集群与区域经济一体化发展，构造特色小镇发展的主流形式。

　　以此为基础形成的城镇群，作为一种高效的城镇化模式，既反映了城镇演化的形态和趋势，也促进了产业价值链在区域中的优化，而且突破了单个城镇的产业局限。随着国际分工的精细化重组，以区域为基础的价值链整合与重组将替代原有产业集群成为新一轮城镇区域演化和区域经济增长的力量源泉。基于价值链的城镇区域演化有利于产业结构优化升级和经济转型。

2. 基于空间价值链的转型成长模式

该模式是以空间为基础，构造特色小镇经济、区域、社会和生态等领域的空间价值链体系。特色小镇空间价值链是通过特色小镇经济、空间、社会价值的相互作用，以目标为导向的价值创造与价值链转型过程，形成复合的特色小镇价值集群。

可以借鉴德国、美国、英国、法国等发达国家城镇化中后期的发展经验，如金融领域的格林尼治对冲基金小镇、门罗帕克风险投资基金小镇，科技领域的硅谷库比蒂诺、山景、帕罗奥图、森尼韦尔等高科技产业小城镇的科技集群，机床制造业的德国高斯海姆小镇，飞机发动机制造业的英国 Sinfin 小镇，水生态与生活产业的法国依云小镇等，这些都是利用技术革命、制度配套和产业区域转移以及价值链深度延展，实现城镇化升级及转型的典型代表。

这些小城镇在致力于打造产业结构合理化和高级化的基础上，避免了城市衰退并保持了城市经济持续增长态势；而从特色小镇空间价值链出发，逐渐把握城镇化空间增长规律，不断调整城镇规划基准方向，在实现空间形态发展网络化的同时，城镇功能逐步优化，实现城市经济、社会、文化、生态等方面的协调发展。通过建立多元治理主体共同参与城镇社会治理体制，逐渐解决城镇资源分配效率与公平失衡等问题，在实现了赋权和自治的同时，提高了城镇整体公共服务水平。

（三）"三农"问题对特色小镇的影响因素

城乡统筹发展、城乡一体化都是在运用新型城镇化思维解决"三农"问题。特色小镇是解决"三农"问题最重要的路径之一。

价值要点：

"三农"问题的本质是农民问题，而农民问题的核心是农民收入问题，要解决这一问题需要大规模减少农民数量，把农村剩余劳动力转移到非农产业中来。"三农"问题的根源是城乡"二元结构"长期的存在，城乡之间发展落差，农村城市化、农业现代化、农民市民化仍存在制度性障碍，是未来国家政策继续深化研究的重点。从世界城镇化规律来看，城镇化最终形态不是绝对意义的城市，而是城乡空间的合理布局、城乡形态的融合发展，更是城乡文明的共存共荣。

　　中国城乡发展形态割裂，城是城、乡是乡。虽然近年来中国大力发展新农村建设，大大改观了农村风貌和生产生活状况，但城乡界限明显，城市中心区、近郊与乡村之间缺乏过渡和融合地带。这种割裂状态更体现在城乡产业布局上，由于城乡二元结构的制约，城市和农村的商品市场和要素市场难以实现一体化，导致了城乡产业发展脱节，城市发展工业、农村发展农业的单向产业发展格局仍未被打破。中国城乡在基础设施、公共服务、劳动就业、社会管理等方面存在较大差距，缺乏城乡公共服务的一体化供给，农村人口未能真正纳入城市发展体系和共享体系，农村土地问题等因素都制约了中国"三农"问题的解决。

推动核心点：

　　特色小镇在"三农"问题的解决上，主要起到了两大主要作用：一个是就地农业人口城市化，一个是城乡二元结构的实验式融合。

　　因此，特色小镇发展决定了未来"三农"问题解决的重要方向。农村人口向城市人口转变、农村生产生活向城镇转变，也是社会经济结构转变的过程。**整个过程由个体、产业、空间三个要素构成，也就是"农民工市民化""农业产业化""农村城市化"。**

　　特色小镇是三个要素融合最为紧密的模式之一，这决定了特色小镇本身就应该是"三农"问题解决的重要载体。尤其"农村城市化"的发展构想，将是特色小镇发展的重要方向。为此，在特色小镇的发展推进过程中，企业与农业相关组织，需要充分利用特色小镇平台，政府依托"三农"的政策趋势，互相推进，为进一步发展农业产业化及工业产业化提供良好环境，把农民从土地中解放出来，为农业产业化提供资金和技术支持，帮助实现农业生产要素的优化配置。

特色小镇融合"三农"问题，需要做好社会政策与经济政策两个方面因素的侧重：

社会政策方面，建立城乡统一的劳动力市场，改革户籍制度与土地制度。通过空间价值链的深化建设，完善配套服务体系，尤其是医疗与教育体系，协同发展特色小镇的人力竞争力。

经济政策方面，做好补贴等产业扶持政策与产业结构调整两个核心工作。尤其以农特产品资源与自然资源类为基础的特色小镇，一方面加大对农业的补贴力度，以提高农业竞争力，加快调整现行的农业产业结构和补贴方向，直接补贴农业生产者。另一方面，调整产业结构，鼓励区域特色中小型企业发展。同时注意接收大中型城市的产业转移，发展具有一定科技含量的新型劳动密集型产业，带动农村劳动力转移，逐步形成区域特色产业集群。

二、特色小镇价值链中的原生型动力
——根植性因素的发展模式分析

特色小镇的原生型动力因素，要比宏观政策调控，以及国家政策性引导更为重要，是特色小镇发展成败的基础。实际上，不是所有小镇都具有建设特色小镇的基础，国外以及国内相对成功的特色小镇案例都已经证明了这一点。这一点也是现有特色小镇严重缺少关注的地方，甚至绝大多数地方政府在推进特色小镇过程中，本末倒置，侧重规划设计，强调项目申报，并不注重原生型动力的影响。

作者观点

现在没有一个特色小镇是完全被规划出来的，将来也不可能

中国特色小镇 The Chinese Characteristic Town

出现。特色小镇的成功，绝大多数是原生型成功，而不是政策性成功。政策的作用仅仅是促进特色小镇的价值成长。

虽然特色小镇的经济组织结构可能会非常复杂，但是一开始就进行整体性产业设计与规划设计并不符合特色小镇的发展规律。现有的推进过程中，首先要注意特色小镇的定位方向，首要工作是防止一哄而上，避免将重点放在建筑设计院的规划设计上，而是应激励政府与企业通过新思维去创建小镇。而创建的基础就是原生型动力，包括自然环境、历史文化、人文地理以及原有产业基础等原生型动力因素。

"根植性"概念是由波兰尼（Polanyi）在 20 世纪中期最先提出的，沙龙·祖金（Sharon Zukin）和保罗·多明戈（Paul Dimaggio）将"根植性"分为四类：**结构根植性、认知根植性、文化根植性和政治根植性。根植性是指一个地方的经济社会活动长期依赖于某些条件的表现和特质，是资源、文化、知识、制度、地理区位等要素具有区域特色的表现，具有难以复制的特性。**产业集聚首先是以具体的地域空间为基础，同时要能够根植于社会经济环境中，也就是根植于当地的文化基础、社会关系、制度结构当中。

著名经济学家马歇尔在研究产业集聚时强调，"产业与区域社会具有不可分割性，地区的社会规范和价值体系对经济发展起了关键性作用，尤其区域会形成包括创新精神、道德伦理、文化等'产业氛围'。就是产业集聚的根植性，这种原生型动力因素造就了产业集聚的可持续性"。不同的地理位置、历史渊源、文化特质都会催生出不同的特色产业，这种原生型动力因素主要包括自然资源、地理因素、历史要素、文化传统、社会制度、社会结构等。

浙江省是最早推进特色小镇的省份，其成功的关键并不是在于国家及区域政策的影响，更主要由于区域的历史积淀、多样的自然资源以及敢为人先的创业精神。例如，水乡乌镇、云栖小镇、梦想小镇、江南药镇、青瓷小镇，都是集特色产业、美丽景观、人文底蕴、社区功能于一体的特色小镇。

> **推动核心点:**
>
> 　　这些特色小镇独辟蹊径,摒弃了以速度为导向的城镇化方式,通过挖掘特色、保持特色,围绕特色塑造,构造具有竞争力的产业价值链体系、文化空间价值网络体系、自然生态经济与和谐发展体系。

　　特色小镇推进的关键是特色的塑造,尤其是具有根植性的特色塑造。**特色塑造具有四个重要特性:**

　　第一,独特性、唯一性,甚至排他性,这是特色小镇的特色基础。这种特性需要以区域特色为基础,尤其要融合风土人情及历史文化。因此有些特色小镇看上去相似,其文化内涵与价值精髓却不相同。比如,周庄、乌镇、西塘等都是以古镇为特色,但是其开发重点及文化氛围各有千秋。周庄完整地保存了明清时期的建筑,数不胜数的古桥成为代表景观。乌镇的开发重点在于景色景观,展现了古镇与现代化的完美结合。而西塘被称为"活着的千年古镇",它很大程度上复原了曾经的风貌及生活状态,充满生活气息,是小家碧玉式的文艺小镇。这些特有的价值体系一旦形成,就很难被模仿、复制。

　　第二,特色小镇特色要素的关联性与交互性。特色小镇的特色要素是由多种因素交错形成的,尤其市场需求、自然资源禀赋、传统工艺及历史文化,形成了区域独有的特色。市场价值、区域价值以及文化资本与技术资本都会形成特色产业的发展基础,甚至会形成历史传承。比如贵州的茅台镇,汾阳的杏花村镇,都是以酒业文化为主体,但是不同的地理环境,不同的市场空间,不同的制作技术工艺和酒文化渊源,让这两种产品成为不同类型酒产品的特色代表。

　　第三,可深化的发展性因素,可以依托原有价值特色,形成新的竞争优势。很多特色小镇的产业形成都具有独特的条件与特定时期、特定市场的需求偏好,并在此基础上形成了成熟的技术,孕育出了特色文化,不断演进发展。横店影视城的形成就是把握住机遇,结合市场需求,在特殊时期形成集聚社会文化资源特色的典型案例。

　　第四,特色小镇的继承性与转化性。特色小镇原有的资源禀赋以及社

会资源和通过时间沉淀所形成的特色资源，可以作为一种财富资源传承下来，具有极强的壁垒作用，但可能由于市场、文化、科技发展等因素，逐渐消失或者被其他区域占有，需要特色小镇建造者特别注意。

作者观点

> *特色小镇产业形成的关键，是以根植性为基础的原生型动力因素构造的特色产业，从而形成特色产业价值链体系。*

特色小镇特色产业的形成往往会受到众多因素的影响，在操作推进过程中，需要侧重特色小镇根植性因素的挖掘，通过原生型动力因素形成特色产业优势。

推动核心点：

特色小镇依托价值链形成的基本要素，以及原生型动力因素，基于自然资源禀赋要素，以及历史、软文化、技术为基础的社会资源要素、市场发展与机会形成为基础的市场发展需求要素的三种基本模式，并以三种基本模式为基础，延伸价值链体系所形成的综合型模式，构造特色小镇特色产业的形成路径。

特色小镇特色产业的形成路径如图 2—5 所示：

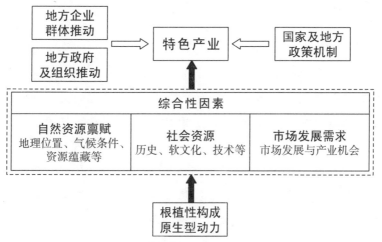

图 2—5　特色小镇特色产业的形成路径

特色小镇的特色产业，需要通过根植性的内在因素发现特色小镇的原生型动力。实际上并不是所有的区域都适合发展成特色小镇，更不能凭空"造镇"，只有挖掘特色，才是特色小镇生存的根本。

下面基于四种原生型动力因素，进行操作说明：

（一）资源禀赋模式

资源禀赋模式是基于自然景观、自然资源等地区所独有的资源进行特色小镇的推进与发展。例如，法国依云小镇，就是以水为产业主题，通过自然景观与自然资源开发的特色小镇。法国依云小镇，依托水资源优势，形成了天然水采集、天然水加工、水健康以及水医疗的产业体系，并建立了科研中心，研究依云水健康系统等。在此基础上，小镇通过加强基础设施建设，进一步开发了以"水"为主题的医疗与养生体系，建立了依托自然景观与休闲度假的旅游景区，建设成了全世界知名的"水"产业链健康生态特色小镇。依云小镇就是充分利用自然资源模式，将"水"产业价值链发挥到极致的一个典型案例。依云小镇从自然资源入手，结合市场需求和新兴技术，形成较为完整的产业价值链，打造了产业价值链高端品牌。依云小镇还将自然景观模式和自然资源模式充分融合，塑造了区域的原生态景观，打造了特有的"健康水"生活模式。

> **推动核心点：**
>
> 资源禀赋模式中，经济发展对自然环境的依赖越强，其区域特色也越强。实际操作考量会通过绝对资源量、地均资源占有量和人均资源占有量三个指标，直观地显示出区域内的资源密度，从而反映该区域资源禀赋的强弱以及这一产业的优势。这种模式的发展很大程度上受到自然环境的约束，会因为环境的变化而丧失发展活力。

因此，这种模式的发展，首先要考虑的是保护环境，做到可持续发展。价值链的构造首先要保护当地的生态圈，并在此基础上利用资源优势做好产业价值链延展，利用技术提高资源利用率，提高产品附加值。

（二）社会资源模式

社会资源模式是充分利用历史人文环境、技术环境以及相关软文化因素等优势，打造及建立特色产业。浙江省通过文化社会资源打造的乌镇，以及通过技术社会资源打造的云栖小镇就是典型的代表。

浙江乌镇是将文化社会资源这一原生型动力因素发挥到极致的代表。乌镇在建筑上保留了历史街区和内河，是典型的江南水乡。通过修复古镇建筑，很大程度上保留了当地的历史文化遗迹，同时对小镇的布局做了改善，将传统元素与现代特点相结合，完整地展示了乌镇的水乡生活和千年文化底蕴。乌镇以此作为核心宣传元素，通过节日活动、旅游团体合作以及媒体深度宣传，深化了当地的文化特色与精神内涵。乌镇成功的关键在于营造特有的文化氛围，通过保留原始居民的生活模式，将千年文化真实生动地展现出来，赋予了古镇千年的韵味与崭新的活力。

浙江云栖小镇位于杭州市西湖区，是云计算产业聚集地，主要涉及数据挖掘、APP 开发等多个高科技领域。云栖小镇深度挖掘专业技术资源，通过区域科技整合及核心企业主导，成为由政府全力支持而形成的特色小镇典型案例。2013 年，阿里云企业联合众多云科技类企业在小镇发起成立了云栖小镇联盟，此后 3 年，云栖小镇发展迅速，现已有 400 多家云产业公司入驻。尤其在当地举办的云栖大会已成为全球最大规模的云计算峰会之一。云栖小镇出现的一大因素是时代趋势，信息技术和信息经济促使云产业需要一个聚集发展的核心区域。另一个重要因素就是阿里云平台，这是领先企业领导的技术与社会资源平台。正是有阿里云这样的企业为云栖小镇提供产业支撑，为其树立品牌、引进资源，云栖小镇才能迅速成为国内的云计算产业聚集地。

经济学家克鲁格曼（Krugman）将区域发展中以人的行为为基础，涉及人文环境、技术基础等的内容称为第二自然，并认为相较于资源禀赋，社会资源更具活力，是人类智慧和劳动的凝结。

推动核心点：

   特色小镇对于社会资源的实现更多是通过新兴产业、服务业、制造业、旅游业等模式，以地区文化或者技术集群为核心，建立起产业与文化有机融合的发展模式。文化社会资源的核心在于文化，其核心是人文精神，这是通过历史遗迹、民俗风情所形成地方资产，具有鲜明的地域特色。而技术资源包括新兴科技与传统技艺，技术是地方特色产业的灵魂，技术的传承和改进是产业发展的前提。

   地域特色产业的形成与区域特色产业技术体系和社会人文，即克鲁格曼所说的"第二自然"有着紧密的产业关联。美国著名的格林尼治基金小镇也是依托纽约这个经济中心才建立起来的，这片区域具有产业培育基础，同时有大量金融人才，与金融中心的距离又足够近，格林尼治离纽约只有 30 分钟路程，这样的位置优势才能吸引足够多的人才和资本，只需要外部因素刺激与政策引导，就能够形成特有产业的特色小镇。而中国各地争相建立基金小镇，其实具有巨大的产业风险。这些小镇，缺乏区域环境，缺乏产业基础，更缺乏人才与市场，根本不具备原生型动力因素，这种跟风模仿的做法只会造成社会资源浪费，并不能形成可持续发展的特色小镇。

   （三）市场发展需求模式

   很多特色小镇是在市场发展过程中基于特有的环境土壤逐渐形成的。比如瑞士的达沃斯小镇、中国的横店影视城，以及曾经的广东虎门镇等产业镇区，都是为满足市场发展需要逐步成长起来的小城镇。

   同样是建立基金小镇，玉皇山南基金小镇的诞生就得益于市场需求，一方面是浙江省地方企业在发展中需要大量的资本，另一方面是当地民营资本壮大后急需寻找投资渠道。这种需求促使区域性的"基金小镇"应运而生。当然，基金小镇要想得到后续的可持续发展，需要引进人才、机构，最终才能成为投资机构和人才的产业价值链聚集地。这种基金小镇的形成来自市场发展需求，其壮大得益于专业技术与社会资源。

中国特色小镇 The Chinese Characteristic Town

市场发展需求往往是特色产业能否存活的关键。区域相关产业的形成或者转型升级可以催生特色小镇，而市场的改变，也可以让曾经迅猛发展的产业小镇逐渐消失。

推动核心点：

市场发展需求分为对制造业的需求和对服务业的需求。对制造业的需求往往是源自某个特定时期的产业革新或者产业聚集的需要，这种类型的特色小镇，关键是抓住机遇，形成产业规模优势以及深化发展惯性，成为产业价值链中关键的一环。服务型特色小镇，则是通过区位优势以及文化资源、自然资源、禀赋优势，将服务型产业融入特色小镇独有的特色价值链体系当中。

（四）综合型模式

综合型是基于以上三种模式，突出特色产业价值构造、发展以及转换所形成的持续性发展动力。在后面案例中，会谈到横店镇就是这样的典型代表。横店镇以横店影视城闻名，每年吸引上千万人次前往旅游观光。横店在原有产业的基础上，大力发展影视文化产业，基于市场发展需求，并在此基础上同时发展体育休闲、观光旅游等衍生产业价值链。横店镇的影视产业，是抓住影视行业发展需要取景地的机遇发展而来，是典型的市场需求发展模式，但由于在逐步发展过程中形成产业优势以及产业集聚，成为整个影视产业中不可缺少的一环。不仅如此，横店镇对历史景观的复刻，以一种特殊的方式形成了独有的横店特色文化，并以此大力发展旅游业，带动附近酒店行业和餐饮行业迅速发展，实现了从市场需求发展模式向综合型模式的全方位发展。

推动核心点：

综合型发展的关键，是通过原有价值链的沉淀，形成产业体系与更广区域的价值链优势，从而形成可持续发展价值系统。由于外部经济环境、科学技术革新以及政策因素等不断变化，特色小镇必须通过不断挖掘市场发展需求，通过综合型的特色产业升级与革新，优化核心竞争力；否则会走向衰退，甚至消失。

广东东莞、中山等地原有以代加工为基础的产业集群就是由于市场发展需要而形成的产业集群，但是因为外部产业与经济环境的变化，后来受到了巨大的冲击。与此情况类似的是美国波士顿市的128公路周边地区。这里曾经是美国军用订单生产和技术研究地区，分布了众多技术型企业和研究机构，包括麻省理工学院和坎布里奇实验室等知名大学及学术机构。通过科技革新，在20世纪70年代，这里成为美国电子产品革新中心。"冷战"结束后，军用市场迅速萎缩，该区域没有及时调整研发及生产策略，逐步被新兴成长起来的硅谷所取代。硅谷是通过市场发展需求逐步成长形成的以技术资源为核心的综合型特色产业集群，出现了包括苹果、思科、英特尔等知名企业，是非常值得研究的特色小镇经典案例。

三、特色小镇与"美丽乡村"关联性推进形成的新型城镇化

"美丽乡村"与"特色小镇"都是新型城镇化建设大背景下催生的发展形态。虽然两者都具有城镇化发展的价值关联，但是发展导向与发展模式存在巨大的差别。这种差别包括概念形态、产业定位、建设主体和发展目标几个方面。但涉及"供给侧结构改革""城镇化发展进程""三农"等三个核心问题的发展本质、民生本质，三者却都具有相似性。中国新型城镇化发展推进应当将"美丽乡村"与"特色小镇"协同发展，构筑城乡一体化思维，通过产业融合、区域竞争力提升以及文化传承等方式，将"美丽乡村"与特色小镇两种发展方式有效结合，促进新型城镇化发展。新型城镇化发展结构转化模式如图2—6所示。

中国特色小镇 The Chinese Characteristic Town

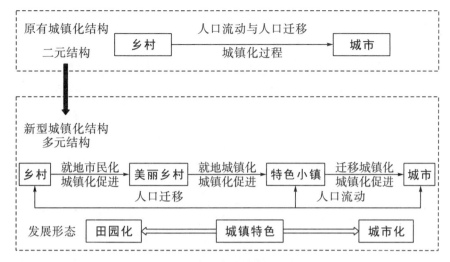

图 2-6　新型城镇化发展结构转化模式

　　笔者在研究西方城镇化发展理论过程中发现，城镇化发展是随着城市规划思想的变迁而逐渐变化的。埃比尼泽·霍华德（Ebenezer Howard）的田园城市理论、埃列尔·萨里宁（Eliel Saarinen）的有机疏散理论、勒·柯布西耶（Le Corbusier）的现代主义规划理念等，都是发达国家构想多样城镇化的形态模式。而新型城镇化就是将这些形态模式通过中国化城镇化思维得以呈现出来。

　　"美丽乡村"更像是霍华德田园城市理论所论述的田园城市形态的特色小镇。而这样的小镇具有深度的区域文化传统与独有的农业经济形态。比如法国的普罗旺斯小镇，又比如鲜花小镇、商贸小镇、巧克力小镇等，就具有这样的经济形态。在发展新型城镇化过程中，不应该将"美丽乡村"与特色小镇进行人为的分割。实际上，可以借鉴发达国家对于城镇化的深度研究，完善与优化中国特色新型城镇化的结构推动作用。

　　对于"美丽乡村"与特色小镇所构造的新型城镇化，非常需要研究田园城市理念及其推动思路。**田园城市是依托乡村特有的自然资源禀赋，以区域生态保护性开发为特征的城乡一体化小城镇发展模式。建设区域及跨区域城镇特色产业和特色经济体系，以形成不同类型，包括传统产业在内的城镇就业体系，同时通过打造历史文化和区域精神文化体系，让城镇具有特色空间、特色工业、特色文化符号、特色旅游功能、特色生活方式**

等。田园城市理念对于解决大城市病具有积极的推动作用，也是发达国家中后期发展的有效路径。格林尼治等小城镇的崛起就是在这样的背景下产生的。在未来，"分散"将会是城镇化中后期空间价值发展的最主要特征。尤其在轨道交通、信息科技以及互联网的迅猛发展，将会开启"逆城市化"进程，其实这是"人本主义"的回归。在城镇理念变迁的过程中，如果通过科学引导，特色小镇与"美丽乡村"的构建将大有可为。

"美丽乡村"虽然是中国城镇化发展的重要组成部分，但不是本书论述的重点，这里仅将其发展脉络以及与特色小镇的协同融合做简要论述。

进入 21 世纪后，中国提出了中国特色新型城镇化发展道路，乡村建设被列为国家战略。党的十八大提出了"美丽中国"的战略构想，并在 2013 年提出建设"美丽乡村"的奋斗目标，同年发布了《关于开展"美丽乡村"创建活动的意见》，确定全国创建 1000 个"美丽乡村"试点。"美丽乡村"的工作推进，更多是作为一项民生工程，工作重点由传统农业向优质乡村人居环境过渡。"美丽乡村"的内涵特征包括两个层次：一**是生态良好、环境优美、布局合理、设施完善；二是产业发展、农民富裕、特色鲜明、社会和谐。**

作者观点

特色小镇与"美丽乡村"虽然发展重点不同，但存在一定程度的契合性，均须找准产业定位，以产业发展、文化建设、旅游开发为主要发展路线，聚合多种功能，形成各类功能的有机统一。其本质在于生产、生活、生态的融合，打造发展动力强，环境品质优的人居环境。

推动核心点：

以特色小镇与"美丽乡村"为基础构造的新型城镇化，首先，是以城乡一体化和城乡统筹发展为标志，通过空间改善、基础设施配备与风貌提升，将生活品质推往更高的平台。新型城镇化超越传统的乡村规划模式，从民生角度考虑推动乡镇可持续发展的经济、文化、景

中国特色小镇 The Chinese Characteristic Town

观等，达到带动乡镇建设的目的。其次，是在产城融合思想的主导下，通过优势产业促进区域可持续发展，促进城镇与乡村协同发展。作为产城融合的载体，产业多元化将成为"美丽乡村"与特色小镇共同发展的动力。最后，"美丽乡村"与特色小镇需要通过人才、技术、资本等发展要素的集聚，实现产业平台与创新载体的建设，促进乡镇发展方式进一步改革，优势资源开发与特色产业集聚、产业创新和产业升级，形成新的经济增长点。

从目前的实践看，特色小镇与"美丽乡村"大致可以分为两种形态：一种是嵌入都市型，主要地处大都市圈内；另一种是远离都市型，处在相对偏远的传统乡镇、乡村地区。

前者的典型是杭州市的基金小镇、梦想小镇等，它们虽名为小镇，但并未脱离大都市圈，而是依托现代交通与大城市相连，紧密地嵌入大都市板块之内。这些小镇是大都市在完成工业化之后，进行城镇化升级与信息化建设的产物。高效的交通体系和互联网信息网络等，让城郊乡镇也可以摆脱"边缘"的地理限制，很便利地进入大都市的产业协同体系。

另一种类型，是远离大都市的乡镇、乡村地区所建设的特色小镇与"美丽乡村"。它们无法直接嵌入大都市产业体系之中，虽然能够不同程度地抓住现代交通、互联网的机遇，但城市里原有的服务配套、资本、人才等要素，很难向这类小镇自然地溢流。那么，这类纯粹在乡村空间里建设的特色小镇与"美丽乡村"，就在产业体系上与大都市周边的乡镇大不相同：这些乡镇地区的特色小镇与"美丽乡村"，不仅无法接受来自大都市的辐射，需要自己构建发展动能，主动与外面匹配资源，驱动小镇并与周边乡村联动发展。这类乡镇的发展动力主要来源是乡镇原有的自然地理、历史人文以及产业基础构造等资源禀赋，以及科技革新、物联网发展所带来的新的机遇，突出表现为乡村旅游和"淘宝村"现象。乡村旅游的火爆，使乡村价值得到了重塑；淘宝村的火爆，意味着在互联网时代技术革新带来新的产业发展机会。随着城乡交通的改善，未来非农产业进入乡村将成为常态，乡村将成为一种生活方式和新型工作方式。

新型城镇化体系中，特色小镇能够扮演传统建制镇所不具备的平台价值，整合乡镇内外包括资本、产业、土地等众多资源。从而推进乡镇地区的基础资源匹配外界资源，促进传统产业转型、特色产业发展、就地城镇化、历史文化保护与利用等多个层面，尤其对周边乡镇有着产业整合和辐射带动作用。远离大都市的乡镇、乡村地区要建设特色小镇与"美丽乡村"，一方面，必须立足乡镇原有产业的转型升级，充分挖掘利用乡镇原有的产业基础、资源禀赋和人才基础；另一方面，通过集聚资本、人才、创新创业、国家政策及区域政策等要素，构造乡镇区域对接外部资源的重要平台。

有两个重要文件需要格外关注。

2016年10月，中共中央办公厅、国务院办公厅发布的《关于完善农村土地所有权承包权经营权分置办法的意见》提出完善农村土地的"三权分置"办法，不断探索农村土地集体所有制的有效实现形式，落实集体所有权，稳定农户承包权，放活土地经营权，充分发挥"三权"的各自功能和整体效用，这是对农村土地使用政策的改革。2018年1月15日国土资源部部长姜大明再次强调：中国将探索宅基地所有权、资格权、使用权"三权分置"，落实宅基地集体所有权，保障宅基地农户资格权，适度放活宅基地使用权。推动建立多主体供应、多渠道保障租购并举的住房制度，让全体人民住有所居。政府将不再是居住用地的唯一提供者。这意味着特色小镇与"美丽乡村"将在土地政策与资本运作体系等方面拥有更多的灵活性，可以开展更多创新模式，进行新型城镇化推进。

2018年1月2日，中共中央、国务院发布中央一号文件《全面部署实施乡村振兴战略的意见》，再次强调"三农"问题，将农业农村农民问题定位为关系国计民生的根本性问题，并从产业体系、治理模式、土地改革、城乡融合、基础建设、软文化建设、创新机制、人才战略、生态治理等多个领域进行论述，制定了新型城镇发展战略与目标。

这些文件都从社会协作的战略层面展开思考，对于新时期乡镇内生发展动力的培育，乡镇当地文化的挖掘保护，乡村自然生态、乡村治理机制的提升和完善，乡村开放性重塑等社会系统问题开展系统性创新，以全新的思维与发展视角解决新型城镇化问题。

第二节　国家视角：特色小镇价值链创新统筹与特色小镇申报

通过挖掘国家的政策内涵，找到特色小镇基于"供给侧""新型城镇化""三农"问题等的价值链构想，也可以找到国家对于特色小镇的政策引导机制、扶持思路与推进构想。原生型动力是特色小镇能够存活的根本性因素，也是特色小镇的发展基础。中国的城乡建设形态已经由二元结构向多元结构转化，探讨了多元模式中"美丽乡村"与特色小镇的关联、新型城镇化的成长思维。本部分侧重国家政策的理解与使用，主要以上述因素为基础，通过政策思维与国家统筹路径，理解特色小镇的申报体系与成长思路。本节突出三个要点：首先，依托"供给侧"等因素，构造特色小镇基于创新的战略发展思维；其次，基于新型城镇化等因素，理解国家关于特色小镇规划等方面的统筹要点；最后，利用根植性因素、国家与地区政策因素，申报国家级、省级、市级特色小镇的实现路径。

一、国家视角：创新特色小镇价值链构造方式的战略思维

创新构造特色小镇价值链，必然会成为未来发展的战略构想。这是由中国城镇化的发展阶段所决定的。据官方统计，中国的城镇化率从1979年的不到19％提高到2011年年底的51.27％，创造了人类历史上最大规模、最宏伟的城镇化篇章。借鉴国际城镇化的发展阶段划分标准，中国目前已经进入以城镇型社会为主体的城镇化中后期阶段。**但中国现有城镇发展方式的总体思路仍然是"中心"向外扩散的模式，即为"摊大饼"模式，属于粗放、外延式发展，容易造成大城市规模、大城市框架、土地铺张浪费，城市资源过于集中于中心区域、大城市病久治不愈，以及多数中小型城镇功能不全等现象。**这种情况在短期内无法得到改善，而且这种发展模式难以适应城镇现代化以及生活品质化的新要求，多重因素将会掣肘城镇的可持续发展。

实际上城镇发展方式直接影响城镇发展质量，特色小镇就是以新的视角审视中国城镇化发展道路，以产业特色为契机，从国家战略层面明确中国新型城镇化发展方向，激活城镇发展模式，创新中国城镇化发展道路，促使新型城镇化向科学、协调、可持续的方向发展。

> **价值要点：**
>
> 特色小镇必须改变原有思维模式，核心是通过开放式创新激发地区原生型动力因素实现价值升级与价值转化。依托产业价值链与空间价值链的治理路径，优化解决现有城镇化发展所面临的多重挑战。

特色小镇基于价值链的创新式治理模式，就是改变原有以基础建设为核心的发展模式，通过开放式创新思维，优化资源价值体系，分散解决原有空间发展等问题，侧重效率治理。

> **推动核心点：**
>
> 效率治理的关键是突出开放价值，通过积极调动市场资源、区域资源、企业资源，以分层次的治理结构与全新的模式构想，打造兼具生命力与发展力的价值链体系。

（一）特色小镇需要突破的几个发展约束

特色小镇发展首先要依托原生型发展动力，包括自然资源、社会资源、市场发展需求等几个方面，需要注意对自然资源与社会资源的有效使用。很多时候，在推进特色小镇过程中，不但没有有效使用这些原生型动力资源，还依然采用原有的城镇化开发模式，大力推进土地开发，导致资源过度使用等现象，形成众多区域恶性发展状况，这是极需要注意与防范的发展约束与发展破坏问题。很多时候，政府管理人员并不认为这是一种发展约束。除了发展思维的局限，更有对特色小镇价值链构造的发展困惑。要解决这个问题，就需要对特色小镇的发展约束进行说明，帮助特色小镇政府与企业在推进特色小镇开发过程中，建立有效的战略思维。

建立特色小镇创新战略思维，首先需要知道特色小镇发展中的五个重要约束因素：粗放型开发导致特色小镇发展的不可持续问题；产业转移与人口转移问题；空间整体构造问题；协同发展问题；"二元结构"与新型城镇化问题。

1. 对资源以及能源的粗放式使用，使环境生态和自然与历史资源对特色小镇的未来发展具有不可持续性

对于资源的依赖需要注意两个方面的风险。**第一，变相地产化。这种现象的发生与地方治理结构有直接关系。一方面，地方财政过于依赖土地资源；另一方面，通过地产等基础建设拉动，可以快速提升 GDP，城镇化效果明显。**但是，城镇的快速扩张和空间的无序开发，导致城市土地资源消耗过快，闲置、低效率利用等浪费现象严重。最明显的表现是，中国城镇人均建设用地高达 133 平方米，远超发展中国家和欧美发达国家的平均水平。而这种粗放式地产化发展趋势在众多特色小镇建设过程中愈演愈烈，这是非常危险的信号。**第二，基于水、空气与能源等相关资源的供需与安全治理问题。**在城镇化的治理过程中，水资源供需安全问题非常明显，尤其是城镇，表现为全国 600 多个城镇中有 420 多座城镇供水不足，其中 110 座严重缺水。另外，这些城镇中水质监测点较差级和极差级的占57.2%。城镇固体废物排放量剧增，生活垃圾无害化处理率较低，有毒有害的有机污染、危险废物污染、电磁辐射污染对城镇及其周边环境造成危害，甚至造成了严重的二次污染，尤其是城镇空气、水质量堪忧，其中PM2.5 的空气治理问题已经成为中国经济发展中必须解决的问题。全国有 2/3 的城镇空气质量不达标，世界银行发展报告指出，全球 20 个空气污染最严重的城市，有 16 个在中国。尤其是大中城市周边，城市依附型的特色小镇尤其要防范这两个问题。

2. 特色小镇针对城市产业转移以及城镇人口转移的导入问题

首先是产业导入。我们都知道特色小镇的发展重心在于产业，但如何引入产业，如何科学发展产业其实比单纯的产业构想更为重要。尤其不能"凭空构想"产业形态。**除了基于原生型动力因素外，还需要注意有效地承接城市的产业转移。对于高污染、高能耗以及产能过剩等产业形态注意有效管理，科学接收。**

其次要注意人口导入问题。可以从两个方向导入：一是农村人口就地城镇化；二是特色小镇有效人口引入，关键是人才引入，并注意城市人口的逆向转移。这需要以特色为基础，加强基础配套建设，注重空间价值链运用，构造有别于大型城市的"田园城市"生活，尤其要注意交通、公共服务等"大城市病"问题，注重高品质健康氛围的营造。在特色小镇地产发展模式、公共配套、交通、产业等方面形成独特的"田园城市"特色。国外的如美国格林尼治、法国依云小镇以及德国沃尔夫斯堡、弗莱堡、英戈尔施塔特等小镇的发展与治理方式就非常值得借鉴。

3. 粗放式城镇整体形态、建筑体系和产业结构等"骨架"问题将是特色小镇的重大困境

政府在推进特色小镇过程中非常热爱以概念设计为中心，通过整体意向的构架方式来推进，而且在一段时间内将其作为特色小镇的推进重点。虽然这种方式在形式上塑造了特色小镇直观的外观形态，但实际上，特色小镇特色产业的形成与整体发展并不是靠规划就可以设计出来的。现在这种规划"臆想性"非常明显，很容易形成粗放的城镇建设方式，为特色小镇发展百年大计埋下严重隐患。

特色小镇的外观形态由城市整体规划、基建设施和城市建筑等要素组成，这是特色小镇通过历史周期逐步形成的。**科学规划特色小镇需要注重三点。首先，要形成地域特色，注意特色小镇的古建筑形态保护，注意建筑的寿命周期，在条件允许的情况下，逐步引入绿色建筑、低碳建筑、生态建筑等未来建筑形态。**中国建筑产业的发展在世界独树一帜，尤其近些年来在桥梁、大型市政建筑等方面创造了众多的世界奇迹，现已成为新建建筑最多的国家——每年新建面积高达 20 亿立方米。但这些建筑普遍存在使用寿命短、使用能耗高、改造难度大等问题。这些城镇建筑平均使用寿命仅为 25～30 年，而在美国、法国和英国，城市建筑的平均使用寿命分别为 80 年、85 年、125 年。这种发展模式，基本都是在集中快速建设规划过程中出现的连续性问题，也极容易造成城镇缺乏历史沉淀，容易产生"千镇一面"的现象。**其次，特色小镇需要立体化的规划构思，这种规划构思需要将产业规划与城镇规划相融合，更要将地上与地下规划相融合。**规划构思特别需要注意城镇发展中的地下管网工程建设。尤其在广东

省及江浙一带，需要深化产业设施建设，注重系统规划，集中管理。**最后，特色小镇需要分区有序发展**（包括通过前期概念性规划，构造和谐、美观，具有整体化的特色小镇天际线），实现规划的动静相间、城乡交错。特色小镇的个性美，是在整体建筑控制中，有效进行空间分区，将历史文化与自然景观通过一定空间来贯穿，成为独有的特色小镇风情。这种规划应该以原生型自然环境与历史人文环境为基础，而不要被后期人造景观以及大型基础建设所覆盖。

4. 注重产业价值链与空间价值链的协同式发展，防止特色小镇组合功能缺失

首先，产业是关联特色小镇内部与外部的大动脉，特色小镇需要通过产业价值链有效链接外部城镇产业集群，甚至是全球价值链。特色小镇不但要找到自身的产业位置，还要整合产业集群及自身产业优势，不断升级产业价值链，构造特色小镇的竞合优势。而闭环式的特色小镇产业形态，不具有发展动力。

其次，融合产业的空间价值链，需要构造服务、管理、协调、集散、创新等功能，并通过物联系统、交通系统等升级特色小镇空间功能，防止特色小镇交通疏散、物流集散、城镇配套以及城镇应急能力等社会功能的缺失。

作者观点

协同式发展的重点是基于开放式创新思维，需要通过产业与空间价值链打造城镇群，这将是推进特色小镇未来发展的关键。

推动核心点：

城镇群是未来中国新型城镇化布局和区域发展的主体空间形态。实现城镇群的关键是建立有效的结构，即"中心城市—中小城市—小城镇—较大乡镇"之间形成网络型的分工与合作关系。

这就需要特色小镇在利用资源禀赋和战略发展的基础上，联动产业与空间的价值互动，以开放式创新思维、产业群落构造思维，科学构造战略体系，协同融入区域经济区以及国家产业经济带，构造特色产业与空间功能关联的城镇群落。尤其对于东部与中部地区的特色小镇，需要打破传统地域思维，将产业与空间的价值功能融入长三角城市群、珠三角城市群等具有国际影响力的大型都市群落，通过找准特色小镇的定位、占位与补位，避免定位模糊、资源受限、被边缘化的风险。

5. 防止城乡"二元结构"，注重特色小镇在新型城镇化中的主导作用

中国对特色小镇的政策关联引导，对于特色小镇的发展具有巨大的影响作用。而中国城乡"二元结构"是导致城乡之间发展落差大的城镇化痼疾，"农村城市化、农业现代化、农民市民化"仍存在制度性障碍。

特色小镇在构想上要突破二元结构，通过对国际城镇化发展规律的借鉴，打破长期重城市规划、轻乡村规划的传统，形成城市与乡村相融合的新型城镇化规划思维。将特色小镇发展成为城市近郊与乡村的过渡和融合地带，并将城市文明和田园风光有效融合。同时，特色小镇需要打破单向产业体系，形成多业态发展格局，防止城市扩张对农村土地和自然资源的侵害。这需要在城乡基础设施、公共服务、劳动就业、社会管理等方面构建与城市相互融合的政策体系，逐渐打造城乡公共服务的一体化供给思维。

（二）借助国家价值视角，构建特色小镇创新战略思维

特色小镇的发展体系，首先要基于国家的战略视角，通过寻找特色小镇全局性、战略性的发展方向，尤其注意"供给侧"、新型城镇化以及"三农"问题的影响，把创新特色小镇价值链发展模式作为特色小镇从生存到发展的基本路径。特色小镇价值链的创建思维是依托开放式创新的战略思维，积极探索一条符合自然规律、经济规律、社会规律和城镇发展规律的独特发展道路。这条道路会成为特色小镇发展的重要捷径。

中国特色小镇 The Chinese Characteristic Town

创新特色小镇战略思维，需要从以下战略发展思维入手：

1. 创新特色小镇发展思维

价值要点：

　　创新特色小镇发展理念，首先要改变原有的城镇化建设思维。改变的关键是由速度型向质量型转变，强调特色小镇发展的质量与可持续性。其次，可以借鉴国际先进的发展理念，坚持产业特色，以"人"为本，打破城镇化进程的数量指标、速度指标和经济指标，突出特色小镇发展价值链价值体系的考核性指标和资源环境约束性指标。

　　创新特色小镇的发展思维：首先，突破城镇规划、城镇建筑风格、基础设施的空间价值要求；其次，突出特色小镇社会管理、公共服务、应急管理的价值链结构治理；最后，突出产业价值链体系的轻型化、集群化、高端化、生态化等可持续发展目标。在价值链体系构造中，不仅需要人口、资源、技术、产业等因素在特色小镇空间的聚集，更需要在生产方式、生活方式、商业模式、文明传承方式等方面进行模式创新。

　　从人文、立体空间、智慧型、生态等方面打造特色小镇的整体发展思维。以面向未来的特色发展构想，提升特色小镇价值链网络，完善特色小镇空间功能，提高特色小镇服务水平，增强特色小镇价值承载能力。

推动核心点：

　　通过五个步骤激活创新特色小镇发展思维。第一，需要构造以特色为基础的发展思维，改变"千镇一面"的城镇化建设和发展方式，以特色文化、特色经济、特色生态、特色建筑打造特色小镇独特的空间形态、经济形态和文化形态。第二，构造人文发展思维，突出历史文化传承、精神文明建设，增加特色小镇的文化内涵，提升特色小镇的软文化实力和品牌价值。第三，构造立体化特色小镇思维，建设特色小镇形态集聚和功能密集区，以区块化、科学化的立体化发展布局，实现对土地和能源的集约利用。第四，构造生态特色小镇思维，探索特色小镇绿色健康发展模式，通过融入生态循环的全新理念，优化生态环境、节约资源，从而形成特色小镇特有的社会、经济与自然的和谐发展。第五，构造智慧特色小镇治理与发展思维，注重创新驱动力和信息推动力，通过信息化治理与知识型社会，创造科学发展、协调发展、可持续发展的新型特色小镇协同发展模式。

2. 创新特色小镇空间发展思维

创新特色小镇发展空间，就是在特色小镇空间结构合理、景观特色协调多样、居住空间与产业空间适度均衡的基础上，侧重特色小镇形态的差异性、传承性、艺术性和多重性创造。这意味着特色小镇将由传统城镇化功能向特色型发展功能转化，强化特色小镇的个性和生命力。

城镇的特色是城市乃至乡镇最稀缺性和不可复制的财富，是其赖以生存与发展的永恒生命力。曾几何时，"落霞与孤鹜齐飞，秋水共长天一色""故人西辞黄鹤楼，烟花三月下扬州""劝君更尽一杯酒，西出阳关无故人"，这样的名诗佳句，因为一湾水，一座楼，又或者一杯酒唤起人们对某一地点的独有记忆，而现在这种特色正在渐渐消失。正如此快速的城镇化，让中国的城镇陷入了"特色危机"，空间形态"千城一面""千镇一面"，经济形态趋同，文化形态被割裂。这确实需要城镇化推动者的反思，特色小镇必须建立在特色发展、错位发展、个性发展、传承发展的创新发展空间上，才可能具有生命力。

创新特色小镇空间发展，重点在以下两个方面：

第一，注重特色小镇的风格创新与形态创新。规划设计时需要改变传统城镇"摊大饼式"的开发思路，更多以现有自然与人文资源体系，勾勒出特色小镇独有建筑群形成的城市天际线。同时将其融合在田园风光与自然山水当中，形成兼具城市和乡村优点的特色小镇形态，打造独具魅力的空间体验，构筑特色小镇现在乃至未来的文化价值印记。

第二，构造特色小镇空间结构的创新。一方面，在特色小镇特色发展空间设计基础上，创新联动发展思维。对于内部产业空间与生活空间布局，注意组团设计规划，注重大开大合，设计不同功能中心的空间布局形态，促进空间功能的紧凑性。另一方面，需要联合其他城镇共同发展城镇群落，创造更广阔的空间发展需求，包括信息平台、公共服务、市场要素、生态环境等价值连接，甚至关联互联网、云服务以及大数据等互联智能发展，逐步建立虚实关联，创造广阔而有机的城镇价值链网络，实现城市与乡村的互联互通，促进现代城镇产业深度关联，空间疏密合理的空间群落发展网络。

3. 创新特色小镇组合功能思维

创新特色小镇组合功能，就是从城乡生产生活一体化与区域经济一体化出发，建立多层次、多层面的特色小镇组合功能，包括产业、生活、创新型服务等方面的核心价值功能，同时包括城镇群落的延展功能。

创新特色小镇组合功能思维，需要从以下两个方面开展：

一方面，需要城镇化外延式发展模式转向内涵式发展，突出特色小镇空间及产业的集约与高效。 这里不是通过房地产等重资产投入、规模扩大、空间拓展来获得规模经济效益，而是优化特色小镇空间价值结构与产业价值升级，优化特色小镇的资源集约、高效使用。这表现为特色小镇功能、文化品质、创新能力以及承载力等内部价值提升。浙江、广东等省份率先开展了这类发展模式，展开了"低碳""创新""田园""智慧"等以国际先进理念指导下的特色小镇建设发展实践。

另一方面，在特色产业的基础上，增强公共服务功能、居住功能以及乡村风情生态涵养功能。 特色小镇需要构造舒适人居、文化融合、新型经济集聚、开放合作包容的资源聚集平台，构造并提升特色小镇的经济层次、产业价值、文化社会和管理水平，发挥特色小镇引领带动能力、集聚辐射效应、综合服务功能，这要求提高公共服务供给能力，便利就医，就近入学，尤其突出充分就业及产业技能提升，为特色小镇构造良性人员引力创造优质条件。

4. 创新特色小镇产业价值链思维

特色小镇产业价值链是特色小镇发展的持续动力，更是新型城镇化要素集聚和价值交流的重要载体。

创新特色小镇产业价值链，需要从产业布局、产业形态和产业驱动力等方面进行全面创新。

现阶段，中国特色小镇的产业价值构造并不充足，与发达国家的相关项目差距巨大。**发达国家专业特色镇占总数的 60％ 以上，中国专业特色镇目前尚不足 15％**。这就意味着在未来很长一段时间内，需要在大产业区域战略的基础上，借鉴发达国家城镇网络化产业价值链的建设经验，使特色小镇与乡村、相关城镇、大中城市之间形成区域产业群落，为特色小镇的产业价值链发展创造市场环境。这一点，将会是特色小镇发展壮大的关键。

特色小镇的产业价值链布局，要注重城镇群落与产业经济带中产业布局的层次性，并与特色小镇的产业定位功能相匹配，突出特色，错位发展，发挥产业集群和产业链的黏合作用，尤其注重与大型及超大型城市的产业价值融合，通过构造产业价值链中的产业吸力，有步骤地推进特色小镇的产业发展。

在产业价值链创新层面，突出产业链向高端攀升，着力发展高端产业或产业链高端环节，防止产业价值链的低端锁定，实现产业价值优势最大化。比如一些沿海城市的特色小镇，就比较注重运用原生型产业动力因素，大力发展智慧型、科技型、创造型、生态型的产业集群，加快培育以技术、品牌、质量、服务为核心竞争力的特色小镇新优势。使其由原来的靠低端产业、人口、土地、资源等"资源禀赋驱动"，向知识、信息、科技等"市场创新驱动"转变。

特色小镇的产业价值链构造，除了升级及改革原有的产业价值链，还需要从空间价值链的价值角度出发，从单纯的特色产业领域向特色文化、城镇建设等方向深化创新，构造特色小镇新的就业方式、生存方式、生活方式和城镇间网络化的创新产业体系，形成多样化的产业价值链网络；并通过原生型动力的不同因素打造多样化的创意产业城镇、农业科技城镇、旅游产业城镇，甚至是"工程师城镇""白领城镇""画家城镇"等等。中国的横店镇就是这种模式成功发展的典型案例。国际上这种经典案例不胜枚举，无论是法国依云小镇、普罗旺斯小镇，还是瑞士的达沃斯小镇，以及日本的京都府、北海道、奈良、冲绳等地，这些特色小镇都是通过产业价值链的深化延展，打破单一局限工业或者旅游文化产业；通过产业价值优势逐步创新形成立体化的产业价值链体系。同类小镇还包括意大利的威尼斯、佛罗伦萨等小镇，它们都是将产业深化，覆盖一、二、三类产业，构造立体化的产业价值链网络。

5. 创新特色小镇跨界整合资源思维

特色小镇的发展目标、功能、产业价值形态等各方面都需要打破原有的发展模式与思维体系，进行战略化创新，对各种产业及城镇发展要素进行整合。

推动核心点：

特色小镇发展需要具有开放型创新思维，构筑人文、科技、智慧等新型城镇化的跨界发展思维，融合科技、教育、文化、人才等非传统要素，构造特色小镇的内生性驱动力，并且创新整合特色小镇的要素组合与跨界资源，力求多种力量生成特色小镇发展的综合推动力。

创新特色小镇跨界整合资源思维，是新型城镇化的必然路径。据统计，不发达的小城镇多为"孤立存在"，各种因素封闭，导致没有能力融入国际产业体系与区域空间发展体系，更没有能力参与区域经济的竞争和产业分工，使得经济发展既没有动力，也没有消费市场。对比我国实际不难发现，越是经济不发达的县域城镇，与外界的经济联系越少，这是众多小镇根本无法发展的本质因素之一，这个问题不是仅仅依靠定向投资、基础建设、地产开发等模式就可以有效解决的。

与此形成鲜明对比的是发达地区如长三角、珠三角等，已经形成了典型的区域城镇群，城镇间产业、商业、社会经济及教育等联系相对充分，相互之间构成不同层次的产业价值链、区域产业分工以及区域产业竞合。借助信息互通和资源互补等方式促进区域经济协同发展。区域空间跨界以及产业形态跨界是激活特色小镇创新整合发展的有效思维。

创新特色小镇的跨界整合资源思维，分为由内向型向外发展以及内外综合性发展两种模式。每种模式的发展关键都是基于特色小镇价值链体系的国际化与本土化的融合。想成为国际知名的特色小镇，就必须以特色小镇的核心特色产业为基础，构建起国际化、民族化与本土化相融合的产业体系，在全球范围内进行跨界资源供应、产业链延伸、产品销售、人才流动和共享，发展成为全球产业链、全球供应链和全球价值链不可或缺的战略节点，真正实现特色小镇的功能由本土化向国际化转变。

特色小镇长期发展的着力点在于构建科技、教育、文化、人才等要素集聚的有形载体与平台。突出聚集先进发展要素与功能跨界资源，并以产业价值链与空间价值链组合为载体，发挥对科技、教育、文化、人才等多元要素的综合集聚功能，以丰富特色小镇产业和空间功能的内涵创新。借助颠覆性创新、跨界式创新、破坏性创新等模式集聚发挥特色小镇新动力价值，着力搭建科技成果转化、教育资源合作、城镇文化保护等机制。构造具有特色价值，具备文化记忆，并创造人本思想的特色小镇跨界资源整合创新体系。

6. 创新特色小镇新型管理模式思维

特色小镇需要多种资源协调推动，但对于国家"二元结构"的治理模式，特色小镇需要引入全新的协同管理思维，以提升特色小镇的科学管理水平。

> **价值要点：**
> 创新特色小镇的科学管理主要通过政策改革与优化、社会管理服务体系、创新软文化实力、历史人文保护、智能化与数据化创新治理等模式，形成政企主导、社会协同、公众参与的新型管理思维。

首先，对于政策改革与优化，需要特色小镇在进行发展规划时，先考虑土地、资源与人口发展的承载能力，以及区域保障性。这主要借助产业价值链规划进行引导，以人口流动及引入为核心，进行制度性安排，这是特色小镇城镇管理创新的关键。其次，创新组织治理模式，建立健全社会管理服务体系。这里包括统筹城乡基础设施、公共服务、劳动就业、社会管理。注意保障农村人口稳定有序的转移，并据此创建制度体系与行动措施，通过统一的户籍管理、就业服务，帮助优化农民土地权益。再次，重点强化社会服务供给方式的创新，推进特色小镇基础服务的价值创造，通过构造系统的特色小镇引力优势，促进人口以及重点人才的引入。最后，要创新软文化实力构造与历史人文保护。基于软文化构造，首先要形成特色小镇独有的特色价值或者形象符号。这就要从空间规划设计以及产业价值运营，特有城镇文化与空间肌理等方面出发，形成特色小镇整体文化与经济文化代表，并以此形成不断延展的发展模式。

在欧洲、美国、日本等地，一个温馨而艺术化的街巷，一个有人情味的广场，一种有地方特色的小吃，一场有地域风格的文化风俗活动，甚至一片蓝色花海等，都可以成为一个特色小镇最基本的价值所在，并以此不断创造价值增长点和系列化的发展动力。

中国的众多小城镇都具有形成特色小镇的资源禀赋，拥有独特人文精神构造的建筑与街巷，但却缺乏科学的管理思维。它们不是缺乏价值链发展思维，就是被无序开发。创新特色小镇的科学管理模式，首先要挖掘好历史人文、特色饮食等独特魅力，注意处理好继承和发展创新的关系，使特色小镇现代产业发展和历史人文传承相融合。尽可能保留历史格局和轮廓，包括代表性建筑群、城市轴线、古树名木等，并形成传统与现代建筑风貌融为一体的新城镇景观。其次，还需探索历史文化和新兴文化产业协同发展的道路，在发展过程中挖掘、整合特色小镇的潜在价值。逐步通过价值再造，形成"循环社会型经济"形态。循环经济形态包括特色产业形态与社会文化形态，同时包括历史与乡土文化的融合与保护，是特色小镇价值链的深度价值挖掘，可以帮助特色小镇的产业价值与文化价值充分融合在空间价值当中。

7. 创新特色小镇生命周期重点发展思维

特色小镇发展具有周期性，而且每个周期的产业形态、资本形态、治理模式都不相同。如同资本食物链一样，虽然都是"钱"，但是钱的来源、功能、使用方式、风险等级以及价值作用都具有巨大的差异。在新型城镇化发展过程中，根据周期发展中的人口模式与发展影响等不同侧重因素，需要构筑不同的发展思维。

价值要点：

　　特色小镇需要抓住周期性因素，从新型城镇化趋势、人口转化趋势、特色发展格局以及周期化的发展理念要点入手，找到持续性发展的思维与模式。

　　针对特色小镇的周期推进过程，需要重点关注特色小镇发展基础——人口聚集周期。前期阶段，无论政府还是企业都需要注意产业与资本的科学性推进，注意区域城镇人口的导入因素。虽然有数据显示中国城镇化率已经超过52％，但是绝大多数城镇人口数量不足两万人，城镇缺乏产业特色和后续发展动力，这其实是中国城镇化推进的一个危险信号。如果想在这样的发展体系中构筑特色小镇，就必须重新深化产业分工以及空间聚集能力。

　　随着新型城镇化的推进，城镇发展会按照50％、70％、85％**的人口城镇化率发生变化，特色小镇需要按照人口阶段性规划和产业发展方式进行战略布局。**我们需要清楚这样一个发展趋势：2013年中国城镇化水平已经超过52％，但城镇化水平要达到85％的话，还将有5亿以上的农业人口成为城镇人口，为此需要建设更多的公共生活配套设施与城镇化发展空间。这就意味着未来的新型城镇化发展，尤其小城镇发展，产业价值越突出，空间价值越合理，公共配套越全面，其专业人才吸引力以及人口导入能力就会越明显。发展较好的特色小镇将会形成专业人才和大量农村人口以及城市人口回流的首选区域。此时，特色小镇更需要人口分流的引导性规划，关键是不同阶段人口引入的管理结构设置。

推动核心点：

　　特色小镇必须坚持以价值链的价值增长为中心进行科学规划，并以此为依据进行产业与人口增长的推演，根据对国际特色城镇的调查情况，建议单一中国特色小镇的人口控制在3万至5万人为最佳结构，这样可以有效控制发展效能，还可以为区域城镇化整体性发展创造基础，为城镇区域一体化发展提供条件。

　　良性的城镇化发展，需要确保和预测区域资源使用的运营规律和发展趋势，需要重点解决土地与人口发展的矛盾，以及工业化所带来的不良影响。超前性规划包括都市型农业、规模生态农业、高科技农业和生态城镇等构想，为特色产业的形成创造特有的经济形态。特色小镇构建"一镇一品"的经济与文化发展战略，就是挖掘经济差异化与生命周期相融合的可持续发展战略。

　　8. 创新特色小镇创业体系，建立特色产业与新型服务类产业并行的发展思维

　　新型城镇化发展的关键是构造区域充分就业的城镇治理模式，引导区域生产力结构的深化改良，形成产业推动力。实际上，城市与乡村的核心差异就是社会分工的深化程度和协同性产业群体的巨大差距。特色小镇就是通过社会与产业分工，建立人与人之间的依赖关系，并提供相关服务，形成谋生手段，并且通过不断细化的社会分工，增加生活方式与工作方式的选择机会，不断提高就业的充分程度。

> **价值要点：**
>
> 　　因此，特色小镇必须依托不同产业层次，依托政府引导，以企业和个人为主体，激活创业创新的内发展动力。构造全民整体性行动逻辑。从特色小镇的发展过程寻找创业机遇，这将是特色小镇成长的核心关键之一。

　　为此，需要做好两个方面的工作：

　　一方面，让特色小镇的特有产业与文化吸引不同类型的创业人群，为创造特色主题化城镇提供创业空间，让不同的特色城镇形成各种特色产业类型的经济共同体。另一方面，发展特色小镇就必须创造充分的就业与创业机会。充分挖掘特色小镇就业与创业机会，需要对城镇独特资源和城市地域生产力的产业分工进行创新，要创造广泛就业与创业的土壤和机制。重要手段之一是降低创业的门槛，让更多的人能够以最低成本创业。比如，德国的"非登记企业制度"就是在社会信誉体系环境下，让更多市民可以"无本经营""零资本创业"。事实上，**发达国家与地区城镇经济繁荣**

的本质不是容易找到工作，而是更容易自主创业。一个国家也好，一个城镇也好，其繁荣的动力来自兴旺发展的创业人和创业型企业，让更多的人成为企业家才有可能形成充分的发展动力。

作者观点

> 创造特色小镇创业土壤是国家与地方政府的重大责任，特色小镇的管理体系要"以客户服务型为主"，最终的目的是创造特色小镇的居民创业土壤，为特色小镇创造可选择性的发展机会与空间。

创新特色小镇价值链，还需要构造特色产业与新型服务类产业并行的发展思维。当产业经济发展到一定程度，发展"动力"会从产业经济向服务型经济转换，智慧、政策、技术和文化在特色小镇发展中起到的作用越来越重要。在欧洲和美国、日本等地的很多知名小城镇，几乎没有工业，恰恰就是从对文化的维系与创新中得到持续发展动力。

推动核心点：

通过产业构造与服务并行，打造融"就业/创业—生产—流通—分配—消费—休闲"为一体的特色小镇生活圈，使特色小镇形成经济、文化与多种产业体系的多重特色价值。创建农业、工业、服务业相互融合的特色立体产业类型，推动特色小镇朝着产业化、科技化、数字化、人文化、生态化、立体化和智能化的经济模式发展。

9. 创新特色小镇品牌价值与文化标识思维

特色小镇创新品牌价值是特色小镇价值链中非常重要的组成部分，更是未来的发展趋势与关键。关于品牌建立方式、价值管理、品牌价值链构造等内容会在第五章第一节中重点论述，这里仅简要说明品牌价值，即引导下的文化标识思维。

从产业价值链的角度来说，品牌是价值链顶端的一个灵魂统帅。无论乔布斯创造的苹果公司，还是比尔·盖茨打造的微软公司，又或者马云的阿里巴巴公司、马化腾的腾讯公司，都通过品牌，给企业创造了灵魂般的

中国特色小镇 The Chinese Characteristic Town

源泉动力，在他们所领导的特定领域里源源不绝、随时随地再生着无限的创造力，缔造不同的企业传奇。

作者观点

特色小镇同样需要品牌作为价值链顶端的一个灵魂统帅，同样需要属于自身特色的品牌价值体系。特色小镇品牌价值的关键有两点：首先要有品牌特色，其次是形成文化图腾，即文化标识。

特色小镇的品牌特色，既包括产品，又包括文化。虽然产品可以复制，文化可以借鉴，但当两者有效融合时，就可以形成不可复制的精神图腾。在特色小镇的推进过程中，必须具有并创新品牌价值思维，以获得源源不断的发展力量。尤其注意赋予特色小镇文化图腾的价值，也就是文化标识思维。

构造文化标识思维是特色小镇品牌战略思维的根本价值。文化标识是基于自然环境、历史文化、产业特色以及软文化构造等形成的特色小镇印记性形象标识，是特色小镇的隐性资本。

推动核心点：

特色小镇文化标识的构造从产业定位、规划设计就已经植入。通过道路、区域、节点、线界、标志物、网络、建筑结构、景观艺术、特色小镇色彩、特色小镇软装小品、重大活动、营销体系、文化诗词等方面得以表现，使其成为一种符号化的"特色小镇文化资本"。文化标识突出表现为特色小镇个性化、区域化的城镇元素与符号，这些符号可以根据特色小镇的特色产业价值需求，融入中国元素以及区域性的文化特质。

中国徽派小镇、苏派小镇、齐鲁派小镇、岭南派小镇等，其目标就是优选一种价值取向，形成特色小镇的符号识别，并应用于城镇化和城镇空间的建设过程中，让小城镇成为一个艺术品，这既是一种理想，也应该是一种现实的行动。

在推进特色小镇文化标识的过程中，重点是形成文化标识的行动纲领，将文化标识融入个人价值增长以及特色小镇文化中。尤其**在城乡人口大规模流动的过程中，文化标识就是特色小镇吸引人才，留住文化本源的发展之"根"**。如同曾经的深圳市，这个曾经的小渔村，向全国有志青年发出的"奋斗"召唤，用不断创新的内动力让每一个来到深圳以及向往深圳的人产生了"来了就是深圳人"的文化归属，笔者就是在这样的召唤下来到了深圳这座值得为之拼搏一生的城市。

作者观点

> 能否留住人口、留住人才，使其扎根，是特色小镇能否成功的根本，也是聚集产业、吸引企业投资的关键。这就需要建立特色小镇所独有的"秩序""荣誉""安全""私有财产"等文化标识，形成符合特色小镇人群的嵌入式生活体系、经济结构、文化价值理念以及每个人心中怀揣的"梦想"。

创新特色小镇品牌价值，不仅需要特色小镇的品牌定位、品牌理念、品牌价值链、品牌价值识别、战略品牌管理等操作路径与模式（第五章第一节会详细论述），更需要关注与深化品牌价值中更深层的部分。**品牌如同人一样，不仅需要有文化，更需要有骨气、有精神、有胆量以及敢于面对问题的精神。这就是"品牌自省""品牌尊严"与"品牌竞合"。**

对于中国品牌，特别是特色小镇的品牌价值创新，必须要做到基于文化的"品牌自省"，这种自省不仅是一般的 USP（独特销售主张），更重要的是植入文化理性、文化热爱与文化更新，自上而下地形成不断提升的成长力。这种"品牌自省"的成长力能吸引同样需要成长的人群来这里创业，来这里奋斗与拼搏。除了笔者所生活的深圳，美国硅谷也是这样形成的。

"品牌尊严"是特色小镇内在最倔强的力量，大到国家，小到个人，都需要有尊严地活着。这是骨子里的性格，是深层的区域品牌文化属性，也是深层的动力源泉。特色小镇的成功打造，无论是刚毅果断，还是温文尔雅，都会是骨子中最独立的性格表现。这种性格与特色小镇的领头人以及领袖企业的性格相一致。无论是华为在"冬天"中执拗前行的任正非，还是横店不断抓住机会创造产业传奇的徐文荣，他们都有同样一种精神，有人称之为"企业家精神"。特色小镇就需要以"企业家精神"为基础的"品牌尊严"。

特色小镇的品牌价值打造，还需要不断深化"品牌竞合"意识。在全球一体化的经济潮流中，积极主动地参与区域合作与全球竞争，将是特色小镇成长的必然选择与必经之路。中国企业就是在不断的国际竞争中成就了自身的品牌价值与核心竞争力。特色小镇建设主动参与"品牌竞合"，无论产业品牌价值还是文化品牌价值，这种"品牌竞合"的构想，要有介入全球城镇经济、产业、文化价值链高端环节的意识与能力。在产业、经济与文化间成为不同价值链中重要的组成部分，通过产业品牌与文化品牌的价值创新，参与全球经济与文化的价值链分工，成为国际知名的特色小城镇。

二、国家视角：特色小镇价值链规划性统筹

在特色小镇的政策性促进方面，地方政府与关联企业都应以 2016 年 7 月三部委联合发布的《关于开展特色小镇培育工作的通知》以及《关于做好 2016 年特色小镇推荐工作的通知》作为特色小镇的统筹推进文件。

笔者认为，如果想更好地理解与实践特色小镇政策，除了以上两个文件，以及相关银行关于支持特色小镇的通知外，还需要融合供给侧改革、新型城镇化、"三农"问题等相关文件精神，比如《中共中央、国务院关于深入推进农业供给侧结构性改革加快培育农业农村发展新动能的若干意见》（2017 中央 1 号文件），《国家新型城镇化规划（2014—2020 年）》，《关于加强省域城镇体系规划的通知》，中共中央、国务院发布的《全面部署实施乡村振兴战略的意见》（2018 中央 1 号文件）等文件。同时需要关注国家鼓励创业创新、企业家精神等方面的文件精神，挖掘特色小镇动力因素，寻找发展路径，这些文件包括《中共中央国务院关于营造企业家健康成长环境 弘扬优秀企业家精神 更好发挥企业家作用的意见》（2017），《关于加快构建大众创业万众创新支撑平台的指导意见》等。

发展特色小镇是中国国家战略实施的载体，**党的十九大提出的七大战略，有六大战略都与特色小镇有直接的关联，分别为：乡村振兴战略、区域协调发展战略、创新驱动发展战略、可持续发展战略、人才强国战略、科教兴国战略**。特色小镇发展统筹需要充分理解与利用国家战略，从特色小镇发展统筹政策的根源寻找特色小镇的发展思维。地方政府与企业需要充分运用特色小镇的规划性统筹，参考国际特色小镇的成功发展经验，争取更多的社会资源帮助特色小镇发展。

本节总结整理以往关于特色小镇以及新型城镇化规划性统筹的主要内容，对于特色小镇统筹发展的要点进行说明。

中国特色小镇规划性统筹，主要依据党的十九大"七大国家战略"，以中国现有新型城镇化发展阶段为基础，借助国内外城镇化发展的经验，重点以创新的内生性动力为基础，突出城镇化发展从"量"到"质"的本质性转化。运用战略统筹的政策价值作用，推动特色小镇科学有序地发展。

价值要点：

特色小镇需要深化研究历史发展来源，借鉴霍华德"田园城市"等理念，建设以区域生态涵养保护性开发为特征的城乡一体化小城镇发展模式，依托省、市、县区域产业及文化特色，构造文化特色产业和经济特色产业的价值链系统。

特色小镇不同产业类型的价值形成，以及由此构成的城镇就业体系，让中国特色小镇拥有了特色空间、特色工业、特色文化符号、特色旅游功能、特色生活方式等价值，并以此形成了特色小镇品质化生活与集群化产业形态。由此加速城乡一体化协同发展，振兴乡村经济形态与促进乡村功能转化。

建设部原副部长，城镇经济学家仇保兴曾就区域结合、公共政策、产业开放性、城乡一体化协调、规划体系的包容性、政策推动的长期性等城镇化发展问题进行总结，并提出**科学性规划五个统筹要点**，分别为：**城乡一体化统筹，区域发展统筹，社会与经济发展统筹，人与自然和谐发展，**

中国特色小镇 The Chinese Characteristic Town

国内发展与对外开放统筹。五个统筹要点就是希望通过政策疏导，推进新型城镇化协同发展与可持续性发展。

在特色小镇统筹体系中，应该以价值链为发展基础，融合五个统筹要点，通过产业与空间融合，通过创新驱动、城乡一体、人才引入、科技发展等动力因素，促进特色小镇整体发展。

城乡一体统筹，就是利用特色小镇的产业与空间价值体系，转移农村富余劳动力，从而解决"三农"问题等。城乡一体合理化统筹，可以提升农业集约经营水平，实现规模化生产，减少农民的迁移成本、向非农产业转移的成本及农民自身的创业成本。城乡一体统筹除了统筹人口的空间转移，还要统筹社会文化融合、经济体制变革以及教育与医疗资源的区域平衡。目前中国城镇化发展已经进入了中后期，开始向人与自然和谐发展方向转化。在城乡一体化建设发展方面，应注意区别与大中型城市的发展体系，侧重高品质的生活形态与特有的产业形态。

人才引入统筹，要有人才引入的优势政策以及环境。只有具备吸引一流人才能力的特色小镇，才能以最高速度持续发展。构造良好的新型城镇发展体系，首先就是尊重人才，尊重自然，尊重历史和地方文化。创造吸引人才的宜居环境、创业环境、就业条件、社会条件、生态空间以及政策氛围。

推动核心点：

在特色小镇统筹推进中，注意开放产业空间与产业价值链关联体系，侧重资本引入、国际产业价值深化以及信息科技应用。形成既是空间开发又是产业关联的协同发展动力体系，依托城乡统筹发展、特色内部组团发展和城镇群协同发展，促使特色小镇由单体向网络型发展转变，形成群落发展模式。借力特色小镇的有效定位，在城乡之间搭建合理的层级结构，形成优势互补、分工明确、合作紧密的城镇间网络关系，可以有力推动城乡统筹、区域一体化发展，创造可持续的价值链网络。

城镇群协同发展将成为区域经济的一种常态，中国除了长三角、珠三角和环渤海城镇群，还将融合地区文化及产业特质，逐步形成川渝城市群、长江中游城市群、海峡西岸城市群、关中城市群、中原城市群等不同类别的区域城镇群落。这些城镇群通过产业集群、市场集群和政策优势等资源共享带动特色小镇的快速发展。

作者观点

　　政府在特色小镇价值链规划性统筹过程中，角色与功能一定要有所转变，由单纯审批式的规划管理转向综合应用法律、经济和行政手段的规划管理。

　　特色小镇统筹突出空间规划与产业规划并重，基础设施建设、生活品质提升与经济发展并重。在政府统筹过程中，注意结合国际经验、区域特质以及自然发展规律推进特色小镇统筹式发展，形成五大统筹协调要素。

　　第一，在区域发展重点上，突出特色产业与区域发展推动规律相融合，重点发展产业特色明显或者大城市、特大城市周边一小时生活圈内的特色小镇。特色小镇注意接收二、三产业的扩散、辐射和带动，形成与大中小城市产业协同发展的城市群。

　　第二，引导与统筹企业与相关群体的价值链网络，尽快形成产业集群。这个过程最好是自下而上的过程，政府的作用应是引导而不是包办。从这几年特色小镇的发展实践来看，发展较差的小镇多为自上而下的发展，由政府包办主导。

　　第三，统筹协调特色小镇空间价值的共生性与产业价值的多样性，促使这两点相互融合。具有较强发展动力的特色小镇能够主动弥补核心城市以及周边城镇的缺陷，能够跟周边的城镇取长补短，发挥城市修补、生态修复、产业修缮的作用，并形成自身的空间价值优势。乌镇的发展就是这样的典型案例。而发展存在问题的特色小镇，多数呈现同质化，甚至相互恶性竞争。现在遍地开花的文旅小镇、康养小镇就存在巨大的风险。产业价值的多样性与空间价值的共生性同样重要。产业价值多样性包括两个层面：一个是产业价值链的延展深度，一个是多产业价值组合。这类特色小镇中，多种特色产业集成，特色之间的协同作用越强，形成的多样性越明显，系统的弹性、稳定性就越强。国际知名的特色小城镇都具有这样的特征。

第四，**统筹协调区域价值的强关联性，并且形成集群优势**。统筹协调区域价值包括两个层面：第一层面，是特色小镇要与目标城市区域、产业价值链系统、专业学术机构、当地的资源系统等形成紧密关联。这种关联不仅有人才吸引作用，还有市场吸附作用以及价值链优化作用。第二层面，是形成集群效应。这种集群效应往往通过不同的产业系统，让特色小镇的企业与团体形成紧密而广泛的分工与合作关系。这种协同关系不但可以降低整体成本，提升产业竞争力，还可以形成强大的创新力与发展力。发展较差的小镇往往不注意这两点，企业间缺乏关联，无法形成产业体系，无法形成集群发展动力。

第五，**统筹协调开放性与协同性氛围，积极促进良性发展环境**。特色小镇需要积极鼓励开放型创新思维，积极参与全球价值链竞争，不断通过价值升级，向价值链高端转移。在价值链推动过程中，注意与周边城镇形成协同发展关系，构造互补性强的特色小镇群、区域城镇群和区域经济带，并以此形成核心竞争优势。同时通过资源跨界整合，构造投资者、产业价值系统、管理者、企业家等组成的具有创新力的良性发展的价值链网络，并在条件允许的情况下，建设绿色发展、节能减排等可持续发展的良性生活与生态环境。

三、基于政策导向的特色小镇申报及申报要点说明

对于地方政府以及企业，在推动层面最为关注的是特色小镇的申报，其目的就是希望通过特色小镇立项，争取更大的政策与经济资源。本部分就针对特色小镇申报、立项等相关要素与推进思路进行说明。

特色小镇申报按照级别分为国家级、省市级、县区级三级推荐程序。申报主要依据 2016 年三部委推进特色小镇发展通知为基础的 6 个系列相关文件，分别为：

①三部委政策：《住房城乡建设部 国家发展改革委 财政部关于开展特色小镇培育工作的通知》建村〔2016〕147 号，2016 年 7 月。

②住建部政策：《关于做好 2016 年特色小镇推荐工作的通知》建村建函［2016］71 号，2016 年 8 月。

③国家发改委政策：《关于加快美丽特色小（城）镇建设的指导意见》发改规划［2016］2125 号，2016 年 10 月。

④《住房城乡建设部 中国农业发展银行关于推进政策性金融支持小城镇建设的通知》（建村［2016］220 号）。

⑤住建部、国家开发银行《关于推进开发性金融支持小城镇建设的通知》（建村［2017］27 号）。

⑥中共中央、国务院发布《全面部署实施乡村振兴战略的意见》（2018 中央 1 号文件），2018 年 1 月。

此外，还需要注意以下三组信息：

①中央财经领导小组办公室、国家发展改革委、住房城乡建设部联合召开特色小（城）镇经验交流会主要意见，2016 年 10 月。

②各省（区、市）特色小镇推荐数量分配表（注意年度）。

③住建部关于公布第一批中国特色小镇名单的通知，2016 年 10 月；住房城乡建设部关于公布第二批全国特色小镇名单的通知，2017 年 8 月。

上述通知及要点信息覆盖了特色小镇的方向定位、培育、建设、政策、资金等各方面内容。尤其通过国家级特色小镇的拉动作用，促进了各省份及城市关于特色小镇的政策推进。自政策公布两年以来，住建部先后公布了两批特色小镇名单，从第一批的 127 个增加到第二批的 276 个。从名单中，可以看到**国家对于特色小镇的评估政策对执行落地标准有着量化与效率两个要点指标。对于不同区域的特色小镇资源分布以及发展指标也有不同的要求。**在特色小镇的申报实践中，一方面要深挖内功，真正通过特色小镇推进及建设过程构造推进小城镇发展；另一方面深度理解运用国家级特色小镇申报标准以及各省市级特色小镇的申报量化思维，引导特色小镇的成长条件，通过资源禀赋的价值优势，构造独特的竞争优势。这里将针对国家级特色小镇以及省级特色小镇的申报做要点整理，希望能帮助地方政府及企业有效地搭乘政策快车，促进特色小镇建设发展。

（一）国家级特色小镇的创建要求与申报要点

对于特色小镇申报，主要依据 2016 年 7 月《住房城乡建设部 国家发展改革委 财政部关于开展特色小镇培育工作的通知》。该通知针对特色小镇的培育工作提出了四项主要内容。

1. 培育大目标

到 2020 年，要培育 1000 个左右各具特色、富有活力的特色小镇，带动全国小城镇建设，促进中国新型城镇化科学发展。

2. 培育原则与五大核心特色指标评分标准

（1）培育原则主要有三个要点

首先，特色突出：发展特色产业，传承传统文化，注重生态环境保护，完善市政基础设施和公共服务设施，防止千镇一面。**其次，市场主导**：尊重市场规律，充分发挥市场主体作用，政府重在搭建平台、提供服务，防止大包大揽。以产业发展为重点，依据产业发展确定建设规模，防止盲目造镇。**最后，深化改革**：加大体制机制改革力度，创新发展理念，创新发展模式，创新规划建设管理，创新社会服务管理。推动传统产业改造升级，培育壮大新兴产业，打造创业创新平台，发展新经济。

（2）提出了五大核心特色指标，并以百分制作为评定标准

第一，特色鲜明的产业形态。首先，小城镇的产业特色表现在产业定位与发展特色上：产业是否符合国家的产业政策导向，现有产业是否是传统产业的优化升级或者新培育的战略新兴产业，产业知名度影响力，产业是否有规模优势。其次，特色产业还需要具有产业带动作用以及较好的产业发展创新环境。产业带动作用分农村劳动力带动、农业带动、农民收入带动等三个方面，分别用农村就业人口占本镇就业总人口比例、城乡居民收入比等定量数据表征。产业发展环境采用产业投资环境与产业吸引高端人才能力两个指标表示，具体分别用产业投资额增速和龙头企业大专以上学历就业人数增速两个定量指标来表征。特色鲜明的产业形态是特色小镇的核心特色，在百分制的评分体系中，此项占 25 分的评分权重。

第二，和谐宜居的美丽环境。主要是对特色小镇风貌与建设特色的基本要求。包括特色小镇风貌和环境两项考核内容，首先，城镇风貌分为整

体格局与空间布局、道路路网、街巷风貌、建筑风貌、住区环境等 5 个指标，评价小城镇风貌特色。其次，对镇区环境（公园绿地、环境卫生）以及镇域内"美丽乡村"建设工作进行考核。和谐宜居的美丽环境是特色小镇的核心载体，对此给予 25 分的评分权重。

第三，**彰显特色的传统文化**。主要针对特色小镇文化积淀的存续与发扬。此项指标需要从文化传承和文化传播两个维度考察小镇的文化传承情况。在后续的考核中除了传统文化以及历史文化等的考量外，增加了文化标识、居民道德与文化素质、公共文化构造等几个方面。此项指标的权重稍弱，占 10 分的评分权重。

第四，**便捷完善的设施服务**。这是特色小镇推动发展过程中的基本要求。包括道路交通、市政设施、公共服务设施是否便捷，还包括水环境、垃圾处理、城市绿化率等，以及现代服务设施及质量评审，包括教育、文化、医疗、商业等服务覆盖。此为特色小镇的硬性要求，占 20 分的评分权重。

第五，**充满活力的体制机制**。考核指标包括：小镇发展的理念模式是否有创新，发展是否具有产镇融合、镇村融合、文旅融合等先进发展理念；发展是否严格遵循市场主体规律；规划建设管理是否有创新，规划编制是否实现多规合一；体制机制是否激发内生动力；省、市、县对特色小镇的发展是否有决心，支持政策是否有创新等。此项占 20 分的评分权重。

五大核心特色指标评分标准虽然不是特色小镇最好的考评推进模式，但是全面地反映了特色小镇发展中的主要要素及大致权重。在实际操作中特色小镇的考评具有一定的发展弹性，并有所侧重。从 2016 年 10 月公布的第一批 127 个特色小镇中不难发现，旅游型特色小镇有 84 个，其中单纯旅游型的有 56 个，旅游兼顾其他产业的仅 28 个。纯产业型特色小镇 40 个，属于制造业的有 8 个，其中有 2 个为制造业向娱乐业延伸，另外还有 1 个矿业和 1 个传统手工业特色小镇；属于农业特色产品加工、农产品贸易延展类的有 30 个，另外有 1 个特色小镇的产业由农业向农产品会展业延展。

对于国家级特色小镇的评定及推进，国家发改委在《关于加快美丽特色小（城）镇建设的指导意见》中给出了深化内容及意见。该文件明确指

中国特色小镇 The Chinese Characteristic Town

出国家级特色小镇为建制镇，与浙江的特色小镇并不是一个概念。并提出了非建制特色小镇与建制特色小（城）镇两种形态，提出特色小（城）镇须借鉴浙江等地经验，并加大项目、资本以及政策的支持。从八个方面，丰富了特色小镇的评定及建设要求，是对国家级特色小（城）镇要点工作及内容的核心补充。

（3）八个方面分别是特色产业、创业创新、基础设施、公共服务、美丽宜居、开发主体、城乡联动、创新机制

第一，特色产业：突出特色，打造产业发展新平台。包括加快发展特色优势主导产业，延伸产业链，提升价值链，促进产业跨界融合发展；有条件的小镇要积极吸引高端要素集聚，发展先进制造业和现代服务业；强化校企合作，产研融合，产教融合。

第二，创业创新：创业创新，培育经济发展新动能。包括打造大众创业，万众创新的有效平台和载体；通过服务提供、互联网引领、环境营造、管理改革创新等措施，推动特色小镇的创新发展。

第三，基础设施：完善功能，强化基础设施新支撑。包括从市政、信息、交通三个方面完善基础设施建设；强化交通联系，鼓励综合开发，鼓励建设开放式住宅小区，提高土地利用效率。

第四，公共服务：提升质量，增加公共服务新供给。包括公共服务按常住人口规模配置；要聚焦居民日常需求，提升社区服务功能；实施医疗卫生服务能力提升计划、大力提高教育水平，不断缩小与城市基本公共服务的差距。

第五，美丽宜居：绿色引领，建设美丽宜居新城镇。包括树立"绿水青山就是金山银山"的发展理念；有机协调城镇内外绿地、河湖、林地、耕地，推动生态保护与旅游发展互促共融、新型城镇化与旅游业有机结合，将美丽资源转化为"美丽经济"；保护独特风貌，挖掘文化内涵。

第六，主体多元：主体多元，打造共建共享新模式。包括统筹政府、社会、市民三大主体积极性，推动政府、社会、市民同心同向行动；政府主要负责制度供给，设施配套、要素保障、生态环境保护等管理和服务；充分发挥社会力量作用，最大限度激发市场主体活力和企业家创造力；积极调动市民参与美丽特色小城镇建设热情，帮助其致富增收。

第七，城乡联动：城乡联动，拓展要素配置新通道。包括统筹规划城乡基础设施网络，健全农村基础设施投入长效机制，促进水电路气信等基础设施城乡联网、生态环保设施城乡统一布局建设；搭建农村一二三产业融合发展服务平台，推进农业与旅游、教育、文化、健康养老等产业深度融合，大力发展农业新型业态。

．创新机制，激发城镇发展新活力。包括要全面放开小城镇落户限制，全面落实居住证制度，不断拓展公共服务范围；积极盘活存量土地，建立低效用地再开发激励机制；建立健全进城落户农民农村土地承包权、宅基地使用权、集体收益分配权自愿有偿流转和退出机制；创新特色小城镇建设投融资机制等。

3. 特色小镇的组织落实体系

组织落实体系明确规定了培育组织及其职责，在职责结构的基础上，笔者整理了执行落实路径、关联部门及工作要点，如图 2-7 所示。

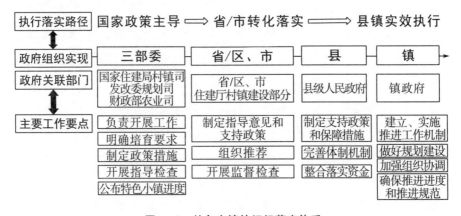

图 2-7　特色小镇的组织落实体系

4. 国家级特色小镇的申报程序及要求

特色小镇的申报程序及要求主要包括申报条件、申报流程与申报材料三个方面内容。

（1）申报条件：五年五"无"加一"优先"

五年五"无"指五年应无重大安全生产事故、重大环境污染、重大生态破坏、重大群体性社会事件、历史文化遗存破坏现象。一"优先"指以建制镇为原则，优先选择全国重点镇。

（2）申报材料

①小城镇基本信息表，要求信息客观真实。②小城镇建设工作情况报告及PPT。报告要紧紧围绕三部委《特色小镇培育工作的通知》中五项指标要求编写。有条件者可提供不超过15分钟的视频材料。③特色小镇总体规划。需要符合特色小镇培育要求，有效指导小城镇建设的规划成果。④相关政策支持文件及举措。特色小镇所在区市、县（市、区）政府支持特色小镇建设的扶持政策和具体措施。

（3）申报流程

国家级特色小镇以建制镇为基础，严格按照"县级—省级—国家级"三级推荐程序进行申报。就是由县级人民政府向省市级政府申报，通过专家评估与实地考核，再由省级建设部门按照国家级标准，严控数量，并按时向国家住建局村镇司提报。国家住建局村镇司会同发改委规划司、财政部农业司组织专家按照五大核心特色指标进行评估及抽查。在实际操作中，建立自下而上的申报推动流程。因此，在申报初期就需要达到优秀特色小镇的创建标准，形成符合国家规范并融合省市标准的申报要素。具体申报流程如图2—8所示。

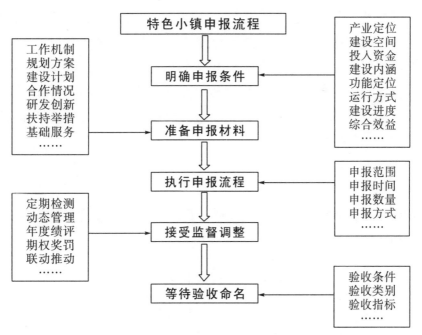

图2—8　特色小镇申报流程（浙江省按照此流程执行）

自下而上的申报流程，需要注意以下两点：

第一，在申报流程中，上报的特色小镇，在产业定位、规划建设、运作方式等方面符合下列要点条件。

产业方向：与当地产业集群发展相衔接，聚焦支撑未来发展的战略性新兴产业、现代服务业、现代农业，以及地域传统特色产业和历史经典产业。

空间布局：一般位于城镇周边、景区周边、高铁周边及交通轴沿线等适宜聚集产业和人口的地域，相对独立于城市和乡镇建成区中心，原则上布局在城乡合部。

有效投资：三年内固定资产投资达到一定指标（商品住宅项目和商业综合体除外），金融、科技创新、旅游、文化创意、历史经典产业类特色小镇的总投资额可放宽。

功能定位：立足特色产业，培育独特文化，衍生旅游功能以及必需的社区功能，实现功能有机融合。

综合效益：有效投资、营业收入、新增税收、市场主体数量、常住人口等实现爆发式增长，形成新的经济增长点和创新创业平台。

第二，申报材料要侧重四个要点。

规划方案：设计符合土地利用总体规划、城乡规划、环境功能区规划的特色小镇概念性规划，包括空间布局图、功能布局图、项目示意图，如已经开工的要有实景图，明确特色小镇的四至范围、产业类别。

建设计划：有分年度的投资建设计划，明确每个建设项目的投资主体、投资额、投资计划、用地计划、建设规模、项目建成后产生的效益，以及相应的年度推进计划。

业主情况：重点介绍特色小镇建设主体的公司名称、实力、资金筹措计划等。

扶持举措：特色小镇所在设区市、县（市、区）政府支持特色小镇建设的扶持政策和具体措施。

（二）省市级特色小镇的创建要点说明

特色小镇在不同省份，由于情况各不相同，落实重点、规模建设、总体要求以及创建程序各不相同。在省级特色小镇发展中，沿海城镇以及资

源特色明显的省份相对比较积极。在建制形态上，浙江省、福建省、河北省、山东省等采用非建制镇的特色小镇发展模式，发展空间控制在 3 平方千米左右。而四川省、贵州省、江苏省、陕西省、北京市、甘肃省、天津市等采用建制镇，有的则结合产业园区等发展模式。

从各省特色小镇政策输出来看，其重点都集中在"特色"发展，突出功能完善、空间聚集，宜居宜住宜产的目的。从创建流程来看，基本按照上图所述申报流程推进，如山东等省份，在投资金额、规划设计、建设进程、功能配置、综合收益等方面进行更为明确的指标量化，从而形成统一的建设与衡量标准。

各省在创建流程上多参考了浙江特色小镇的申报流程，整体推进与图 2—8 相同或相似，仅有个别省份有明显区别。

1. 各省/市特色小镇创建路径

以下通用申报流程适用于湖北省、浙江省、甘肃省、山东省、辽宁省、天津市、江西省、海南省、河北省、福建省等，可以此为基础，结合各省政策进行调整与增加。

第一步：自愿申报。①创建方案（区域范围、产业定位、投资主体、投资规模、建设计划）；②概念性规划。

第二步：分批审核。①初审（省/市主管部门提出初审意见）；②会议审查（省/市主管部门会议审查）；③审定公布（省政府审定后分批公布创建名单）。

第三步：年度考核。①制定省/市特色小城镇考核细则；②兑现扶持政策（考核合格）；③考核结果公布（考核结果纳入目标考核体系并在省/市级主流媒体公布）；④退出机制（多为连续两年未完成年度目标考核任务的特色小镇）。

第四步：考核验收。①制定省/市特色小城镇创建规则；②组织验收（省/市主管部门）；③认定为省/市级特色小城镇（通过验收）。

2. 各省/市特色小镇创建的三个核心要点

省市级特色小镇的创建需要充分理解与运用三部委《关于开展特色小镇培育工作的通知》，并将发改委《关于加快美丽特色小（城）镇建设的指导意见》等政策文件与地方特点相结合。注意三个核心要点：**精心申**

报、科学创建、优化特色小镇规划。

（1）精心申报特色小镇

首先，注意特色小镇创建的四个筛选基本条件：**一是产业有优势**。推动产业集聚、创新和升级的新平台。**二是风貌有特色**。融合风貌、文化、旅游等多元要素特色发展。**三是发展有成效**。创新发展的引擎有示范作用。**四是动力有保障**。发挥市场主体作用和吸纳社会资本投资。

其次，注意"产业形态、宜居环境、传统文化、设施服务、体制机制"五大要点的筛选与考评要点。**一是特色鲜明的产业形态**。主导产业定位应符合国家产业政策要求，有独特性，注重采用新技术手段和重点推动传统产业改造升级。**二是和谐宜居的美丽环境**。城镇风貌和谐统一，能有效彰显小镇特色文化内涵。镇区新建建筑体量适宜，形式与传统建筑风貌相协调，能较好地表现本地区的建筑文化特色。**三是彰显特色的传统文化**。传承独特的民俗活动、特色餐饮、民间技艺、民间戏曲等传统文化类型。**四是便捷完善的设施服务**。突出优质的公用设施建设，给水管网全覆盖，且符合国家相关标准。镇区污水管网全覆盖，且污水处理设施完善。注意小学建设、医院建设、商业设施等因素。**五是充满活力的体制机制**。注意发展理念与模式、建设管理、社会管理、突破性创新。

（2）科学创建特色小镇

科学创建特色小镇需要从十个要点进行综合提升。

第一，区别对待东、中、西不同地区的发展重点。东部地区重点要控制规模，提升存量，防止大拆大建。中部地区则重在找准产业方向，明确市场定位，找准发展动力。西部地区要注重发展特色乡镇，宜农则农、宜商则商、宜游则游。

第二，精心策划、找准定位。要基于现状，充分挖掘潜力。另外，特色要鲜明。

第三，在现状产业基础上提升和发展。首先注意产业要有基础，另外注意产业的升级与跨界。

第四，严控建设规模。规模一定要合理，注意产业效应。另一方面要精心打造，创造小而精，小而美的特色小镇。同时注意分期建设，以保障品质与风貌以及形态上的多样性。

中国特色小镇 The Chinese Characteristic Town

第五，打造地域特色的宜居环境。需要融合地域特色，多用地方材料、符号，体现地域特色。结合自然山水，避免人工打造。因地制宜，反对国际化和徽派等单一建筑风格泛滥。

第六，传承重塑小镇文化。包括具有"灵魂"性的文化特性、文化传承。同时提升品质，重塑精神。

第七，聚集人气和活力，防止"鬼镇"的出现。需要打造活力街区，并注重夜色经济打造。

第八，打造宜游宜产的旅游环境。需要挖掘旅游或产业要素，对接区域市场需求。

第九，提升和共享服务水平。包括服务社会事业，服务经济发展，服务周边村民。

第十，构建信息通达的智慧体系。包括智慧发展，也包括绿色发展和生态低碳。

（3）探索特色小镇规划

特色小镇要基于特色为导向的各种元素的高度关联，进行综合性规划。规划应注重特色小镇的建设性和可实施性。

第一，特色小镇规划体系和主要内容。

推动核心点：

　　主要内容包括一个定位策划＋五个要求＋两个提升＋一个空间优化落地的规划体系。

　　一个定位策划：要找准发展定位，明确特色小镇的发展思路和重点；

　　五个要求：产业、宜居、文化、设施服务、体制机制五个方面的专项规划和实施方案，保障特色小镇整体推进；

　　两个提升：旅游和智慧体系两个价值提升，建设系统提升；

　　一个空间优化落地：最终通过一个空间优化落地规划落实所有规划，并明确实施步骤。

第二，**特色小镇规划重点——特色导向**。产业规划要找准自身的特色，要为自身发展提供充足的背景支撑，多元融合。提高产业竞争力，注重高端产业、新兴产业与传统产业的融合发展，在空间、风貌、项目、活动、环境等方面逐步落实。

第三，**特色小镇规划方法**。

规划方法包括四个要点：①**多规合一**。特色小镇规划必须坚持多规融合，突出规划的前瞻性和协调性。②**重点突出**。特色小镇规划重点应在概念规划和城市设计上，确保规划的综合性、实用性与可调整性。③**项目落地**。建设项目落地是衡量特色小镇规划可操作性的重要内容。④**近远结合**。近远结合是评价特色小镇规划可实施性的重要标准。

第三节　国家视角：特色小镇价值链发展路径体系化构造

构造特色小镇价值链就是在价值链基础要素的基础上，依托原生型动力，结合宏观政策要素，通过创新政策等的引导作用，构造具有区域价值特色的价值链体系。特色小镇价值链由两大价值链构成：产业价值链与空间价值链。本节依托国家视角，通过特色小镇价值链的要素落实，寻找特色小镇价值链的构成体系，试图通过特色小镇产业价值链与空间价值链的生成、融合机制，以及渐进式发展与跨越发展的政策构想，促进特色小镇区域价值扩展、价值链升级与产业转型。

一、国家视角：特色小镇价值链的发展周期与价值链的体系构成

特色小镇价值链的核心是基于劳动力、土地、资源禀赋、制度资本四个基本要素，进行价值创造。将特色小镇发展与价值链结合思考，是基于中国新型城镇化发展的本质需求。

价值要点：

　　城镇化是城乡空间在价值链推动下不断整合与重组的过程。它既表现为城市内部空间功能的变迁、规模的扩大，又表现为城市之间产业分工的深化和产业关联共存，进而将农村空间纳入城镇化价值链形成城乡价值网络体系的过程。

　　依托国家视角研究特色小镇价值链，实际是研究城市与农村实现空间价值增值和效益最大化的过程。这一过程必然伴随资源要素的流动、社会结构的变迁、产业结构的调整、空间布局的调整、城乡空间形态的演变。城乡人口比例的变动是城镇化"量"的表现，更深层次的"质"的表现是城镇产业转化与空间演化，如城镇内部与城镇间的产业分工与专业化，重点是形成城镇间的价值网。

（一）特色小镇价值链的推进发展周期

　　研究特色小镇价值链的价值体系，就必须研究政府、企业等组织与区域、产业发生的价值流动关系及其发展周期。在时间与空间的转化推动中，特色小镇会形成以价值链为导向的产业流、信息流与资本流。要了解特色小镇价值链的价值关联，首先要重点研究特色小镇价值链的空间构成与发展周期。

　　中国正处于由"量"变向"质"变转化的关键时期。2014年下半年中央经济工作会议首次提的"经济发展区域"这一概念，主张将城镇化纳入优化经济发展区域布局，并提出新型城镇化一定要与所在地的资源禀赋、比较优势和产业定位相结合。从传统的城乡结合的二元经济，逐步转向城镇化、城镇群和经济带为表征的区域新城镇化发展模式，集聚演化现象逐渐成为新型城镇化的发展趋势。区域经济活动的产业演化和区域联动增长成为特色小镇深度发展的核心方向，是对不完全竞争与收益递增的新思维构想。

　　这种新思维构想，需要从特色小镇价值成长的发展周期中找到价值推行要点。特色小镇的成长发展周期，是以产业价值链为基础，结合区域经济发展结构,通过空间价值链的渐进式推进,实现新型城镇化,并逐步发展形成城镇集群,最终实现区域经济一体化与产业的合理布局。但在现实中,城镇群之间存在严重的竞合无序现象,突出表现在产业结构趋同、区域合作匮乏、恶性竞争明显、资源配置效率低下等不良现象。在目前的特色小镇建设中,这种现象非常明显。

因此,特色小镇价值链体系建设需要基于城镇区域演化机理与经济效应研究,找到特色小镇发展突破的有效路径。通过挖掘区域价值、优化区域产业结构、升级城镇各区域体系功能等,促使特色小镇价值重组和转型,从整体上创造特色小镇竞争力和可持续发展能力。

推动核心点:

特色小镇的价值链塑造,要随着特色小镇的不同发展阶段,不断调整价值链体系。如果想构造长期发展的核心动力因素,就需要在产业价值链层面构造、发展城镇集群,促进区域经济一体化,这种发展模式才是特色小镇价值链构造的主流形式。

随着特色小镇价值链的推进,其价值外延会不断扩大,逐步形成"城镇群"这种较高效的城镇化模式。这是特色小镇高效发展的核心趋势,更是产业价值链在空间上的投影,突破了单个城镇的空间局限,依托产业价值关联拓展更广阔的区域发展空间。

随着国际分工的边界进入并更新价值链,可以预见,区域空间价值链整合与重组将替代产业集聚成为新一轮城镇区域演化和区域经济增长的力量源泉。基于价值链的特色小镇区域空间演化有利于产业结构优化升级,并促进经济转型。因此,将区域空间因素纳入价值链,从价值链视角分析城乡统筹发展、城镇空间演化和区域经济一体化,对特色小镇的成长具有更为广泛的经济价值。

中国特色小镇 The Chinese Characteristic Town

价值要点：

根据聚合要素、产业体系、增长动因、劳动力因素、产业结构、空间要素、诱发动因、产业化形态、产业边界等因素的不同，可以将特色小镇演化周期分为五个基本的成长阶段：特色小镇初期阶段、特色小镇形成阶段、特色小镇规模扩大阶段、城镇区域空间集聚阶段、城镇经济带阶段。

特色小镇各阶段演化周期及相关对应要素如表 2－1 所示。

表 2－1　特色小镇各阶段演化周期及相关对应要素

阶段	特色小镇初期	特色小镇形成	特色小镇规模扩大	城镇区域空间集聚	城镇经济带
价值表现	企业能力要素	企业价值链	产业价值链	全球/国家价值链网络	全球/国家价值链网络
描述	服务于单一城镇	单一的制造/服务业城镇	拥有集群的制造/服务业城镇	多个城镇的专业化分工	复杂的分工体系
部门基础	初步产业	产业关联	特色产业集群	特色产业集群及产业配套	以服务业为核心的产业协同
增长动因	产品的转型	劳动力分工的发展	产业密集型的发展	资本、产业密集型的协调驱动	资本、产业密集型产业的转型及升级
劳动力分工	企业和部门内部	企业内部和部门之间	企业之间和部门之间	企业内与企业间、部门内部	企业内与企业间、部门内与部门外
规模递增因素	内部递增	内部递增、外部不变	内部递增，外部递减	内部递增，外部递增	内部递增，外部递增
产业结构	趋同	趋同	趋同	趋异	趋异
空间因素	不同产业在空间上的分离	不同产业在空间上的分离	同一产业不同产品在空间上的分离	价值链的不同环节、工序、模块在空间上的分离	价值链的不同环节、工序、模块在空间上的分离
诱发因素	地区比较优势、资源禀赋	地区比较优势、资源禀赋	产品差异、消费者偏好、需求重叠、规模经济	产品差异、消费者偏好、需求重叠、规模经济	规模经济、产业关联经济

阶段	特色小镇初期	特色小镇形成	特色小镇规模扩大	城镇区域空间集聚	城镇经济带
产业边界	清晰	清晰	较清晰	弱化	弱化
专业化形式	部门专业化	部门专业化	产品专业化	功能专业化	功能专业化

特色小镇的阶段构想并不是单纯地划分为五个阶段，而是希望注意不同阶段不同因素对特色小镇的影响，以及各阶段的发展重点。注重周期性的核心发展要素，寻找特色小镇阶段性成长的关键动力，并在发展中逐步打破地域因素，构造更为广泛的价值链网络，在实际操作中才真正具有重要的参考意义。

（二）特色小镇价值链的价值链关联体系。

特色小镇的成长过程，就是特色小镇价值链的形成与延展过程，是特色小镇之间价值链的竞合过程，也是特色小镇价值链网络的融合发展过程。产业价值链与空间价值链是特色小镇存活与发展的核心，既是价值内核，也是实现路径。

特色小镇由于关联个体不同，会面临不同关联价值链的影响，包括企业价值链、产业价值链、区域价值链、全球价值链、空间价值链等。特色小镇在不同价值链的冲突与合作中形成价值不断提升的价值链网络。

理解各种价值链的特点、运营模式、城镇化关联因素、各种价值链增值模式，对于特色小镇具有巨大的指导作用与融合价值。这里对特色小镇的相关价值链的进行总结与归纳，同时对几种核心价值链与特色小镇的部分关联因素进行说明。特色小镇价值链的关联比较如表 2－2 所示。

表 2－2　特色小镇价值链的关联比较

价值链类别	价值链特点	运行机制	发展阶段	增值方式
企业价值链	企业自生产业定位与价值创造	单个企业主导	特色小镇形成初期	企业内部能力要素重组与整合

价值链类别	价值链特点	运行机制	发展阶段	增值方式
产业价值链	企业间核心能力与关联能力的价值创造	核心企业主导	特色小镇加速形成	产业内部企业间分工与专业化加深
特色小镇（内部）价值链	新型城镇化自生能力的定位与提升	单个城镇主导	城镇区域产业等价值形成	特色小镇产业与空间要素重组、整合与融合
城镇群价值链	城镇核心能力与其他关联能力的重新定位与价值创造	核心城市主导	城镇集聚，城镇群	城市群内部城镇空间分工与专业化加深
全球价值链	全球核心价值链的深度价值关联	跨国集团主导	城镇经济区	区域企业对全球资源的空间重组与整合
区域为核心的空间价值链	各类空间价值链网络化，集成化	区域主导	城镇区域化	跨国、跨地区企业对区域资源的空间重组与整合

特色小镇是由不同价值链组成的空间价值系统，是产业价值与空间价值在特定地域的集聚。各种价值链在市场等外部因素驱动下，形成多功能、多层次、多模式的价值关联体。城镇群及城镇经济带的形成是特色小镇发展到较为高级阶段的展示。在全球化竞争中，资本集团、跨国公司等控制着全球价值链体系。对应的区域空间价值链由包括特色小镇在内的城镇集群所决定。特色小镇通过产业与空间价值链的价值关联不断促进价值增长，实质就是特色小镇成长过程中的价值链动态演化轨迹。

作者观点

要想特色小镇价值链沿着良性、可持续发展的轨迹动态演化，必须从三个方面着手，并形成价值耦合关系。分别为：特色小镇产业价值链的产业特色效应，空间价值链的区域效应，产业价值链与空间价值链构造特色小镇价值链的价值融合。

本部分侧重论述特色小镇产业价值链的产业特色效应、空间价值链的区域效应。产业价值链与空间价值链的融合，关于两个效应的深度价值融合，这将在本节第二部分单独论述。

1. 特色小镇产业价值链的产业特色效应

特色小镇产业价值链主要基于特色小镇的资源禀赋，这是特色小镇存活与发展的基础。特色小镇价值链包括价值链的形成与价值链的升级两个重点。这里重点论述价值链的形成，本节第三部分将重点论述价值链的升级。

各类特色小镇由于所处地域不同，其资源禀赋也各具差异，这使特色小镇经济形态具有极强的地域性。支撑特色小镇经济的特色小镇产业，在结构上会受到地域禀赋资源等基础性要素的直接影响。

推动核心点：

从产业价值链视角来看，中国特色小镇产业，是在特色小镇的发展过程中，地域性自发性形成的结果。产业价值链在特色小镇产业发展中具有较强的内生性效应，可以不断促进特色小镇产业向特色化、集聚化、规模化等方向发展。

产业价值链可以让特色小镇在发展方向、发展路径以及发展模式上进行较为优质的选择，帮助特色小镇走出存活的束缚。

（1）产业价值链引导特色小镇产业发展方向：利用特色资源，形成特色小镇特色产业

产业价值链引导特色小镇产业发展方向，需要存在产业存活空间。存活空间的关键不是特色概念，而是资源禀赋的外延，包括市场、客户、供应链等产业链系统。

这意味着特色小镇的产业发展，无论是通过市场的自发选择，还是通过政府的政策主导，产业价值链在战略上都需要引导特色小镇产业朝着具有地域原生型动力的方向发展，并以此形成不断扩展的产业关联外延。

一方面，在特色小镇产业发展中，产业价值链的核心效用必须独具地方特色，才有足够的力量驱动价值链运行，从而使特色小镇产业形成特色。面对特色小镇所属区域的经济分布与产业分布不均衡等影响因素，只有通过较强的地域特色资源，才能带来较高的市场价值，才能形成特色小镇产业价值链，并被市场接受，从而带来较高的预期收益。因此，独具特色的效用才能成为产业价值链的驱动力量，带动整条产业价值链的运行。

另一方面，在人口、资本等都受到城市挤压的县镇产业中，只有围绕特色小镇特色核心要素进行产品设计、组织搭建、生产经营，才能参与产业价值链的基本价值活动与辅助价值活动，成为产业价值链关联环节上的节点。只有通过这种方式，才可能通过跨界、优势占位等方式打通整条价值链通道。打通价值链通道的关键，就是在产业链节点的生产、经营等活动中，融入特色小镇所独有的如劳动力、资源禀赋、历史文化等优势特征，引导特色小镇特有产业优势进入相关的价值链体系。

（2）产业价值链引导特色小镇产业发展路径：深度开发和提升产业特色

特色小镇产业的发展路径，不能仅仅停留在简单地开发特色资源，比如"山水资源""土特产"等层次上。产业价值链打造需要通过深度开发、挖掘产业特色，使产业价值不断增值。

因此，需要对市场、供应链系统、产业未来趋势等有明确的产业预估与科学的市场分析。可以借助以下三个步骤，实现产业发展路径引导。

首先，对价值链各环节不断分解、整合，促使特色小镇产业链逐渐拉长，产业特色更加突出，并依托产业有序健康的发展，构造产业价值链生态系统。第一，产业价值链生态系统首先需要搭建企业集群与产业集群，让产业领先企业与产业链某环节有竞争优势的企业不断分解独立出来，使特色产品的优质化程度不断提高。第二，要注意企业家精神与创新的价值，促进某些具有优势的企业开展价值整合，从而构造新的价值链。在原来特色产品的基础上，衍生新产品或新功能效用，逐步衍生产业价值，甚至实现颠覆式创新，使产业特色价值更加突出。

其次，对于价值链上各环节的节点企业，注意政策扶持与激励，以此获得价值增值。可以通过组织与文化等管理效用、技术革新以及实施推广、商业模式创新等方式，使特色小镇产业价值链得到深度开发和提升。深度优化与挖掘产业价值链的每一个环节，每一个环节都可能成为经济租金或超额利润的储藏地，超额利润的追逐可以不断激励企业开展深度价值开发。企业利用特色小镇特色资源，在技术、流程、结构、价值链关系模式上持续改进，使特色小镇产业价值链连续优化和升级，并以此提升特色小镇在特色资源上的开发利用率，获得价值创造和价值增值能力，以及产业深度开发所带来的持续竞争力。

最后，通过产业价值链价值运行的动态均衡，使特色小镇产业根据市场需求的变化，通过三个方面的转变升级产业价值链，三个方面包括：①不断延伸和拓展特色产品线；②不断更新技术，使技术更适应对特色资源的利用和对特色产品的生产；③不断改进管理和工艺流程，使产业价值链通道上的节点、环节、结构关系、价值运行机制都更符合特色小镇产业发展，更符合产业周期的内在规律性。

（3）产业价值链引导特色小镇产业发展模式：特色产业集群化发展

特色小镇一般都会以一个主导产业为核心，并由产业关联度较高的众多企业及相关机构在地理空间上的进行集聚，从而产生企业集群在某一产业价值链上集聚的现象。在特色小镇产业发展过程中，产业价值链通道一旦形成，便会产生以特色小镇特色资源开发利用和特色效用价值实现为核心的众多关联企业，以及提供服务的关联机构。特色小镇范围内的集聚现象，可以促使特色小镇产业形成集群化发展模式。主要表现在三个方面：

第一，特色小镇产业价值链上基本价值活动和辅助价值活动中的节点企业众多，且形成地理集聚，在特色产品价值创造和增值过程中形成分工和协作关系，呈现集群化发展态势。

第二，为提高特色小镇产业价值链运行效率，价值链节点企业间将逐渐形成适宜价值链治理的模式。通过构建特色产业集群的内部分工协作关系和治理结构，使节点企业与集群内企业明确在价值链中的位置，并明确在特色资源开发或价值生成过程中的参与方式。

第三，产业价值链持续运行的结果是特色小镇特色品牌的形成。无论是特色小镇特色资源开发所形成的市场价值，还是价值链节点上的企业与辅助机构所形成的产业集群，都要围绕特色产品的开发利用和产业效率的提高而付出努力，与特色小镇所在地域紧密相连，由此形成具有一定差别化优势的特色小镇的特色品牌。

2. 空间价值链的区域效应

空间价值链的区域效应具有向外延展的功能。外延功能既包括产业价值链的融合，也包括扩展发展中的空间动态效应，即特色小镇由区域特色向城镇群、城镇经济带进行动态演化。尤其在全球经济一体化的竞争环境中，空间价值越来越重要。从全球区域来看，西方发达国家和跨国集团处于全球价值链的高端锁定，广大发展中国家和地区则处于全球价值链的低端锁定。从中国内部来看，改革开放较早的东南沿海地区处于国家价值链的高端，中西部地区处于国家价值链的低端，形成了东中西呈阶梯分布的价值链格局。

空间价值链的区域延展是特色小镇价值链的发展方向，是分工与专业化进一步深化的结果。这里的空间区域效应是打破原有的特色小镇空间格局，是城镇价值优势更高层次的空间表现，可以是跨省，甚至是跨越国界的。美国的五大湖就是类似这样的区域范畴。

中国目前倡导的"丝绸之路经济带"和"21世纪海上丝绸之路"理念就是更大范围的空间区域效应，其本质仍然是空间价值链在跨国区域的整合与重组，是国家层面区域价值链的典范。以"丝绸之路经济带"为例，其两头连接着经济发达的西欧和中国的东南沿海地区，中间腹地的中国中西部地区和中亚地区基本都处于发展水平较低的阶段。从空间价值角度来看，"丝绸之路经济带"是典型的空间价值链。通过各区域的优势互补来实现整个空间价值链的增值，是"丝绸之路经济带"的基本目标。

空间价值链的区域效应除了市场主导因素外，还会受到国际政治、制度、文化等因素的影响，地区政策实质上是区域产业与空间价值链与经济发展博弈的反应。在市场化与科技化不断发展的今天，国家或地区间抢占价值链高端环节的竞争将愈演愈烈。

价值要点：

在激烈的产业效应与区域效应竞争中，特色小镇的存活空间会越来越狭窄。只有少数特色小镇在激烈的竞争中可以存活下来，而它的存活空间是开放的，存活理由很有可能是融合在竞合的价值链体系当中。这将成为一种非常残酷但又不得不面对的特色小镇的发展现象。

在全新的国际经济发展潮流中，在科技浪潮与传统产业的融合中，空间价值链的整合与重组必然通过特色小镇等形式与产业价值链融合，这将是特色小镇经济发展的核心机理和基本动因。

特色小镇基于价值链的区域合作与协同发展将是经济运行的基本导向和趋势，其发展策略将是未来新型城镇化发展的一般思路。

二、国家视角：特色小镇产业价值链与空间价值链的价值融合

　　价值本身属于经济范畴，而产业价值链与空间价值链是基于两个不同视角的价值推进战略，落地点都在特色小镇这个区域经济价值的载体上。因此，要落实产业价值与空间价值就必须与相关产业与空间代表的经济主体联系起来。价值主体从经济组织角度来讲，主要有企业、机构等经济组织。

（一）特色小镇空间价值链与产业价值链的关联

　　空间价值的表现形式有很多种，其中一种称为**位置级差地租**，主要强调土地距离产品消费中心位置不同而导致土地利用纯收益的差异。要重点强调的是，空间价值传导只有结合特色小镇产业价值转化才会有意义，特色小镇空间价值从某个角度来说是产业价值链在特定空间上的映射，其对应关系就是空间再利用、再生产的过程，这也是空间价值与产业价值形成的过程。

　　空间价值链与产业价值链在特色小镇的产业融合上，有个明确的对应关系。从区域大小以及产业附加值方面，都有明确的对应。**对应关系根据附加值与区位关联，一般是不对称的抛物线，一般来说分为四个状态区间。**四个区间与特色小镇发展周期有部分重合，但并不完全一致。

　　第一区间，产业附加值与区位空间都较小。这一类特色小镇总体比较落后，产业单一，产业发展以农业为主，城镇化水平较低，自我循环，相互封闭，市场发育迟缓，生态环境欠佳，没有现代意义上的地域分工，是一种低水平的均衡结构。这种类型的特色小镇主要集中在中西部等偏远区域，其发展一方面需要培育自身潜力，另一方面要以生产要素为导向，承

接劳动密集型生产制造职能。通过采用新的生产方式，新的技术工具，主要利用后发优势释放增长潜能。

第二区间，相对第一区间特色小镇发生了质的变化，**以制造业为主导的第二产业占经济的份额日益增加**。专业化和集聚水平显著提高，产业由农业为主转向工业为主，已经形成一定现代化。这类特色小镇多处于大中型城市周边，以及一些中西部区域，该类型特色小镇一般**采取投资导向**，承担技术密集型生产制造职能，接收成熟地区的产业转移，也可以有重点地导入某些高技术层次的产业。

第三区间，**产业已占主导地位，特色小镇体系比较发达，有现代化的基础结构，交通方便，农业生产比较集约，产业结构比较复杂，高附加值产业、服务业占较大比重，人口的文化素质、技术水平、吸引和消化新技术能力较强，区域各项功能比较健全，投资效果明显大于其他地区，吸引外部投资的能力也较大，直接表现为产业集群化、产业与交通枢纽、产业地域综合体、产业经济圈和产业带的形成**。这类地区一般是采取创新导向，以信息和知识为特征的新兴产业的培育与转化地，承担较多的区域服务职能，服务业占主导地位。这类区域一般出现在核心城市周边并有产业基础，比如深圳、东莞、中山等区域就有这样的土壤。

第四区间，**这类特色小镇节点、域面、网络相互交织，跨空间交易频繁，区域一体化加深，能量、物质和信息的空间交换更加频繁，多极化、分散化、网络化是其基本特点**。这类特色小镇的收益递增主要表现为特定产业的区域集中化，是空间价值的高级表现形式，也是国家、地区经济走向成熟的主要标志。重点**依靠技术进步、创新生产等方式进行产业升级**。可以通过产业空间重组等形式整合外围要素，提升自身在区域价值链中的地位；也可通过建立特色小镇价值链战略协同巩固核心影响力，实现可持续发展，避免陷入成长陷阱。

> **价值要点：**
>
> 特色小镇无论处于何种区间，都需注重价值导向与增长导向，如果不能实现价值链的升级或战略转型，会面临极大的衰退风险。

（二）特色小镇价值链的空间整合

特色小镇的成长过程是产业价值与空间价值在区域经济一体化推动下的一种表现。虽然产业在不同企业间、区域间存在明显竞争，但同时存在产业在空间上的融合。**特色小镇的形成是基于价值链的产业特色和职能分工，进而形成具有空间维度的特色小镇价值链。**产业价值链的网络化程度决定了城镇化圈层的分布，由于资源、环境、劳动力、市场需求、物流成本等因素的约束，以及不同区域之间的产业竞争，都会影响产业市场的发展潜能。

除了产业竞争优势外，空间竞争优势是特色小镇引入资源的重要依据，也是产业空间转移的依据。产业转移会促使特色小镇空间价值链发生变化，从而形成产业与特色小镇互动融合发展的趋势。从特色小镇内部看，特色小镇动态成长能力演化与价值链整合是城镇聚集的充分条件。

价值链空间整合过程，在不同经济发展阶段有着不同的表现，国外学者通过空间极化效应的研究，发现极化阶段要素的空间极化效应会拉大经济发展差距，并且增长极（高价值空间）向周边腹地（低价值空间）扩散、转移，能够推动区域协调发展。增长极对落后地区的影响如图 2—9 所示。

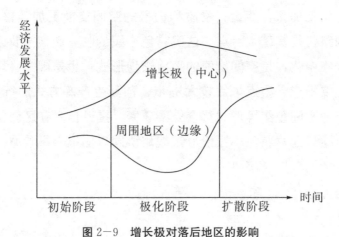

图 2—9 增长极对落后地区的影响

资料来源：Lumper S R，Bell，Ralston B A（1980）．*Economic growth and disparities：a world view*，NJ，prentice—hall.

中国特色小镇 The Chinese Characteristic Town

推动核心点：

　　这种极化效应需要特色小镇关注两个方面的问题：一个是如何保证在产业集聚中推动产业区域化；二是如何防止因产业空间集聚而形成封闭式的孤岛经济。

　　孤岛经济并不是产业垄断，而是形成如清政府时期"闭关锁国"的状态，当主导产业所引起的经济增长不在它所处的地域内，就出现了孤岛经济。这种经济缺乏成长力，并不能产生空间溢出、产业升级等效应，无法带动特色小镇经济发展。

（三）特色小镇产业价值链与空间价值链融合思维

　　特色小镇的价值链的塑造与融合过程，实际是要素集聚在时间与空间上的整合、演化过程，通过资源和要素在产业之间、城市与乡镇地域之间重新配置、组合形成特色小镇新的产业结构与空间结构。特色小镇价值链是以组织形式，在产业价值链与空间价值链之间搭建价值传递的桥梁。特色小镇"产业—空间"价值链融合过程如图 2—10 所示。

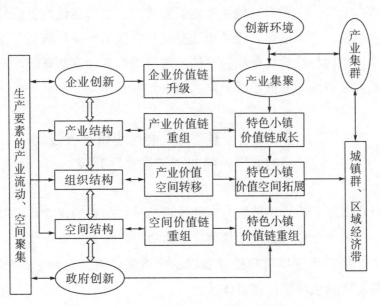

图 2—10　特色小镇"产业—空间"价值链融合

　　"以组织为本"的产业集聚、空间集聚、资本集聚、信息集聚，是特色小镇融合发展的原动力。此处的"组织"包括个体与集体，表现为企业、政府、居民、机构等组织单元，所以特色小镇发展的首要问题是解决关联组织的问题，以及以组织为基础的效率创新。要点核心就是以组织为基础的空间转移与空间集中。组织生产经营活动在地域上的集中，有助于组织间开展专业化协作，提高生产效率。产业集聚有利于提升特色小镇竞争力，从而加速新型城镇化进程。

　　空间集聚实际是把产业发展与区域经济有机结合起来，在特色小镇价值链的基础上形成一种有效的生产组织方式。产业价值链的重组与整合推动了特色小镇的空间演化，特色小镇空间价值链与产业价值链可以通过企业、政府、机构与社会其他相关群体形成组织体系、创新环境、产业环境等因素，并在空间中形成不断发展的耦合关系。

三、基于集群发展思维：特色小镇价值链
"跨越式"升级与"渐进式"升级

　　特色小镇基于产业价值链与空间价值链耦合关系的建立，可以有效构造特色小镇的产业集聚、空间集聚、资本集聚、信息集聚等模式。以创新为内动力，依托产业集群打造城镇群、经济带，再结合特色小镇的周期性，深度发展特色小镇价值链体系。

　　这里面临特色小镇乃至区域经济理论与实践的一个核心问题：特色小

镇如何实现产业集群模式的升级？

实现特色小镇价值链升级，从路径而言，存在"渐进式"和"跨越式"两种集群升级模式。两种模式的实现手段、创新管理等均不相同。特色小镇从价值链低端向价值链高端升级，更需要灵活使用这两种集群升级模式。特色小镇价值链升级的工作重点是帮助集群企业从价值链低端走向高端，逐步在整体上掌控交易与技术控制权，实现产业分工体系升级与新型城镇化深化发展，从而获得更广的市场发展空间与更高的产业经济价值。

作者观点

在特色小镇两种集群升级的路径中，"渐进式"升级，主要依据集群发展状况进行市场型、准层级型、领导型等治理模式的选择，沿着价值链体系逐渐攀升；"跨越式"升级，主要通过直接嵌入价值链高端的方式实现升级目标。升级特色小镇价值链取决于两个方面：一个是升级的目标，另一个是升级效率。

选择特色小镇集群构造的价值链升级模式，可以帮助实行特色小镇的深度发展。不仅可以降低竞争风险，还可以梳理特色小镇产业与空间价值的实现路径。

作者观点

根据特色小镇空间与产业价值链的特质，可以大胆构想：特色小镇空间价值链治理可以使用"渐进式"的升级模式，产业价值链治理可以考虑使用"跨越式"的升级模式，依托创新发展的思维，针对集群价值目标、构造有效的价值链升级路径。

（一）特色小镇空间价值链"渐进式"升级思维

"渐进式"升级模式的核心动力因素是技术溢出、产能转化以及空间建设。需要集群企业针对特有资源进行深度挖掘，选择价值链治理结构是为了更有效地获取和使用价值溢出效益，从而提升技术与空间创新能力，改善价值链体系。

1. 特色小镇空间价值链"渐进式"升级思维的根源

特色小镇空间价值链升级，多采用"渐进式"升级思维，这主要与城镇化建设具有阶段性发展特质有直接关系，同时与各区域城镇之间价值链网络存在潜在关联。

"渐进式"模式下，特色小镇空间价值链升级多"跟随"在大型城镇或核心城市后面的"关联深化"：医疗体系、人员结构、资源配合等方面都与城镇成为互补，从而拓宽特色小镇的生存空间，深化特色小镇的价值关联。

特色小镇价值链升级并非一厢情愿的选择，而是交易双方利益和权力博弈的内生结果，是根据城镇化发展规律，逐步提升空间转移能力、人才吸引力、产业影响力、资本运作力等方面的必然结果。可以从特色小镇配套建设、社会保障等方面开展有针对性的价值治理。通过"渐进式"升级扩大特色小镇空间价值链外延，提升特色小镇居住环境、就业能力、优质生活状态以及交通、科技等多方面的专项提升，并与周边形成空间的动态聚集。

纵观西方发达国家城镇空间的演化轨迹，就是**按照"渐进式"的发展思维，经历了由低级向高级阶梯式发展的路径：城镇化（向中心城市的聚集）—逆城市化（向新城镇、卫星城的扩散）—郊区化（向边缘城镇的进一步扩散）—城镇复兴（多中心城镇的形成）—新一轮的城镇化（城镇群，城镇经济区）**等不同的发展阶段。这为特色小镇空间价值链"渐进式"升级以及与周边城镇的价值关联提供了很好的发展思路。

推动核心点：

　　特色小镇空间价值链的"渐进式"升级具有两个要点：第一，特色小镇需要不断形成有特色的"中心"价值，不断集聚发展要素，并通过"渐进式"升级思维与周边城镇甚至更为广大的区间形成一种多层次、分阶段的动态价值关联系统。第二，在空间价值链的内部发展层面，"渐进式"升级特色小镇的空间价值结构，不断完善功能，不断升级产业。在空间价值链外部发展层面，由特色小镇的小城镇结构向大城镇发展，最终形成城镇群和城镇经济带。

2. 特色小镇"渐进式"升级与市场主体的创新

学者诺斯曾指出："有效率的经济组织是经济增长的关键。"特色小镇空间价值链就是为了最大限度地激活市场主体的创新，打破原有组织思维，通过全新的组织方式与管理方式构造特色小镇价值链体系。

全国性经济体制渐进式改革，主要通过局部制度变革，完成了新型城镇化的市场经济体制转轨，建立以非公有制经济为基础，公私合营等多种新型合作形式。虽然国内各地特色小镇的制度改革路径、市场主体形态存在很大的差异，但是对于市场主体的培育已然成为特色小镇乃至区域经济成长的基础与发展前提。

特色小镇市场主体的成长过程是一个逐步渐进的演变过程，是基于公有制经济，有效兼容包括民营所有制、集体所有制等混合经济形态，通过优势资源挖掘，形成符合特色小镇乃至区域经济发展的社会新制度经济体系。这里不仅需要宏观制度环境的改善，还需要市场环境的培育和企业内部、企业之间微观制度的创新。

对于市场体制的培育，一方面需要注意消除资本市场进入的壁垒，推动、扶持民营资本；另一方面，需要专业市场、专业人才的培育。对于专业人才，尤其要突出企业家精神的弘扬。通过市场培育给包括民营企业更充足的资源供给，通过市场选择对企业的管理和转型优胜劣汰。依托市场效用激活企业的进一步发展，带动特色小镇产业集群的形成与发展。

特色小镇市场主体的创新关键，就是通过"企业家"的创新活动和制度推进，"渐进式"突破旧体制束缚，从内部形成生存和发展的机会，从而形成市场主体培育的地位优势。重点培育民间资本的市场主体，培养体制外的增量改革，借助经济绩效引导政府政策导向。最终实现市场主体的"渐进式"创新，并形成空间价值链的价值升级。

（二）特色小镇产业价值链"跨越式"跳板升级的战略研究

特色小镇产业价值链的升级及转化模式，需要在"渐进式"升级的基础上，重点打造"跨越式"跳板升级的战略思维。这是由特色小镇与区域产业经济在国内、国际的产业地位所决定的。由于产业的"雁阵模型"影响，特色小镇的产业集群会受到区域价值链甚至全球价值链的冲击。控制品牌、核心技术都将成为特色小镇产业发展的重要壁垒。如果想打破这种格局，仅仅通过"渐进式"的升级模式，将受到原有产业集群的严重挤压。

在新一轮技术创新和战略性产业变革中，互联网与物联网都极大地缩短了产业集群的生成过程，也极大地压缩了集群升级进程，这对人口资源、资金资源不足的特色小镇通过优势资源挖掘，形成产业价值链"跨越式"升级模式提供了必要条件。

推动核心点：

特色小镇产业价值链通过产业集群"跨越式"升级，应该站在全球化和特色本土化两个关联的立场上，建立适合特色小镇产业集群的"升级跳板"。通过特色小镇本土集群企业与行业领袖企业建立产业价值吸收、集聚的跳板，落实特色小镇的领先企业及集群企业的产业价值链体系，构筑通过"主动出击"方式来获取、吸收、转移高端产业价值的"桥梁"；并通过"开放式创新"等模式，在原有的竞争关系之上，建立协同发展的外部力量与内部力量，利用产业竞合，实现产业"跨越式"升级。

比如阿里巴巴集团打造的云栖小镇就是采用这样的协同竞合思维，通过产业价值链"跨越式"塑造，打造经典的产业特色小镇。云栖小镇不断形成产业聚集，注重产业"跨越式"跳板升级，从而形成产业价值链的高端锁定。在云栖小镇中，不仅有阿里巴巴这样的领先企业作为产业主导，更主要的是集群内部集聚了大量中小企业，并吸收国际前沿性产业"价值跳板"，以此提升了特色小镇整体的产业创新能力。

价值要点：

采取"跨越式"升级模式实现集群升级，需要实施"跳板"战略。即依托领先企业战略创业的"行动跳板"来搭建产业价值链网络的"结构跳板"。依托这两个跳板，集群企业可以从高端价值直接嵌入产业价值链，一方面突破价值链高端基于利益冲突而对集群企业进

行的专业隔离和封锁，另一方面能够解决集群企业之间的恶性竞争，最终加速产业价值链的升级进程。

作者观点

"跨越式"跳板升级的实施机制可由两个维度构成：一是结构维度，就是从集群结构上搭建可以跨越升级的跳板；二是行动维度，主要依托某个行动主体与行动模式，解决集群企业之间的集体行动问题，从而建立结构跳板。

产业集群渐进式与跨越式发展路径如图 2—11 所示。

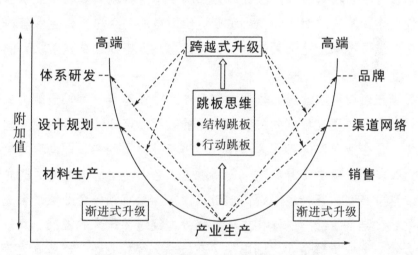

图 2—11　产业集群渐进式与跨越式发展路径

集群结构在本质上表现为企业间网络结构。产业集群由于深度链接的网络关系，可以促进企业间协调，建立信任，共享知识和资源，从而促进集群内企业间知识的溢出、吸收和扩散，通过"跨越式"升级的开放思路，可以形成集群创新。

集群创新是集群企业整体意义上的创新，既需要主导信息和产业结构来增加企业创新的机会，又需要紧密合作的网络关系来促进专业要素的扩散、吸收和利用。

　　1. 领先企业：特色小镇产业价值链"跨越式"跳板升级战略实施的行动主体

　　领先企业在产业价值链网络中起到积极的引导作用，是产业"结构跳板"的行为主体，具有两方面的积极价值。

　　①**领先企业具有极强的吸收能力，决定了"导入"集群产业价值链的先进性与传递速度。**对于特色小镇产业价值链的升级过程，企业集群里的领先企业越是技术上处于领先地位，越适合充当搭建"结构跳板"的行为主体。

　　②**领先企业可以通过其领导力整合本土企业集群，其领先能力决定了集群外部产业要素在集群内扩散和利用的效率。**产业价值链网络结构从本质上看，是企业集群内各行为主体在经济和社会活动中长期博弈均衡的结果。这种均衡主要由资源禀赋、创新能力、社会声誉等方面的领先企业所决定。这意味着，在特色小镇价值链建设中，只有领先企业最适合充当价值链网络"结构跳板"的建构主体。另外，经过多年来的发展、竞争和淘汰，乡镇中产业集群企业之间出现了在技术、经营业绩、产业高度等方面的显著分级现象，涌现出一批本土领先企业领导的特色产业小镇，这些产业小镇具有优质的生产组织体系与优良的合作模式，并具有强大的研发能力，尤其在"长三角""珠三角"等地区，这样的产业小镇非常多。

　　特色小镇产业价值链重构，是基于资源能力的拓展与价值链的深度关联。为突破资源和能力的约束，建立特色小镇相关企业间的价值创新协作关系，**领先企业应在集群企业现有关系的基础上，以控股、合资等形式注入资本，形成资本、社会、生产协作"多重嵌入"的企业集团，放大领先企业资源配置范围，并在战略一致性的基础上调控特色小镇相关企业的分**

工与协作，为增加研发投入、并购战略性资产、多样化国内外结构资源和提高产业创新能力提供战略基础。

此外，重构将进一步强化特色小镇集群企业之间的利益共同性和认知邻近性，从而有助于企业间产业要素的有效扩散、吸收和创造。

推动核心点：

推进"跨越式"产业升级战略，需要从三个方面做好突破，构造全新的产业价值链体系：一是突破应基于全球价值链以及区域价值链内部，集群升级构造应成为习惯性思维方式，明确特色小镇集群"跨越式"升级思路和"跳板"战略。这对于打破目前集群升级构想的固有思维有积极的引导作用。二是产业价值链网络的"结构跳板"应吸收"产业价值链治理"与"集群内部结构优化"两种核心推进要素，从结构治理视角，针对集群升级提供有效的"整合"思路。三是基于领先企业战略创业创新的"行动跳板"，通过领先企业集群结构治理的行为主体引导，以及产业价值链"跨越式"升级的行动模式，从整体拉动集群企业协同推进效果与产业集群效率。

特色小镇政府管理者要想在产业集群升级上有所突破，就不能停留于目前泛泛而谈的产业政策支持，更不能盲目推进特色小镇的产业发展方向，尤其对高新技术类产业与落后产能类产业更需谨慎。应该撬动领先企业，通过推动领先企业战略创业的"行动跳板"，建立产业价值链网络体系的"结构跳板"，从而加速集群企业的产业要素获取、吸收和创造性运用，实现特色小镇产业价值链的跨越式升级。特色小镇的政府管理者需要从产业扶持制度设计与创新，领先企业优质产业资源引入，特色小镇产业战略运作等方面形成无缝"对接"，通过系统化的战略实施，实现产业价值链升级。

2. 配套支持：特色小镇产业价值链"跨越式"跳板升级战略实施要点

特色小镇产业价值链"跨越式"跳板升级的战略实施，需要从三个角度配合实施，分别为：产权体制、资本推进、平台战略。

（1）产权体制：采用公私合营的产权组合进行项目带动的政策扶持

特色小镇产业价值链构造过程中，由于信息不对称与机会主义的诱导，极容易导致重资产成为特色小镇的核心主导，政府也比较容易产生特色小镇一刀切的粗犷型产业推进思路。合理的操作应该以特色小镇相关项目为载体，将税收减免、专利审批、成果转换等扶持政策贯彻在项目进展的过程当中。这样，通过对特色小镇项目实际开展的过程进行"系列监控"，从而克服信息不对称，在控制机会主义行为的同时，达到扶持特色小镇产业及关联企业的目的。必要的时候，可以发挥政府在区域经济中的特殊作用，联合电子商务企业、银行等机构进行开发担保、抵押、信用审查等，在特色小镇项目的具体实施上，切实提升集群企业创新与升级。为此，政府在项目扶持的导向上应该有所选择。

采用产业价值链体系的"跨越式"跳板升级，应集中公共资源，加大对于品牌国际化、产业兼并、创造产业价值链技术核心为代表的"战略资产寻求型"产业集群企业创业的扶持力度，并引导领先企业在跨界产业创业的过程中，追踪、吸收先进产业发展的前沿技术，一方面用于原有产业升级，另一方面寻求未来产业转型，创造突破性发展机会。此外，在特色小镇项目的具体设置上，为增加政府的调控力度，可以考虑引入国有资本、国有企业进行公私合营、国有民营等产权组合形式。

（2）资本推进：以融资为纽带规范产业集群治理结构的体系扶持

有效利用社会资本资源，尤其是资本融资的力量，是规范产业集群治理的重要手段。可以考虑产业价值链的网络化构想，建立产业共享组织及平台，促进集群企业间合作，并放大产业资本配置的"深度"和"广度"，为促进集群企业创新提供外部支持。尤其应合理利用国有银行，在集群企业中建立以融资为核心的纽带关系，并借此规范集群企业的治理结构，推动特色小镇集群合作关系。在条件成熟的时候，可以推动企业间相互持股，优化产业价值链的竞合关系。

推动核心点：

依托融资治理结构，采用三个要点步骤完成特色小镇的产业资源整合：①以融资为纽带搭建集群企业间合作平台。②突破特色小镇产业集群发展过程中中小企业"融资难"的发展瓶颈，借助银行体系及社会产业资本建立参与领先企业战略决策的制度思维，缓解信息不对称的问题，从而解决中小企业融资问题，提高集群企业合作的"参与激励"。③由政府扶持领先企业"创业创新"，从而挖掘可能存在的发展机会，并与特色小镇相关项目带动扶持政策的制度设计形成互补效应。

（3）平台战略：改善企业"创业、创新体制"的环境氛围

特色小镇需要改善"创业、创新体制"的环境氛围，打造具有特色产业价值链的平台战略，通过"政府搭台、企业唱戏"及国际化拓展，改善企业集群、区域与跨国创业的环境构造。通过嵌入开放的企业、科研和社会公众的网络创新体系，取得长期根植性优势，引入国际前沿产业价值链要素，是实现跨越式升级。

价值要点：

从政府视角看，特色小镇发展需要改变体制与思维，从简单的"政府搭台、企业唱戏"的政企间合作机制，向政府"企业家精神"的国际化视野转化。事实上，政府应具有帮助企业取得国内外社会资源合法性、减少"跨越升级"成本方面的能力，并独有这方面的优势。可以通过不同国家、地区政府之间的正式与非正式合作关系，带动企业集群在社会认知、政府管制、知识产权保护、贸易壁垒等方面获得"多层次的社会资本"。这对特色小镇产业价值链的升级过程具有积极的正相关推动作用。

政府在特色小镇价值链升级过程中，始终坚持"引进来"的思维，同时强化特色小镇企业集群"走出去"的积极推动战略。一方面，搭建政府

平台和产业平台；另一方面，以政府为核心的友好关系城镇、战略合作关系城镇等政府间合作是重要的产业资源合作形式。通过合作关系的建立与互动，在集群升级、跳板机制方面不断深化。